HISTOIRES D'AMOUR
DE
L'HISTOIRE DE FRANCE

DU MÊME AUTEUR
DANS CETTE COLLECTION

HISTOIRES D'AMOUR DE L'HISTOIRE DE FRANCE
- Tome I
- Tome II
- Tome III
- Tome IV
- Tome V
- Tome VI
- Tome VII
- Tome VIII
- Tome IX
- Tome X

NUITS SECRÈTES DE PARIS

HISTOIRES LÉGÈRES D'UNE JEUNE FEMME DE NOTRE TEMPS

GUY BRETON

HISTOIRES D'AMOUR DE L'HISTOIRE DE FRANCE

TOME II

« Quand le trône est occupé par un homme, ce sont souvent les femmes qui gouvernent ; quand il l'est par une femme, ce sont les hommes ; mais dans l'un et l'autre cas, ce n'est d'ordinaire ni la femme du roi ni le mari de la reine. »

Francis Decrue de Stoutz.

PRESSES DE LA CITÉ

Paru aux Éditions Noir et Blanc

ISBN 2-266-00063-2

A Mes Parents.

DEPUIS Clotilde jusqu'à certaines égéries de la quatrième République (et même de la cinquième...), on peut dire que les femmes n'ont pas cessé d'exercer une grande influence sur le cours de l'Histoire.

Or qui dit les femmes dit l'amour, bien entendu, car elles ne règnent que par le désir qu'elles inspirent.

Pour leur plaire, pour obtenir ce petit « oui » avec lequel elles se font parfois un grand nom, des hommes d'État ont déclaré des guerres, soulevé des peuples, exécuté des prisonniers, voté des lois absurdes, renversé des ministères, interdit des religions...

L'amour mène le monde, il y a longtemps qu'on le dit, et personne ne conteste que la sexualité soit le facteur déterminant de la plupart des actions humaines. Il n'est donc pas étonnant qu'elle soit à l'origine des principaux événements qui changent les destinées d'un pays.

Toutefois, la majorité des historiens, paralysés par une étrange pudibonderie, semblent hésiter à l'écrire...

C'est pourquoi il m'a semblé utile de mettre enfin les choses au point.

Dans le tome I de cet ouvrage, j'ai montré le rôle

des reines et des favorites au cours du premier millénaire de notre histoire, de Clovis à Charles VII — ou pour mieux dire de Clotilde à Agnès Sorel. Et l'on a pu constater que tout ce qui avait été fait d'important pendant cette période capitale dans la formation de notre pays, était dû aux femmes...

Le présent tome est entièrement consacré aux derniers Valois, de Louis XI à Henri III.

Les représentants de cette deuxième race, on le sait, furent très portés sur les jeux d'alcôve. L'amour tint dans leur vie une place considérable, au point qu'on a pu dire que c'est au lit qu'ils exerçaient leur principale activité...

Ils adoraient les fêtes, le faste, les riches parures, les danses, les jeux et, lorsqu'ils s'occupaient de politique, c'était généralement pour les beaux yeux d'une dame.

Cette joie de vivre les poussait quelquefois à commettre des actes qui choquent notre pudeur moderne. Personne alors ne s'en scandalisait. Il est vrai que, suivant le joli mot d'un auteur du XVIe *siècle, « la pruderie n'était pas du temps »...*

Ce qui arrangeait bien les choses...

1

UN PAILLARD INCONNU : LOUIS XI

Le seul roi de France qui ne se laissa pas mener par les femmes eut pourtant deux épouses et dix maîtresses...

Francis PAVELLE.

EN 1437, par une belle nuit de juin, la petite cité de Château-Landon, en Gâtinais, fut encerclée sans bruit par une curieuse armée dont le chef était un garçonnet de quatorze ans.

Il s'agissait du dauphin de France, le futur Louis XI, qui, sans rien dire à son père, avait résolu de chasser la garnison anglaise réfugiée dans la ville.

Quand le jour parut, le jeune homme grimpa sur un tas de pierres et cria :

— Rendez-vous!

Les capitaines ennemis se penchèrent aux créneaux et furent très étonnés de voir un enfant diriger l'armée française. Perdant leur flegme, ils donnèrent des ordres incohérents qui eurent pour résultat de créer une grande confusion et de faire courir leurs archers en tous sens « comme petits pois dans un pot »... Affolement dont Louis profita pour placer ses échelles, atteindre le chemin de ronde et entrer dans la place avec ses hommes. Aussitôt, les Français, que ce succès rapide avait un peu grisés, attaquèrent les Anglais avec une joyeuse sauvagerie.

Un combat de rues s'ensuivit au cours duquel

plus de cinq cents *goddons* eurent l'honneur d'avoir le ventre ouvert sous le beau ciel de France, et la garnison anglaise capitula.

Cette victoire remplit le dauphin d'un bel orgueil et, voulant jouer jusqu'au bout son rôle de capitaine, il convia ses officiers à un grand repas servi dans le jardin du château.

Au dessert, il se leva :

— Maintenant, mes amis, je vous réserve une surprise, dit-il en souriant.

Et les invités virent arriver tous les Anglais survivants, encadrés par des gardes. Louis fit alors venir près de lui cinq colosses armés de casse-têtes, qui se tenaient un peu à l'écart, et les pria de bien vouloir massacrer les prisonniers.

Au début, cette attraction plut beaucoup. Puis l'attention se relâcha : il y avait trop d'Anglais et les bourreaux, de petites gens, manquaient d'imagination. Incapables d'improviser, ils répétaient les mêmes gestes de façon stupide et fastidieuse. Les masses faisaient éclater les crânes, les cervelles jaillissaient, le sang coulait : c'était toujours le même spectacle. Au bout d'un moment, la plupart des convives, alourdis par la digestion, s'endormirent sans attendre la fin de la tuerie.

Seul le dauphin garda l'œil vif jusqu'au bout. Pourtant, quand le dernier prisonnier eut été assommé, il abandonna ses invités, monta sur un cheval et fila vers Gien où se trouvaient, pour l'heure, son père, le roi Charles VII, sa mère, la reine Marie d'Anjou et la jeune Marguerite d'Écosse, âgée de dix ans, qu'il avait épousée un an auparavant.

Le cœur joyeux, c'est à elle qu'il pensait tandis que son cheval galopait vers la Loire ; car de cette fillette, qu'il n'avait vue que pendant les quelques instants de la cérémonie du mariage, il avait soudain envie de faire une femme — c'est-à-dire la sienne.

La nuit ne l'arrêta pas. Il contourna Montargis qui dormait à l'abri de ses murailles, galopa au clair de lune à travers des forêts sablonneuses et arriva au petit jour devant Gien.

Sans respirer, sans même accorder un regard au fleuve qui miroitait sous le soleil levant, il monta d'une traite vers le château. La herse se releva pour le laisser passer et il sauta de cheval. A peine le pied à terre, il fut entouré, félicité par toute la Cour, car son exploit était déjà connu. Mais il n'était pas venu pour recevoir des éloges et des tapes amicales dans le dos. Laissant son père et les ministres, auxquels il avait prouvé qu'il était un homme désormais, il prit sa frêle épouse par la main et l'entraîna dans la chambre qu'elle venait à peine de quitter ; et là, encore tout exalté par sa victoire de la veille, il attaqua Marguerite avec la même frénésie que les murailles de Château-Landon.

Disons-le tout de suite : il eut plus de mal... Et il se rendit compte qu'il est bien difficile d'investir une place dont les défenses n'ont pas la moindre brèche.

Après de gigantesques efforts, il triompha finalement ; mais ses assauts avaient été à ce point furieux que jusqu'au surlendemain la petite princesse dut demeurer au lit.

Pendant une semaine, le dauphin se livra ainsi à de regrettables excès qui épuisèrent la fillette et altérèrent sa santé. Puis il repartit pour livrer d'autres combats (1).

Marguerite ne devait pas revoir souvent son trop ardent mari. En effet, le dauphin, ayant pris la tête d'un mouvement de révolte contre son père, fut entraîné dans des aventures qui le tinrent longtemps éloigné de la Cour.

Quand il revint vers Charles VII en 1443, Marguerite était une jolie blonde de seize ans dont la gorge

(1) Cette anecdote va peut-être dérouter ceux qui croient connaître Louis XI, et c'est pourquoi nous l'avons choisie ; car il est grand temps de briser l'image fausse que des historiens pudiques ont faite de ce grand roi paillard dont la santé sexuelle explique la prodigieuse œuvre politique.

Louis XI, malgré son aspect chétif, était un coureur de filles d'une belle vitalité, et, quoique les auteurs de manuels feignent de se désintéresser de ces questions, il faut bien reconnaître qu'elles ont leur importance, puisqu'on ne vit jamais un impuissant faire un grand homme...

ferme et bien placée pointait vers l'avenir, mais que la solitude avait rendue un peu rêveuse, sentimentale et mélancolique. Elle passait ses nuits à composer des poèmes ou à converser sur le « tendre Amour » avec des jeunes gens empressés à lui plaire, tel ce Blosseville qui écrivit pour elle une déclaration rimée :

Celle pour qui je porte l'M
Je vous asseur que je l'aime
Tant fort qu'à peu n'en desvye,
N'en jamais d'aultre aimer envye
N'auray, ni que de rendre l'ame
Je l'ay choysie pour ma dame
Dont je ne crains reproche d'ame,
Car de tous biens est assouvye,
Celle pour qui je porte l'M.

Le dauphin n'était pas porté vers les belles lettres et il lui était indifférent que le Paradis d'Amour existât : ces poèmes et ces petites réunions l'indisposèrent. Soupçonneux, jaloux, il pensa que Marguerite, avec plus de rimes que de raison, le trompait à longueur de journée, et il la fit surveiller par son chambellan, un individu borné et plein de hargne nommé Jamet du Tillay.

Un soir, celui-ci entra dans la chambre de la dauphine, à l'heure où avait lieu la « séance de poésie ». Quelques dames étaient là, assises au coin du feu, pérorant benoîtement sur l'importance du beau langage dans le jeu d'amour ; mais, dans la pénombre, le chambellan aperçut Marguerite allongée sur le lit et serrée de près par deux de ses favoris qui « l'entouraient de soins »...

Il manifesta quelque impatience :

— C'est grande paillardise, dit-il, qu'à une telle heure les torches soient encore à allumer !

Puis, claquant la porte, il courut informer le dauphin de ce qu'il avait vu. Louis était imaginatif. Il se crut berné et rendit dès lors la vie infernale à sa femme.

Pourtant, il lui arrivait, certains soirs, de se laisser troubler par la démarche onduleuse de Marguerite et « le désir un moment éteignait sa colère ». Pendant quelques heures, la dauphine se croyait ramenée au lendemain de Château-Landon. Mais, dès que le soleil se levait, Louis redevenait haineux ; c'est à ce moment que, l'œil mauvais, il lui reprochait de n'avoir pas d'enfants.

— Je connais vos pratiques, tonnait-il, et vous prie de les cesser.

Jamet, en effet, accusait la pauvre de manger des pommes vertes et de boire du vinaigre pour ne pas être enceinte...

Ainsi calomniée, soupçonnée, injuriée, Marguerite finit par sombrer dans une espèce de neurasthénie.

Au mois d'août 1444, elle eut un refroidissement et tomba malade, déclarant à ceux qui venaient à son chevet qu'elle avait le cœur rempli de joie, car son seul désir était de mourir bientôt. Devant un tel désespoir, une dame d'honneur, les larmes aux yeux, lui dit qu'à vingt ans une dauphine ne devait pas avoir d'aussi sombres pensées. Marguerite l'interrompit :

— J'ai bien sujet d'être triste pour ce qu'on a dit de moi, à tort, car je jure sur la damnation de mon âme que je n'ai pas fait ce dont on m'accuse, et même n'en ai jamais eu la pensée.

Quelques jours plus tard, elle eut un nouvel accès de désolation :

— Jamet! Jamet! s'écria-t-elle soudain, vous êtes venu à vos intentions (1) ; si je meurs, c'est pour vous et pour les bonnes paroles que vous avez dites sur moi, sans cause ni raison.

Et, se frappant la poitrine, elle ajouta :

— Je prends sur Dieu et sur mon âme, et sur le baptême que je reçus sur les fonts, que jamais je ne desservis mon seigneur et ne lui fis tort (2).

Le 14 août, la petite dauphine s'affaiblit brusquement ; le 15, elle entra en agonie et le 16, après avoir murmuré : « Fi de la vie, qu'on ne m'en parle plus », elle rendit l'esprit.

(1) Vous êtes parvenu à vos fins.
(2) Bibl. Nat., ms. Du Puy, 762

— Notre épouse meurt « par abus de poésie », dit Louis en souriant de façon équivoque.

Puis il sortit de la chambre sans montrer le moindre chagrin et partit immédiatement en voyage pour n'avoir point à assister aux obsèques, car il n'aimait ni les fêtes ni les cérémonies (1)...

***

Louis et Charles VII ne restèrent pas longtemps réconciliés. En 1445, après une violente dispute, le dauphin quitta la Cour en jurant de ne revenir qu'après la mort de son père.

Il dut attendre seize ans et, pour tromper son impatience, s'occupa comme il put, conspirant ici, se battant là — allant même, dans une période de désœuvrement, jusqu'à se remarier...

Enfin, le 22 juillet 1461, alors qu'il était dans le Hainaut, chez son oncle, il apprit que le roi « avait trépassé de ce monde dans l'autre ». Sans même attendre que sa femme, Charlotte de Savoie, fût prête à l'accompagner, il se mit en route pour Reims où devait avoir lieu son sacre. Et la malheureuse dut emprunter des chevaux et des chariots à la comtesse de Charolais pour le rejoindre...

Après le sacre, Louis XI fit son entrée à Paris suivi de quatorze mille cavaliers, et des fêtes magnifiques furent organisées en son honneur. Pour chacune de ces cérémonies symboliques où le roi prenait possession de sa capitale, les Parisiens s'ingéniaient à trouver du nouveau. Cette fois, ils fabriquèrent sur la porte Saint-Denis, par laquelle Louis XI devait arri-

(1) La pauvre Marguerite n'eut pas plus de chance après sa mort. Des historiens l'accusèrent de légèreté, affirmant que son amour de la poésie l'avait poussée à commettre quelques extravagances. C'est ainsi qu'une légende veut qu'un jour, apercevant le vieux poète Alain Chartier endormi sur un banc, elle soit allée l'embrasser sur la bouche, en disant toutefois, car quelques personnes s'étaient étonnées :

— Je n'ai pas baisé l'homme, mais la précieuse bouche de laquelle sont issus et sortis tant de bons mots et vertueuses paroles.

Cette anecdote, rapportée par de nombreux historiens et auteurs de manuels, est absolument fausse, pour la bonne raison qu'Alain Chartier est mort en 1430 alors que Marguerite d'Écosse n'avait pas encore trois ans...

ver, un grand navire semblable à celui qui figurait dans les armes de la ville, et, lorsque le roi passa sous la voûte, la foule vit deux petits anges descendre de la nef, comme des araignées au bout d'un fil, et lui poser une couronne sur la tête.

Pourtant, ce n'est pas ce détail qui frappa le plus l'imagination des badauds; mais bien plutôt le spectacle qu'ils purent voir à la fontaine de Ponceau. En cet endroit, où le vin coulait à la place de l'eau, trois belles filles, toutes nues, représentaient des sirènes souriantes, elles montraient leurs charmes sans la moindre gêne, « et ce estoit chose bien plaisante, nous dit le chroniqueur Jean de Troyes, car elles disoient de petits motets et des bergerettes... ».

Ce devait être, en effet, ravissant.

Est-ce cette vision qui mit le nouveau roi en appétit ? Le soir même, alors que toute la ville en liesse chantait et dansait dans les rues, Louis XI quitta furtivement l'hôtel de la Tournelle en compagnie d'un certain Guillaume Biche, connu pour ses mauvaises mœurs, et courut les maisons suspectes des bas quartiers où il passa une partie de la nuit avec les filles de joie...

***

Louis XI ne resta pas longtemps à Paris. Après avoir touché quelques écrouelles afin de clore joliment les fêtes du couronnement, il repartit pour la Touraine dont il aimait la douceur.

— Où allons-nous vivre? lui demanda Charlotte lorsqu'ils furent en route.

— Vous, à Amboise, et moi au château du Plessis-lez-Tours, répondit nettement le roi.

La jeune reine ne s'attendait pas à un tel programme elle resta un moment décontenancée. Puis elle dit craintivement :

— Mais quand vous verrai-je?

Louis XI avait un langage cru :

— De temps en temps, lorsque la nature me rendra votre présence nécessaire...

Il ajouta :

— Sachez qu'un roi ne doit pas se laisser amollir par une présence féminine.

— Même par celle de sa fille?

Louis jeta un regard attendri sur le berceau qu'on avait placé dans la voiture et où dormait la petite Anne de France, agée de cinq mois, mais il ne répondit pas tout de suite.

— Plus tard, je la ferai venir au Plessis, dit-il enfin. Je veux que toute fille de France soit capable de faire une grande reine. Or je crains fort votre éducation.

Alors Charlotte éclata en sanglots et pleura pendant les cinq jours que dura le voyage, sans s'arrêter un instant, même la nuit. Ce déluge, qui humidifiait le lit conjugal, eut le don d'exaspérer prodigieusement Louis XI. Un historien du temps nous dit, en effet, « que la peine de la reine était si profondément enfoncée dans sa chair qu'elle poussait, de-ci, delà, au cours du sommeil, des gémissements plaintifs, et que ses larmes continuaient de couler de ses yeux clos ». Aussi est-ce avec un vrai soupir de soulagement que le souverain laissa sa femme et sa fille à Amboise.

***

La jeune reine mena dès lors une vie triste. Le roi, nous dit Brantôme, « la tenoit au château d'Amboise comme une simple dame, portant fort petit état, et aussi mal habillée que simple demoiselle, et la laissoit là avec sa petite cour, à faire ses prières, et lui s'alloit promener et donner du bon temps ailleurs ».

Car, nous l'avons dit, les historiens nous trompent qui nous montrent Louis XI comme un personnage austère et bilieux. Il aimait rire, et rien ne lui plaisait plus qu'une histoire un peu leste, « et celuy qui luy faisoit le meilleur et plus lascif conte des dames de joye, il estoit le mieux venu et festoyé, et luy même ne s'épargnoit à en faire, car il s'en enquéroit fort, et en vouloit souvent sçavoir, et puis en faisoit part aux autres, et publiquement ».

Les histoires gaillardes, on s'en doute, ne suffisaient pas au souverain. Il lui fallait — souvent — passer des paroles aux actes. Et quelques demoiselles légères, raccolées dans les rues par des rabatteurs appointés, étaient amenées régulièrement à la Cour pour y connaître les joies du déduit avec le roi de France. Mais aucun sentiment, jamais, ne se mêlait à ces joutes où Louis, toujours pratique, ne voyait qu'un moyen de se « décongestionner le cervelet ».

Brantôme nous dit qu' « il changeait de femme comme de chemise ». Il semble, en effet, que Louis XI ait eu un nombre considérable de maîtresses d'un jour, où, si l'on préfère, de reines d'une nuit.

En voyage ou en campagne, privé de ses belles amies habituelles, il prenait ce qu'il trouvait et faisait parfois des rencontres inespérées. C'est ainsi qu'en Picardie, alors qu'il combattait le duc de Bourgogne, il fut abordé, dans un village nommé Gigon, par une femme éplorée qui se jeta à ses pieds.

— Vos soldats ont tué mon mari, s'écria-t-elle.

« Le roi, nous dit Sauval, jeta les yeux sur cette veuve et trouva tant de charmes à son visage qu'il en demeura ébloui. Il la releva et lui commanda de suivre la Cour, l'assurant qu'il ferait punir les coupables aussitôt qu'il serait dans un lieu où il pourrait faire quelque séjour (1). »

Or, quelques jours après, une trêve ayant été signée avec le duc de Bourgogne, le roi retourna à Paris, emmenant la belle Mme de Gigon que l'on surnomma bientôt Gigone, et la combla de tant de cadeaux « qu'elle oublia la perte qu'elle avait faite ». Elle n'en fut pas ingrate et lui « témoigna sa reconnaissance aux dépens de son honneur » (2).

Mais cette jolie personne ne demeura pas longtemps à la Cour. La passion qu'elle inspirait au roi fut d'ailleurs cause de son remplacement. En effet, c'est en voulant lui témoigner son amour qu'il rencontra celle qui devait être sa nouvelle maîtresse.

(1) SAUVAL, *Galanteries des rois de France*, 1738.
(2) Gigone eut de Louis XI une fille qui épousa, à dix-huit ans, un prince de Bourbon...

Un jour, Louis XI fit faire, pour sa bien-aimée Gigone, une chaîne de pierreries, par un joaillier nommé Passefilon. Lorsque le bijou fut terminé, la femme du lapidaire vint le porter à la Cour. Le roi la rencontra par hasard dans un couloir et la trouva si belle « que l'amour qu'il avoit pour Mme de Gigon ne put défendre son cœur contre ces charmes ». Néanmoins, nous dit Sauval, « il ne voulut lui en rien témoigner en présence de sa maîtresse, mais il commanda à Landois, son trésorier, de la lui envoyer quand elle viendroit lui demander le paiement de la chaîne, disant qu'il en vouloit lui-même faire le marché : ce qui lui étoit ordinaire, parce que, comme il étoit fort avare, il entroit dans le détail des moindres choses, pour empêcher que les officiers n'y profitassent.

» La Passefilon le vint trouver dans son cabinet, et, comme il n'étoit pas fort galant, il lui dit sans chercher un grand détour que si elle vouloit répondre à sa passion, elle y gagneroit plus dans un an avec lui que dans toute sa vie à sa boutique. La marchande, qui aimoit l'argent et qui avoit vu la fortune de Mme de Gigon, se laissa aisément tenter, et le marché fut bientôt conclu (1). »

Le roi se montra extrêmement épris de cette femme dont certains chroniqueurs nous disent qu'elle avait longtemps « tenu le haut du pavé de certaines rues mal famées de Lyon ». Le goût qu'il avait pour les « ribaudes » s'y trouvait sans doute satisfait.

Mais la Passefilon, malgré ses origines, était une délicate que la rustrerie du roi choquait énormément. Et Sauval nous dit que, « lorsqu'elle se vit à son aise, elle chercha du ragoût dans ses plaisirs amoureux et voulut rendre son amant plus propre qu'il n'avoit accoutumé de l'être ». Un jour que le roi était venu lui rendre visite avec un habit fort simple et du linge fort sale, elle lui dit :

— Lorsque j'ai donné mon cœur à un roi de France, j'ai cru trouver dans le commerce galant où j'allais

(1) Elle eut du roi une fille qui devint, dans la suite, la femme d'Antoine de Bueil, comte de Sancerre.

m'embarquer tous les agréments que peut donner la magnificence de la plus belle cour de l'Europe ; cependant, j'ai le chagrin, lorsque je veux suivre les emportements d'une tendre passion, de sentir la graisse où je devrais sentir le musc et l'ambre ; en vérité, si un garçon de ma boutique s'était présenté devant moi en l'état où je vous vois, je l'aurais chassé de ma présence. Que doivent dire les ministres étrangers qui vous voient si mal soutenir la majesté de votre rang ? Quelle raillerie n'ont pas fait les Espagnols à l'entrevue que vous avez eue avec le roi de Castille, sur votre chapeau tout blanc de vieillerie et sur la Notre-Dame de plomb qui tenait lieu d'un rare diamant ?

Le roi demeura si étourdi de ce discours qu'il n'eut pas la force de l'interrompre, et, comme il était fort dissimulé, « il ne lui témoigna pas tout son chagrin » ; mais il songea à prendre une maîtresse plus indulgente.

Néanmoins, il se souvint de la leçon et devint plus soigné.

***

En plus de Gigone et de la Passefilon, Louis XI eut un nombre considérable de « belles amies ». Le nom de quelques-unes d'entre elles nous est parvenu. Citons : Gogette Durand, Catherine de Salemnite, Huguette du Jaquelin, de Dijon, la femme du sieur Jean Lebon, de Mantes, Félize Rognard, au mari de laquelle il offrit une châtellenie et cette Catherine de Vaucelle dont parle François Villon dans son *Grand Testament.*

Toutes ces dames, nous l'avons dit, étaient des compagnes fugitives avec lesquelles il aimait passer un moment après un bon repas ; mais aucune ne fut jamais maîtresse en titre, et encore moins considérée comme favorite.

D'ailleurs, Louis XI, qui avait souffert de la présence d'Agnès Sorel auprès de son père (1), se méfiait trop des femmes et de leur influence sur la politique pour laisser l'une d'entre elles « s'installer » à la Cour. La crainte qu'il avait d'elles et de leur pouvoir est

(1) Cf. *Histoires d'Amour de l'Histoire de France.* Tome I.

clairement démontrée dans une anecdote que rapporte Brantôme : « Quand il convia le roi d'Angleterre (Edouard IV) de venir à Paris faire bonne chère, et qu'il fut pris au mot, il s'en repentit aussitôt et trouva un alibi pour rompre le coup. « Ha! Pâque-Dieu, se dit-il, je ne veux pas qu'il y vienne, il y trouveroit quelque petite affettée (1) et saffrette (2), de laquelle il s'amouracheroit; et elle luy feroit venir le goût d'y demeurer plus longtemps et d'y venir plus souvent que je ne voudrois... »

Aussi faut-il mettre à part Marguerite de Sassenage qu'il semble avoir aimée, et dont il eut deux filles, Jeanne et Marie, qu'il maria, l'une à l'amiral de France, Louis, bâtard de Bourbon, l'autre à Aymar de Poitiers, sire de Saint-Vallier.

Jeanne fut d'ailleurs légitimée, et, plus tard, Charles VIII l'appellera sa sœur.

Marguerite de Sassenage avait séduit Louis grâce à l'extraordinaire beauté de ses jambes.

Un matin, elle s'était placée sur le passage du roi, et, feignant de perdre sa jarretière, avait retroussé sa robe pour rajuster un ruban. La naissance de la cuisse ainsi dévoilée était d'un galbe si parfait que Louis, troublé, avait désiré, fort légitimement, en voir davantage.

Deux heures plus tard, la belle, convoquée d'urgence au château, devenait la maîtresse du souverain.

Leur liaison dura deux ans. Pour la première fois de sa vie, Louis paraissait très amoureux. Hélas! un jour, un astrologue qu'il entretenait au palais vint lui prédire la mort de la belle Marguerite.

Une semaine après, la jeune femme était terrassée par un mal inconnu, Louis XI, accablé, donna des ordres pour que l'astrologue fût jeté sans délai par la fenêtre. Alors qu'on le menait à la mort, l'homme passa devant le roi qui lui dit :

— Toi qui prétends être si habile homme, et qui te prononces si hardiment sur le sort des autres, apprends-moi un peu quel sera le tien et combien de temps tu as encore à vivre?

(1) Raffinée, coquette.
(2) Pimpante.

L'astrologue, qui avait deviné les desseins du roi, répondit :

— Sire, je mourrai trois jours avant vous!

Louis XI, pris de frayeur, donna aussitôt des ordres pour que le devin ne manquât jamais de rien.

***

Ce goût pour le plaisir et les demoiselles fut rapidement connu du peuple. Comme il ne s'agissait pas de favorites capables de ruiner le trésor royal, chacun s'en amusait et cherchait à connaître le prénom de la dernière conquête du roi.

L'une d'elles, on ne sait pourquoi, fut l'objet de moqueries sans nombre. Elle s'appelait Perrette. Dans tout le royaume, on composa sur elle des chansons satiriques. Les Parisiens firent mieux : ils apprirent son nom aux pies et autres oiseaux parleurs qu'il était alors de mode dèlever chez soi, en leur faisant ajouter quelques mots peu flatteurs pour la majesté royale.

On entendait :

— Perrette, donne-moi à boire. Perrette, fille de p... Perrette, baise mon c...

Finalement, Louis XI, à qui ces quolibets étaient naturellement rapportés, fit prendre tous les oiseaux, « toutes les pies, geais, etc., étant en cage, ou autrement, pour tous les porter devers lui, afin que soit écrit et enregistré le lieu où avaient été pris les dits oiseaux et aussi tout ce qu'ils savaient dire et qu'on leur avait appris ».

Tous les Parisiens qui avaient mis dans le bec de leurs volatiles une phrase injurieuse pour Perrette furent aussitôt arrêtés et jetés en prison.

***

Louis XI avait autour de lui des hommes qui portaient aux dames un intérêt aussi vif que le sien. Le fameux Olivier le Daim, son barbier, était de ceux-là. Le goût pour la bagatelle lui fit, d'ailleurs, commettre un crime qui horrifia tout Paris.

Un gentilhomme avait été conduit en prison peu de temps après avoir épousé une ravissante jeune femme. « Le Daim, auprès duquel elle sollicita la délivrance de son mari, nous dit Dreux du Radier, en devint amoureux et exigea, pour prix de la liberté du prisonnier, les dernières faveurs de la femme (1). »

La belle, naturellement, résista et parvint à avertir son mari. Celui-ci, qui passait son temps à revivre par le détail les deux nuits voluptueuses passées avec son épouse, pensa qu'il valait mieux « partager son repas plutôt que de mourir de faim, d'autant qu'en l'espèce, après le passage de l'autre convive, il ne lui en resterait pas moins à consommer ».

Et il autorisa sa femme à donner au favori du roi ce qu'il demandait.

La jeune épouse obéit sans maugréer, car elle était candide et que tout est pur aux purs.

Après quoi, elle s'écria :

— Allez vite chercher mon mari!

Mais le Daim, dégrisé, craignit que cette libération ne déplût au roi et il eut peur.

— J'envoie mon valet sur-le-champ, affirma-t-il.

Le domestique, à qui il avait dit deux mots en particulier, se rendit dans la prison où attendait le malheureux gentilhomme et l'étrangla...

Le bruit de ce crime se répandit bientôt dans Paris. Mais la veuve, qui connaissait l'amitié du roi pour son « compère », jugea prudent de n'élever aucune protestation. C'est seulement quinze ans plus tard, après la mort de Louis XI, qu'elle intenta un procès au barbier.

Le Daim fut alors pendu, ainsi que son valet (2).

(1) Dreux du Radier, *Mémoires historiques et critiques*, et *Anecdotes des Reines et Régentes de France*, 1808.

(2) Le peuple se montra très satisfait de l'exécution de ce favori, et l'on chanta à cette occasion une complainte composée par Molinet, dont voici les paroles :

J'ai vu oyseau ramage
Nommé maistre Olivier
Vollant par son plumage
Haut comme un épervier.
Fort bien sçavait complaire
Au roy, mais je veis que on
Le feist pour son salaire
Percher au Montfaucon.

***

On tentera d'opposer à ce portrait d'un Louis XI paillard, celui d'un roi tourmenté par la crainte de Dieu, voire superstitieux, que la piété poussait à se traîner à genoux sur les dalles des églises et à se couvrir de médailles...

Les deux portraits ne sont pas incompatibles. Dreux du Radier nous dit en effet : « Louis XI joignoit à tous ses dérèglements des pratiques de dévotion auxquelles il se livroit d'autant plus volontiers qu'elles ne l'empêchoient pas de s'abandonner à ses plaisirs. »

Et il précise : « Tandis que ce prince donnoit d'un côté des ordres pour qu'on lui amenât à point nommé les femmes qui lui plaisoient, d'un autre il en donnoit pour les vœux et les pèlerinages qu'il vouloit faire... »

2

ANNE DE BEAUJEU « MOINS FOLLE FEMME DE FRANCE »

... Car, pour sage, je n'en connais point !
LOUIS XI.

LES gens du peuple n'étaient pas les seuls à s'occuper des frasques du roi. Les princes aussi s'en amusaient. Charles d'Orléans, par exemple, qui rimait ses ballades à Blois, aimait à se faire raconter les derniers « potins » du Plessis-lez-Tours.

Un soir, comme quelqu'un plaignait Charlotte qui se morfondait toujours à Amboise, un poète eut ce mot qui fut repris par Commynes :

— La reine n'est point de celles où l'on dit prendre du plaisir. Mais c'est une bien bonne dame.

Charles d'Orléans éclata de rire.

Hélas! le pauvre ne se doutait point que son épouse, Marie de Clèves, agissait avec les jeunes gens du château exactement comme Louis XI avec les demoiselles...

La petite duchesse — qui était de plus de quarante ans sa cadette — avait été élevée, il est vrai, à la cour de Bourgogne qui passait pour être la plus licencieuse d'Occident. Elle était charmante, blonde menue ; elle se parait de robes d'or et de hennins transparents ; elle aimait les lévriers, les bijoux, les fourrures ; elle composait des poèmes tendres et désabusés. Comment les jeunes amis dont s'entourait Charles ne seraient-ils pas tombés amoureux de Marie ?

Tous lui faisaient la cour, et elle s'efforçait de n'en désespérer aucun...

Bien entendu, cette générosité n'allait pas sans lui valoir quelques ennuis. C'est ainsi qu'à la stupéfaction de son vieux mari elle avait donné naissance à une fille.

On avait craint alors que le pauvre, ouvrant les yeux, n'eût enfin la révélation de son infortune. Mais la petite rouée avait su trouver les mots qu'il fallait pour le rassurer, et même pour le rendre orgueilleux...

Louis XI savait tout cela et s'en amusait.

Pourtant, lorsqu'en 1462 Marie de Clèves mit au monde un fils qu'elle avait eu de son valet, Rabadage (1), le roi cessa de rire. Car cet enfant, que Charles reconnut sans aucune hésitation, devenait héritier de la Maison d'Orléans, et Louis XI savait qu'il devrait un jour compter avec lui.

Pour mettre un comble à sa colère, on le choisit pour parrain. Il vint donc à Blois, fit quelques réflexions désobligeantes qui eussent paru claires à tout autre qu'à Charles et accompagna le bâtard sur les fonts baptismaux.

Or, pendant la cérémonie, un petit incident rendit le roi blême de fureur : le bébé arrosa sa manche.

C'est ainsi que Louis d'Orléans, dont personne ne pouvait soupçonner qu'il régnerait un jour sous le nom de Louis XII, humecta copieusement le roi de France...

(1) Elle était si amoureuse de cet homme qu'elle décorait ses mur de tapisseries-rébus symboliquement ornées de rabats et d'anges.. Et c'est peut-être à Marie de Clèves que pensait Malherbe, lorsqu'i disait : « Que c'étoit une folie de se vanter d'être d'une ancienn noblesse : que plus elle étoit ancienne, plus elle était douteuse ; et qu'i ne falloit qu'une femme lascive pour pervertir le sang de Charlemagn et de saint Louis, que tel qui se pensoit issu de ces grands héros étoi peut-être venu d'un valet de chambre ou d'un violon. »

***

Dès qu'il fut rentré au Plessis-lez-Tours, Louis XI chercha un moyen de « neutraliser » son gênant filleul.

« Il faudrait que j'aie un fils », pensa-t-il.

Aussitôt, il monta sur son cheval et partit pour Amboise où Charlotte fut tout étonnée d'être entraînée vers un lit avant même d'avoir été saluée...

Pendant quelque temps, le roi vint ainsi faire ce qu'il fallait pour que l'avenir de la dynastie fût assuré. Et, en 1463, Charlotte lui fit part de ses « grandes espérances ». Louis XI fut si heureux qu'il l'embrassa, « idée qui ne lui étoit point venue depuis fort longtemps ».

Hélas ! c'est une fille qui naquit le 23 avril 1464. Et, qui plus est, une fille bossue, difforme, rachitique et affligée d'un pied bot...

Le roi, furieux, quitta Amboise sans un mot pour Charlotte et regagna le Plessis-lez-Tours.

C'est alors qu'une idée diabolique lui vint à l'esprit : fiancer immédiatement la petite infirme à Louis d'Orléans.

Il écrivit sur-le-champ au « père » du bambin pour lui faire part de ses projets matrimoniaux, se gardant bien, naturellement, d'indiquer que la pauvre Jeanne n'avait guère été favorisée par la nature...

Charles d'Orléans, flatté par la démarche du roi, accepta avec enthousiasme et les fiançailles des deux enfants eurent lieu — par correspondance — quatre jours plus tard...

Un mois après, le contrat de mariage était signé, et Louis XI ricanait : jamais Louis d'Orléans n'aurait de progéniture avec la pauvre Jeanne de France. Ainsi serait éteinte la dernière maison féodale et ses biens annexés à la couronne.

Le soir même, il écrivit confidentiellement à son favori, Antoine de Chabannes, comte de Dampmartin, cette lettre cynique :

Monsieur le grand Maître, je suis délibéré de faire le mariage de ma petite fille Jeanne et du petit duc d'Orléans parce qu'il me semble que les enfants qu'ils auront ensemble ne me coûteront guère à nourrir. *Vous avertissant que j'espère faire ledit mariage ou autrement ceux qui iront au contraire ne seront jamais assurés de leur vie en mon royaume* (1).

Voilà qui était clair!

***

Tant que Jeanne fut une petite fille, ses infirmités demeurèrent peu apparentes. D'ailleurs, Charlotte les dissimulait autant qu'elle le pouvait sous de longues robes et des accoutrements spéciaux. Mais, quand elle eut douze ans, Louis, qui en avait quinze et s'intéressait déjà passionnément aux amies de sa mère, pour avoir été « en son jeune et florissant âge nourry plus tost en lubricité et lascivité » découvrit l'affreux magot qu'on lui destinait. Il fut épouvanté... Et quand vint le moment du mariage, il déclara nettement qu'il refusait d'avoir pour femme une bancroche... Soutenu par sa mère (Charles d'Orléans était mort à ce moment), il fit connaître son sentiment à Louis XI.

— J'aimerais mieux épouser une simple damoiselle de Beauce! répétait-il.

Le roi, qui était fort coléreux, menaça de renvoyer Marie de Clèves sur le Rhin et annonça au jeune duc que, s'il persistait dans son refus, il le ferait conduire dans un monastère.

Finalement, en 1476, Louis dut se résigner au mariage. Mais il s'était bien juré de laisser à Jeanne de France sa pureté originelle, et pendant des mois la malheureuse adolescente dormit seule. Louis XI l'apprit. Furieux, il convoqua son gendre et lui ordonna de consommer le mariage. Comme le jeune homme n'avait pas l'air très enthousiaste, il le fit immédiatement entrer dans un lit avec Jeanne. Puis il plaça des médecins autour de la chambre.

— Écoutez bien, leur dit-il, et venez me dire comment les choses se sont passées.

(1) CLAUDE SEYSSEL, *Chroniques*.

Les quatre témoins, cachés derrière des tentures, attendirent très longtemps avant d'entendre un faible soupir dont, à vrai dire, on ne connut jamais la cause, mais qu'ils s'empressèrent d'aller signaler au roi — lequel parut satisfait.

Louis d'Orléans l'était beaucoup moins; et, dès le lendemain, il chercha à oublier par tous les moyens cette nuit terrible. Il se jeta alors dans la débauche la plus folle, entraînant dans sa chambre toutes les femmes qu'il rencontrait, qu'elles fussent demoiselles de mauvaise vie, jeunes filles vertueuses, dames mariées... L'une de ces liaisons donna d'ailleurs à l'Église l'un de ses plus nobles représentants. C'est, en effet, des extravagances érotiques du duc d'Orléans et d'une jolie blanchisseuse de la Cour que naquit le digne cardinal de Bucy... (1).

***

Au bout d'un an, Louis d'Orléans put s'enorgueillir d'avoir mis dans son lit toutes les femmes qui vivaient à la Cour d'Amboise.

Oui, toutes, sauf une. Celle-là même qui, précisément, eût désiré devenir sa maîtresse. Je veux parler de Mme Anne de France, fille aînée de Louis XI.

Il y avait longtemps que Anne aimait son cousin. Ils s'étaient connus enfants et la grâce de Louis, sa beauté, ses manières douces et élégantes avaient fortement impressionné la fillette. Au point qu'à douze ans elle s'était confiée à son père :

— Je veux que Louis devienne mon mari.

Le roi, très inquiet et craignant que cet amour ne vînt contrarier ses desseins, s'était immédiatement mis en quête d'un époux pour la précoce enfant.

(1) Ce n'est pas la première blanchisseuse qui eut un pareil honneur. Les chroniqueurs normands prétendent que la mère de Guillaume le Conquérant, qu'ils appellent Arlète, ou Arlève, « lavoit du linge à son usage à une claire fontaine lorsque le duc Robert, qui la vit d'une des fenêtres du château, fut à l'instant épris de son amour, et tant la pourchassa à l'endroit de ses père et mère, qu'ils lui accordèrent, si elle y consentoit, et elle y consentit » BOURGUEVILLE. *Recherches et Antiquités sur le duché de Normandie.*

Il avait alors fixé son choix sur un de ses conseillers intimes, Pierre de Beaujeu, âgé de trente-trois ans, qui était « paisible, bénin et de bon vouloir ». Leur mariage avait été célébré le 30 novembre 1473.

Aussitôt, Anne s'était prise d'amitié pour cet époux plein de douceur, qui ne semblait préoccupé que du désir de lui plaire. Pourtant elle avait continué d'aimer Louis d'Orléans, et, lorsque celui-ci, trois ans plus tard, s'était marié avec Jeanne, elle n'avait pu cacher sa tristesse... Puis Louis s'était lancé dans la débauche, pour apaiser avec des maîtresses de passage une ardeur dont il ne voulait pas faire bénéficier la pauvre Jeanne, et Anne avait espéré qu'il jetterait les yeux sur elle. Hélas! l'adolescent n'avait pas semblé comprendre ce que signifiaient les regards de sa jolie belle-sœur et il ne se livra, à son endroit, à aucune de ces voies de fait que la morale qualifie d'outrageantes, mais qu'elle espérait dans le secret de son cœur (1)...

***

Pendant quelques années, Louis XI eut grand peur que Louis d'Orléans, alléguant l'impossibilité d'avoir des rapports normaux avec Jeanne, ne fît casser son mariage par le pape Aussi, tous les six mois, obligeait-il son gendre à se rendre au château de Lignières, en Berry, où vivait la malheureuse infirme, et à lui prouver ses bons sentiments.

Naturellement, ces voyages étaient pour Louis de véritables corvées. Il arrivait, fort irrité à la pensée des belles amies qu'il avait abandonnées à Blois ou à Amboise, et considérait d'un œil méprisant cette enfant souffreteuse et bossue qu'on lui

(1) Cf. SAUVAL : « Louis duc d'Orléans avoit eu le malheur de plaire à Anne de France, fille de Louis XI. Je dis le malheur, parce que la passion de cette princesse fut en partie cause de toutes les traverses qui lui arrivèrent pendant sa vie. Elle lui fit connaître le penchant qu'elle avoit pour lui ; et, quoique le duc ne lui eût répondu qu'en des termes plus respectueux que tendres, elle ne laissa pas de les expliquer favorablement et de croire qu'elle étoit aimée parce qu'elle méritoit de l'être. » (*Galanterie des Rois de France*, 1752.)

avait donnée. Comme elle voulait l'embrasser, car elle l'adorait, il la rejetait brutalement :

— Sauvez-vous ! criait-il. Je vais me coucher seul. Le voyage m'a fatigué.

Le lendemain, il trouvait toujours de nouvelles raisons pour se soustraire au devoir conjugal. Alors, les gardes, sur l'ordre de Louis XI, l'emmenaient faire quelques longues parties de paume dans le but « d'eschauffer sa chair et de le mettre en un état propice à l'amour ». Ce moyen donnait généralement des résultats satisfaisants. Et Louis, aveuglé par le désir, courait retrouver Jeanne dans sa chambre.

Aussitôt, un messager partait pour le Plessis-lez-Tours afin d'avertir Louis XI qui, au reçu de la nouvelle, se frottait les mains en ricanant.

Mais à malin, malin et demi. Un jour, l'adolescent, comprenant qu'il était victime d'une manœuvre déloyale, fit venir une courtisane à Lignières. Et, après les parties de paume, ce fut avec elle qu'il alla s'enfermer dans une chambre de la grosse tour..

***

Le désaccord du jeune ménage fut bientôt connu non seulement en Berry et sur les bords de la Loire, mais encore à Paris, où tout le monde se livra à des commentaires passionnés. Les uns plaignaient la jeune duchesse d'Orléans, les autres défendaient Louis « qui avait été marié par force », et tous tombaient d'accord pour accuser Louis XI d'avoir fait le malheur de deux êtres...

Pendant quelques semaines, la foule oublia pourtant les difficultés conjugales des Orléans. Ce fut pour s'intéresser aux détails d'un beau crime passionnel : le meurtrier avait titre de sénéchal, et l'une des victimes était l'aînée des filles qu'Agnès Sorel avait eues de Charles VII...

Cette dame se nommait Charlotte. Elle avait été mariée par Louis XI à Jacques de Brézé, maréchal et grand sénéchal de Normandie. Douée d'un tempérament un peu excessif qui la conduisait à chercher des apaisements en dehors du lit conjugal, elle commit quelques imprudences qui éveillèrent les soupçons de son mari. Il la fit surveiller et l'épia lui-même avec soin. Or, un soir, il remarqua qu'elle tardait un peu à venir le rejoindre au lit.

— Que faites-vous, Charlotte?

— Je termine ma toilette, dit-elle, dormez, je viens tout de suite.

Finaud, il fit semblant de dormir.

Et, une heure plus tard, son apothicaire et son barbier, qui étaient chargés d'espionner la dame, vinrent à pas de loup confier au sénéchal que Charlotte et un de ses serviteurs, Pierre de la Vergne, « étaient couchés ensemble en un lit et faisaient adultère en la chambre qui était au-dessus ». Jacques Brézé se leva, prit sa dague et son épée, monta l'escalier et surgit dans la pièce où les amants s'ébattaient frénétiquement.

Sans dire un mot, il transperça le serviteur d'un coup d'épée, puis, se tournant vers Charlotte qui hurlait d'épouvante, il lui enfonça sa dague dans la poitrine.

Arrêté sur l'ordre du roi, le sénéchal fut emprisonné dans la grosse tour de Vernon et tout le royaume se demanda quelle peine lui serait infligée.

Les débats de justice furent longs. Finalement, les juges, considérant qu'il était normal qu'un cocu montrât quelque humeur, condamnèrent Jacques Brézé à cinq ans de détention.

Les braves gens soulagés, purent alors reprendre leurs discussions sur Jeanne et Louis d'Orléans. Au mois de mars 1479, ils les interrompirent de nouveau pour s'inquiéter de la santé du roi. Louis XI, en effet, venait de tomber brusquement malade, terrassé par une affection inconnue. On affirmait qu'à demi paralysé il avait perdu l'usage de la parole et qu'un saint homme venu de Calabre, nommé François de Paule, était à son chevet où il faisait des prodiges pour émerveiller les médecins ordinaires.

Pendant que le menu peuple de Paris répétait ainsi les bruits les plus invraisemblables, à Amboise, Anne de Beaujeu, jolie princesse de dix-sept ans, avait le cœur torturé à cause de Louis d'Orléans.

Depuis de longs mois, elle était la confidente de son père qui admirait son intelligence vive, son sens politique, son habileté, sa ruse. Souriant, il disait parfois : « C'est la moins folle femme de France, car pour sage je n'en connais point. » Et il lui avait donné la garde du dauphin Charles, ce fils tard venu qui devait un jour recevoir en héritage « le plus beau royaume de la terre ».

Or on venait d'apprendre à la jeune femme qu'un groupe de grands vassaux révoltés préparaient l'enlèvement de son frère et que celui qui dirigeait le complot était précisément l'homme qu'elle aimait le plus au monde.

Certes, l'ambition de Louis d'Orléans, si fier de son titre de premier prince du sang, lui était connue, mais jamais elle n'aurait pensé qu'il fût capable de vouloir faire disparaître Charles pour monter sur le trône à la mort du roi.

Et c'est avec « une plaie au cœur » qu'elle prit toutes mesures nécessaires pour empêcher l'enlèvement.

***

Louis XI guérit. Ce n'était qu'une alerte. Aussitôt, Louis d'Orléans, léger et voluptueux, oublia la politique pour se replonger dans la débauche. C'est vers ce moment-là qu'il eut une liaison avec une hétaïre en renom, la belle Amasie, dont l'infidélité lui causa bien des ennuis.

Il ne pouvait s'éloigner un instant sans qu'immédiatement la demoiselle appelât un domestique, un valet, voire un passant... Au point que le jeune duc finit par s'enfermer avec elle dans sa maison, sans aucune suite, préférant encore s'occuper de la cuisine plutôt que de surprendre Amasie sur les genoux du cuisinier...

Un soir, il lui arriva une aventure dont il eut, plus tard, le bon goût de rire. Il était en train de faire rôtir des pigeons quand on frappa à la porte.

— Je vais voir qui heurte à l'huis, dit la rouée. C'est sans doute la tourte aux abricots que l'on apporte.

Mais ne laissez point brûler les pigeons... Continuez à tourner la broche tout doucement...

Louis attendit cinq minutes. Puis il fut pris de soupçons. Laissant la broche, il se dirigea silencieusement vers l'entrée de la maison et devint rouge de fureur. Étendue sur un coffre, Amasie « se faisait faire une politesse à l'endroit de son honneur ».

Tancée par Louis, elle avoua qu'elle n'avait trouvé que ce moyen pour faire entrer un galant...

Il lui pardonna, nous dit un chroniqueur, « pour ce que cette aventure estoit bien putassière et qu'il aimoit moult les fillettes de joyes »...

Ce goût le poussa d'ailleurs, le jour de Noël 1480, à faire distribuer de l'argent à toutes les ribaudes de Tours. Et il s'amusa fort de voir ses officiers remettre gravement des pièces d'or à ces demoiselles qui remerciaient en faisant des gestes obsènes ou en relevant leurs jupes...

***

En 1483, Louis XI mourut. Le nouveau roi, Charles VIII, qui avait treize ans, ne pouvait régner. Alors, Anne de Beaujeu devint régente — à vingt-deux ans!

Une fois de plus, elle pensa à Louis avec douceur; car tout était encore possible. Elle pouvait pardonner la tentative d'enlèvement de 1477 et faire casser le mariage qui l'unissait à Pierre de Beaujeu, comme celui qui liait Louis à Jeanne... Oui, tout était encore possible. Il suffisait d'un sourire de Louis.

Faible pour la seule fois de sa vie, elle le combla de cadeaux et de bienfaits, le nommant gouverneur général d'Ile-de-France, lui donnant une bague et des boucles d'oreilles d'or fin, lui envoyant deux lévriers blancs...

Après quoi, tendue, anxieuse, elle le regarda plus passionnément encore que d'habitude... Il feignit de ne rien voir et resta impassible.

Alors elle détourna définitivement ses yeux de lui.

Ce fut dommage pour le duc, s'il faut en croire Brantôme qui dit : « Si Louis d'Orléans eût voulu un peu fléchir à l'amour de Mme de Beaujeu, il y eut bonne part; car elle étoit un peu assez éprise, ainsi que je le tiens de personnes qui le savoit bien... »

3

ANNE DE BRETAGNE FIANCÉE DE L'EUROPE

Tous les princes la désiraient, mais elle les voyait venir avec leurs gros sabots, dondaine...
Jacques PERRON.

ANNE DE BEAUJEU était régente en fait, mais non en titre, Louis XI lui ayant simplement confié la direction de son fils. La situation de Pierre de Beaujeu n'était d'ailleurs pas plus officielle, puisque c'était *oralement* que le roi moribond l'avait chargé de gouverner au nom du jeune roi...

Aussi, les princes du sang élevèrent-ils une protestation, disant que le « gouvernement des Beaujeu » était illégal. Louis d'Orléans, pour sa part, revendiqua la régence et vint s'installer avec une suite nombreuse au château d'Amboise où le petit roi Charles vivait sous la garde de sa sœur.

Celle-ci était la digne fille de Louis XI. Prévoyant l'arrivée de son beau cousin et pour parer à toute éventualité, elle avait demandé à tous les hommes d'armes qui se trouvaient au château de lui prêter serment de fidélité...

La sécurité immédiate était assurée ; toutefois Anne comprit que la situation était fort précaire. Il fallait, pour être tranquille, que le royaume entier sanctionnât sa nomination et celle de son mari.

La convocation des États généraux s'imposait.

Elle fut demandée à la fois par Anne de Beaujeu, qui réclamait l'exécution des dernières volontés de son père, et par Louis d'Orléans, qui faisait valoir ses droits à la régence, au titre de premier prince du sang.

La réunion des États eut lieu à Tours le 5 janvier 1484. A l'issue d'une longue discussion, un Conseil de régence fut créé dont le sire de Beaujeu reçut la présidence ; après quoi les représentants de toutes les provinces confièrent à Mme Anne la garde du jeune roi.

Fort mécontent, Louis d'Orléans quitta Tours sur-le-champ et partit s'installer à la Cour du duc de Bretagne où les princes révoltés étaient toujours sûrs de trouver asile, aide et compréhension...

François II accueillit avec beaucoup de sympathie le duc d'Orléans. Sachant que celui-ci partageait son goût pour les femmes, il se délectait à la pensée des histoires qu'ils pourraient se raconter mutuellement. Car le Breton était assez gaillard.

A ce moment, il avait pour favorite cette belle et ardente Antoinette de Maignelais, dont Charles VII avait fait sa maîtresse après la mort d'Agnès Sorel. François l'adorait et bénissait le jour où elle était venue s'installer à sa Cour.

— C'est le Ciel qui me l'a envoyée, disait-il souvent.

En réalité, c'était Louis XI.

Le rusé roi de France, en effet, qui voulait avoir un agent de renseignements en Bretagne, avait chargé Antoinette de faire la conquête de François II. La chose, il faut bien le dire, avait été aisée. Dès l'arrivée de la dame de Maignelais, le duc, ébloui, avait mis sa femme, Marguerite de Bretagne, à l'écart et s'était montré galant homme. Après un compliment joliment tourné, il avait conduit la belle dans une chambre isolée, puis, sous le prétexte — ô combien spécieux — que la journée venait de finir, il l'avait engagée à se mettre au lit...

Antoinette, qui s'était fait donner quelques leçons par des dames connues pour leur espièglerie, avait, dès la première nuit, émerveillé François par sa fantaisie et son goût du détail.

— Quelle imagination! s'était écrié le duc, un peu essoufflé.

Le lendemain, il lui avait offert, en remerciement, le domaine de Cholet.

Naturellement, la pauvre duchesse de Bretagne avait beaucoup souffert du comportement de son époux. D'autant que, François II s'étant affiché dès le premier jour avec sa nouvelle favorite, tout Nantes en avait parlé. Finalement, Marguerite était tombée malade.

***

Pendant quelque temps, Louis XI avait reçu, par messages secrets, des renseignements fort précieux sur la Cour de Bretagne. Puis les lettres s'étaient espacées et, un jour, Antoinette n'avait plus rien envoyé.

Furieux, le roi s'était demandé la raison de cette trahison. Comment aurait-il pu deviner, lui qui n'aimait personne, que la « favorite par ordre » avait fini par se prendre au jeu et tomber amoureuse du duc de Bretagne?

La vérité l'avait rempli de stupeur. Et l'on imagine son désappointement en apprenant qu'Antoinette, non contente de procurer des joies physiques à son amant, avait vendu ses bijoux pour renflouer le trésor ducal en difficulté.

Au décès de Marguerite de Bretagne, tout le monde avait cru qu'Antoinette se ferait épouser pour que ses bâtards fussent légitimés. Mais elle n'en avait rien fait, et François II s'était remarié avec Marguerite de Foix — laquelle avait dû, naturellement, accepter la présence de la favorite sous le toit conjugal...

Les deux femmes entouraient gentiment, et sans aucune hostilité apparente, le bouillant duc de Bretagne, lorsque Louis d'Orléans arriva à la Cour.

Celui-ci fut tout de suite séduit par Antoinette, bien qu'elle eût alors près de vingt ans de plus que lui. A la fin d'un tournoi, il s'approcha d'elle au moment où elle remettait le trophée au chevalier vainqueur.

— Mon plaisir serait grand, lui murmura-t-il, de vous enseigner le secret de certaines joutes connues seulement en mon pays.

— Beau sire, répondit Antoinette sans se troubler, plus n'ai besoin d'apprendre en cette matière. Et, quand cela serait, je réserve ce rôle de maître à mon seigneur... Sachez-le...

C'était la première fois que Louis d'Orléans rencontrait une femme fidèle. Il la considéra dès lors avec un mélange d'admiration et d'agacement.

***

François II avait eu de sa seconde femme, Marguerite de Foix, une fillette fort gracieuse que toute la Bretagne adorait « pour ce qu'elle étoit jolie et qu'elle s'appeloit Anne ». Quand Louis d'Orléans lui avait été présenté, il ne s'était pas beaucoup intéressé à elle.

Mais quand il la revit, après l'échec qu'il avait essuyé auprès d'Antoinette de Maignelais, il fut troublé. Comme il avait le goût des contrastes, ce fruit vert lui parut fort désirable. Il envisagea aussitôt de faire annuler son mariage avec la pauvre Jeanne qui se morfondait toujours en Berry, et d'épouser l'héritière du duché de Bretagne.

L'idée n'était pas mauvaise, car, comme le dit un historien avec quelque grandiloquence : « Pour la première fois, le désir du débauché pouvait permettre à l'ambitieux de réaliser une excellente opération politique... »

Il se mit incontinent à faire des cadeaux à la fillette qui les reçut avec joie. Finalement, ayant donné l'assurance à François II que son mariage « forcé » avec Jeanne pouvait être facilement cassé par Rome, il se fiança secrètement à la duchesse enfant.

Anne de Beaujeu, qui avait des agents partout, fut rapidement instruite de ces tractations, et ce qui lui restait d'amour pour Louis lui fit chercher un moyen de séparer sans tarder les deux fiancés. Elle le trouva.

Charles VIII n'était pas encore sacré. Or Louis d'Orléans devait, en sa qualité de premier prince du sang et sous peine de déchéance, assister son cousin dans la cérémonie. C'est lui qui, selon l'usage, devait tenir la couronne au-dessus de la tête du jeune roi. Il n'y avait pas de meilleur prétexte pour le faire revenir à Paris...

Anne annonça donc que le sacre allait avoir lieu et écrivit à Louis pour lui rappeler que sa présence était nécessaire.

Très ennuyé de devoir ainsi interrompre sa cour, le fiancé d'Anne de Bretagne quitta Nantes et se rendit à l'invitation de sa cousine.

Le couronnement eut lieu à Reims le 30 mai 1484. Le 5 juillet, Charles VIII faisait son entrée à Paris, ce qui donna lieu à des fêtes extraordinaires, auxquelles le frivole duc d'Orléans voulut assister. Et, au mois d'août, il n'était pas encore retourné à Nantes...

Anne de Beaujeu souriait, heureuse du tour qu'elle avait joué à Louis et ravie de l'avoir auprès d'elle...

S'il avait été moins orgueilleux et plus fin, Louis d'Orléans aurait pu, sans doute, obtenir de l'amour ce que ni ses intrigues ni son titre de premier prince du sang ne parvenaient à lui donner. Car c'était l'orgueil seul qui l'empêchait de répondre aux avances de sa cousine. « Il voulait, nous rapporte Brantôme, qu'elle dépendît de lui et non lui d'elle. »

Et il s'ingéniait à la mécontenter, pensant lui prouver ainsi qu'il ne la craignait point. Un jour qu'il jouait à la paume avec des dames de la Cour, nous dit Jean de Serre, « vint un coup en dispute dont il s'en fallait rapporter aux gens. L'on en vint demander à Mme de Beaujeu. Ladite dame jugea contre M. d'Orléans. Luy, qui était haut à la main et se doutant d'où venait le jugement, commença à dire assez bas que quiconque l'avait condamné, si c'était un homme il avait menti, si c'était une femme c'était une putain ; ce qui étant rapporté à Madame, celle-ci la *lui garda bonne* sous un *beau semblant* »...

Oui, elle « la lui garda bonne ». Et, pour se venger de cet affront, elle décida d'empêcher le mariage breton « qui lui causait tant de déplaisir au cœur et tant de jalousie cuisante »...

Mais, pour cela, il fallait lier Anne de Bretagne à un autre fiancé.

Un autre fiancé? Lequel?

La régente ne chercha pas longtemps.

« Et pourquoi pas le roi de France? » pensa-t-elle.

***

Pendant qu'Anne de Beaujeu projetait de marier le jeune roi à la duchesse de Bretagne, une adorable petite fille de cinq ans jouait dans les jardins du château de Montrichard avec sa gouvernante, Mme de Segré. Cette enfant était la fiancée de Charles VIII...

Elle s'appelait Marguerite d'Autriche ; elle était brune, avait des yeux bleu foncé et passait son temps à s'amuser avec de petits animaux qu'on avait apprivoisés et dressés pour elle. Le jeune roi, qui était âgé de quatorze ans, l'adorait. Il la nommait sa « très aimée femme » et tout le monde la considérait comme la « petite reine » de France, bien que le mariage — on s'en doute — n'eût point été consommé.

Marguerite était en France depuis deux ans. Son père, Maximilien d'Autriche, avait dû accorder sa main au dauphin de France en exécution d'une clause du traité d'Arras signé en 1482 avec Louis XI.

Et elle était arrivée en litière, sur les genoux de sa nourrice, un soir de juin 1483, au milieu des acclamations du peuple. Charles, vêtu d'une robe de drap d'or, l'avait accueillie au pont d'Amboise. Puis Anne et Pierre de Beaujeu s'étaient approchés, accompagnés du protonotaire apostolique, délégué pour la circonstance, et de nombreux seigneurs. Aussitôt, les fiançailles avaient été célébrées, en plein air, sur la place publique décorée de tapisseries. Le protonotaire avait uni les mains des deux enfants et « Monsieur le Dauphin avait baisé par deux fois Madame la Dauphine ».

Le lendemain, dans la chapelle du château, les fiancés avaient reçu la bénédiction et s'étaient agenouillés pour prêter serment « comme on fait en mariage, c'est à savoir de non changer pour pire ni meilleur ». Après quoi, Charles avait passé l'anneau au doigt de la fillette.

Puis il y avait eu de grandes fêtes populaires. On s'était enivré de bals, de chansons et de vin de Touraine en l'honneur de cette gentille princesse qui apportait en dot au Dauphin : l'Artois, le Mâconnais, le Charolais et l'Auxerrois...

Mais le surlendemain, tandis que le peuple festoyait encore, Charles était retourné vivre calmement à Amboise, surveillé par sa grande sœur Madame Anne...

La mort de son père et son avènement n'avaient rien changé à l'existence du Dauphin. En revanche, le train de vie de la Dauphine avait été transformé afin que Maximilien, qui était tenu au courant par des ambassadeurs installés à Montrichard, en fût flatté. Traitée immédiatement en reine de France, on lui avait donné plus de cent demoiselles et nobles dames pour s'occuper d'elle et former sa Cour. Ensuite, bien qu'elle fût encore un peu jeune pour apprécier de tels détails, on l'avait « magnifiquement accoustrée »...

Marguerite était fort aimée dans le royaume et le menu peuple, toujours friand de belles cérémonies, attendait avec impatience que le vrai mariage fût célébré afin de pouvoir acclamer de nouveau sa petite souveraine...

Le projet d'Anne de Beaujeu, on le voit, n'était donc pas facile à réaliser. Mais « fine femme et déliée s'il en fut oncques », comme nous le dit Brantôme, la Régente, ayant décidé de marier son frère à la petite Anne de Bretagne, n'en dit mot à personne, pas même au roi, et attendit son heure...

***

Or Louis d'Orléans avait repris ses intrigues. D'accord avec le duc de Bourbon et François II de Bretagne, il organisa une coalition féodale contre les Beaujeu et commença par essayer d'enlever Charles VIII. Aussitôt informée du complot, Anne quitta Amboise avec le roi et alla se réfugier à Montargis. Alors Louis écrivit au Parlement pour accuser Anne de tenir le jeune roi prisonnier. « Une femme s'est emparée de l'État, passe outre aux décisions des États généraux, accroît les tailles, prodigue des pensions à ses partisans, dilapide le Trésor au profit de ses intérêts personnels ; une femme aspire au pouvoir personnel, à la tyrannie. La preuve? Les gardes ne doivent serment qu'au roy, eh bien! elle l'exige pour elle. »

Mais le Parlement ne se laissa pas émouvoir, et le premier président, Jean de la Vacquerie, répliqua avec rudesse au duc d'Orléans : « Appliquez-vous à maintenir sans divisions le royaume de France et ne troublez point la paix publique! »

Pour toute réponse, Louis leva une armée, négocia avec les Anglais, demanda l'aide de Maximilien d'Autriche et entraîna les princes coalisés dans une « guerre folle » qui devait durer deux ans.

Les premières batailles prouvèrent immédiatement la supériorité des troupes royales et surtout l'extrême habileté d'Anne de Beaujeu qui dirigeait les opérations. L'armée des conjurés, vaincue en maints endroits, fut bientôt incapable de continuer sa marche sur Paris. Elle dut se replier sur Nantes, cependant qu'Anne de Bretagne allait se réfugier précipitamment à Rennes.

La petite duchesse, qui allait avoir dix ans, vécut alors des heures fort mouvementées. Convoitée par tous les princes d'Europe, qui désiraient s'approprier un jour son duché, elle était l'objet de multiples tractations. Chaque jour, son père, François II, recevait des ambassadeurs qui venaient lui proposer secours et aide en échange d'une promesse de mariage. Sentant la situation désespérée, le vieux duc, affolé à l'idée que la Bretagne pouvait perdre son indépendance, promettait sa fille à tout le monde.

« Arrêtons d'abord les armées d'Anne de Beaujeu, pensait-il, et l'on verra ensuite... »

C'est ainsi que la petite Anne eut bientôt de nombreux fiancés, parmi lesquels le duc de Buckingham, le fils du duc de Rohan, Jean de Châlons, prince d'Orange, l'infant d'Espagne, Maximilien d'Autriche (père de la fiancée de Charles VIII) et Alain d'Albret, qui, possédant le comté de Foix, régnait sur le Béarn et la Navarre...

Un jeune homme, pourtant, manquait sur les rangs : Jacques III d'Écosse, qui venait de périr d'une si curieuse façon que, dans toute l'Europe, les gens les plus austères ne pouvaient s'empêcher de rire.

Ce roi, attaqué par une coalition de nobles, avait dû quitter précipitamment son château et, dans sa fuite, s'était jeté avec son cheval dans une rivière. Porté par des paysans jusqu'à un moulin voisin, il avait demandé un confesseur.

Un prêtre s'était présenté et, l'ayant entendu, lui avait donné l'absolution.

— Vous voilà en état de paraître devant Dieu, s'était alors écrié ce saint homme avec un bon rire. C'est le moment d'en profiter...

Et, sortant un poignard de sa manche, il avait tué le roi. Car c'était un ecclésiastique du parti ennemi (1)...

Les fiancés d'Anne de Bretagne n'étaient donc que sept, ce qui constituait tout de même un bon lot.

***

Tous, naturellement, se haïssaient. Aussi régnait-il une assez curieuse atmosphère dans le camp des conjurés. Chacun surveillait son voisin, le jalousait et se tenait prêt à le trahir. C'est avec ce déplorable état d'esprit que les amis de Louis d'Orléans eurent à livrer un combat, le 28 juillet 1488, à Saint-Aubin-du-Cormier.

Le résultat dépassa les espérances de la Régente. Mal organisée, l'armée des coalisés fut anéantie par les troupes du roi, et Louis d'Orléans tomba aux mains de Louis de la Trémoille.

Anne de Beaujeu exulta. Elle tenait enfin à sa merci son cher ennemi. Elle le fit conduire d'abord dans un cachot du château de Lusignan, puis dans la grosse tour de Bourges.

(1) PINKERTON, *History of Scotland*, 1797.

Après Saint-Aubin-du-Cormier, la Trémoille se dirigea sur Saint-Malo, qui se rendit presque sans combattre. Cette fois, la Bretagne coupée en deux ne pouvait plus lutter. François II n'avait plus de place forte, plus d'armée, plus d'argent : il était obligé de payer ses soldats avec de la monnaie de cuir... Effondré, il expédia des parlementaires chez le roi qui se trouvait avec une partie de ses troupes au château de Verger, en Anjou.

— Il plairait au duc, dirent-ils, que cette guerre se terminât.

— Soit, dit le roi, mais ne manquez pas de lui rappeler qu'il m'a déplu, à moi, qu'elle commençât.

Après cette magnifique réplique probablement soufflée par Anne de Beaujeu, les pourparlers de paix s'engagèrent sur un ton plus aimable. Et, le 19 août 1488, un traité fut signé, au terme duquel François II promettait : 1° d'expulser du territoire les princes et soldats étrangers qui s'y trouvaient et 2° de ne pas marier ses filles (1) sans le consentement du roi de France. Écrasé de douleur, le vieux duc s'alita et mourut quelques semainesplus tard, le 7 septembre exactement.

Anne restait seule à onze ans (2). Aussitôt, tous les prétendants agréés par François II vinrent la harceler. Elle était maintenant duchesse souveraine de Bretagne et ce titre lui valait des hommages et des déclarations dont elle se serait aisément passée. Car la fillette était fort lucide. Elle savait très bien que ces amoureux qui se pressaient à ses trousses ou qui lui envoyaient leurs ambassadeurs ne connaissaient même pas la couleur de ses yeux.

Et elle se sauvait de ville en ville, fuyant cette meute de coureurs de dot et pensant avec nostalgie à Louis d'Orléans qui semblait l'avoir aimée pour elle-même...

« C'est le seul que j'aurais épousé avec plaisir, se disait-elle. Hélas! il n'a jamais pu faire casser son mariage... Et, maintenant, il est enfermé dans un cachot... »

(1) Anne avait une jeune sœur prénommée Isabeau.

(2) Sa mère était morte en 1486, quelques mois avant Antoinette de Maignelais, favorite de François II.

Sa vie allait encore se compliquer, car l'activité des princes qui s'obstinaient à demeurer en Bretagne, contrairement aux engagements pris par François II à Verger, finit par mécontenter Charles VIII et, un matin, les hostilités reprirent.

Très effrayée, la petite duchesse Anne demanda aide à celui de ses prétendants qui lui répugnait le moins : Maximilien d'Autriche.

— J'accepte d'être votre épouse, lui écrivit-elle.

Et elle attendit...

Pendant ce temps, les troupes royales assiégeaient la place de Nantes qui était défendue par un de ses « fiancés » : Alain d'Albret.

Anne de Beaujeu, dont la ruse était grande, eut alors une idée qui lui permit de conquérir la ville sans livrer bataille. Elle fit savoir à Alain d'Albret que la duchesse Anne avait enfin fixé son choix et préparait son mariage avec Maximilien. Furieux, le prétendant évincé se détacha aussitôt de la ligue, trahit la cause du prince et livra Nantes à Charles VIII...

Du haut du purgatoire, Louis XI dut être fier de sa fille...

***

Maximilien, lorsqu'il reçut le message de la petite duchesse, fut ravi mais fort ennuyé, car la guerre l'empêchait d'aller chercher sa fiancée. Alors il décida de se marier par procuration.

Une cérémonie assez burlesque eut lieu quelques semaines après, à Rennes. On fit se coucher la duchesse Anne, et l'ambassadeur de l'empereur d'Autriche, Zolfang de Polhain, s'approcha du lit en tenant de la main gauche la procuration de son maître ; puis, ayant dénudé sa jambe droite, il glissa celle-ci un instant sous les draps (1)...

Après quoi, il quitta fort sérieusement la chambre nuptiale non sans avoir salué Anne, qui pensa jusqu'au matin que la réputation des nuits de noces était très surfaite...

(1) Dom Maurice, *Histoire de Bretagne.*

4

SIX BOURGEOIS ASSISTENT A UNE NUIT DE NOCES

> Tout ce qui est au monde est concupiscence des yeux.
>
> PASCAL.

ANNE DE BEAUJEU n'avait rien fait pour empêcher cette union, car elle ne la croyait pas possible avant la fin des hostilités. Aussi fut-elle extrêmement surprise et fort désappointée en apprenant que l'astucieux Maximilien avait utilisé le « mariage par procuration ».

Cette surprise se mua en colère lorsque la Régente apprit que l'Autrichien faisait signer par son ambassadeur des actes qui portaient la mention : « Maximilien et Anne, roi et reine des Romains, duc et duchesse de Bretagne. »

Aussitôt, elle appela son mari :

— La France est encerclée, dit-elle. Il faut sans tarder faire annuler ce mariage. Et, pour parer définitivement à toute éventualité, nous allons unir Charles VIII à Anne de Bretagne...

— Mais le mariage a été béni par l'évêque de Rennes! dit Pierre de Beaujeu.

— Sans doute, répondit Anne. Mais il a été conclu en violation du traité signé par François II, puisque Charles n'a pas été prévenu. En exhibant cet acte, nous pouvons donc faire annuler un mariage funeste pour la France.

Et, comme Anne de Beaujeu était une femme de tête, elle pensa qu'avant de faire valoir ses droits il fallait montrer sa force. Elle envoya donc une armée assiéger la ville de Rennes, où se trouvait la petite duchesse.

Puis elle appela son frère et le mit au courant de ses projets.

— Mais je suis déjà fiancé avec Marguerite d'Autriche, objecta Charles VIII.

— Il en va du salut de la France, répondit Anne de Beaujeu. Aussi, mon frère, allez-vous prendre le commandement d'une armée et partir pour Rennes.

Charles, un peu ennuyé, baissa la tête. Puis il se rendit à Amboise pour faire ses adieux à sa fiancée.

Celle-ci avait déjà été prévenue des intentions de la Régente. Aussi se mit-elle à pleurer lorsque le roi l'embrassa et lui dit au revoir.

— Je sais bien, dit-elle, que vous allez en Bretagne pour épouser une autre femme!

Une « autre femme ». Cette expression eût pu faire sourire dans la bouche d'une enfant de neuf ans. Pourtant Charles fut très ému.

— Je n'abandonnerai jamais celle que mon père m'a donnée pour épouse, dit-il. Et tant que vous vivrez, je n'en aurai point d'autre.

Il aurait pu ajouter que Louis XI s'était engagé, par serment, à faire célébrer leur mariage. Mais il jugea prudent de ne pas en parler. Et il partit pour Rennes à la tête de 40 000 hommes.

A la Toussaint de 1491, il était devant les murs de la ville où la petite duchesse, toute tremblante, n'escomptant plus l'appui de personne, attendait que le ciel décidât de son sort.

La pauvre n'avait que 14 000 hommes pour la défendre.

Aussi dut-elle bientôt se rendre à l'évidence : Charles VIII allait s'emparer d'elle. Or elle détestait les Français qui avaient fait mourir son père et à la pensée d'être un jour en face de ce jeune roi, qu'elle considérait comme son pire ennemi, elle pleurait de rage.

Son oncle qui voyait sainement les choses lui disait bien, dans l'espoir de l'amadouer, que Charles VIII avait l'intention de l'épouser. Mais cela n'arrangeait rien, on s'en doute.

— Je suis déjà mariée, disait-elle.

— Oui... sans l'approbation du roi, donc votre mariage est nul.

Anne était très entêtée : elle ne voulait pas du roi de France, et un jour, à bout d'arguments, elle lança dans un mouvement de colère :

— D'ailleurs, s'il veut que je lui baille ma main, il faudrait au moins qu'il la demandât !...

Anne de Beaujeu avait des espions partout. On lui rapporta bientôt la réflexion de la duchesse et elle chercha un homme qui fût capable d'aller faire une demande officielle de la part de Charles VIII.

Une idée lui vint. Une idée machiavélique qui la vengeait de bien des affronts.

En allant à Rennes, Charles VIII, pressé par sa sœur Jeanne, qui s'ennuyait de son mari, avait fait libérer Louis d'Orléans.

Pourquoi ne pas le charger de cette mission délicate ? Anne de Beaujeu pensa qu'il serait cruellement humilié d'avoir à demander, pour le roi, cette petite duchesse qu'il aurait tant voulue pour lui, et elle en fut ravie.

Pressenti, le duc devint « plus blanc que linceul ». Pourtant il accepta, car sa situation ne lui permettait pas de désobéir à la Régente.

La semaine suivante, Louis d'Orléans arriva donc à Rennes et se présenta devant Anne. La petite duchesse lui sembla plus belle encore que du temps où il s'était fiancé avec elle, et il eut bien du mal à lui présenter la requête de Charles VIII.

Anne, qui commençait à subir l'influence de ses conseillers, tous favorables à un mariage avec le roi de France, déclara simplement :

— Qu'il vienne me voir !

Après quoi, elle se mit à pleurer, « pour ce qu'elle haïssoit moult l'homme qu'on vouloit lui faire espouser ».

Quelques jours plus tard, une entrevue entre Charles

et Anne fut préparée de façon habile. Le roi se rendit en pèlerinage dans une chapelle située aux portes de Rennes et, après s'y être recueilli, franchit les fortifications « comme si cet acte était fait par inadvertance ». En fait, comme il était accompagné dans sa petite promenade par cinquante archers et cent hommes d'armes, cette entrée officieuse équivalait à une prise de possession.

Aussitôt, Charles se rendit auprès de la petite duchesse pour la saluer. On les laissa seuls. Et, tout en prononçant des paroles banales, ils s'examinèrent. Il la trouva jolie, charmante, remarqua qu'elle avait la gorge pleine et qu'elle dissimulait fort habilement, par l'emploi de semelles de feutre, la claudication dont on lui avait parlé.

Quant à Anne, elle fut désespérée, car elle trouva Charles très laid. Il avait en effet, d'après Zacharie Contarini : « des yeux blancs beaucoup plus aptes à voir mal que bien, le nez aquilin également grand et gros plus qu'il ne convenait, les lèvres grosses et continuellement ouvertes, et, de plus, dans les mains, certains mouvements nerveux qui semblaient fort laids à voir »...

Mais ils n'étaient pas là uniquement pour se contempler. Ils se parlèrent. Et Charles demanda à la duchesse Anne si elle voulait devenir sa femme.

Elle accepta, car elle savait que son refus entraînerait la ruine complète du duché par les troupes royales. « Il fallait qu'elle se résignât à être l'épouse du roi de France ou sa captive (1). »

Les fiançailles eurent lieu trois jours après dans le plus grand secret.

Pourtant, on eut la curieuse idée de convier le maréchal Zolfgang de Polhain, ambassadeur de Maximilien, celui-là même qui avait glissé sa jambe dans le lit d'Anne au moment du mariage par procuration. Il déclina l'invitation, d'un air pincé, et, quittant précipitamment la Bretagne, alla prévenir son maître de cette union imprévue.

(1) C. de Cherrier, *Histoire de Charles VIII*, 1868.

***

Au bout de quelques semaines, Anne et Charles furent bons amis. Et, tandis que la petite Bretonne commençait à oublier la laideur de son fiancé, celui-ci sentait naître en lui un désir qui l'étonnait. Jamais, en effet, il n'avait eu envie de caresser les seins d'une femme. Or il eut bientôt de telles démangeaisons au creux des paumes, qu'il s'en inquiéta et confia son tourment à Anne de Beaujeu.

— Votre question m'afflige, mon frère, dit-elle. Il s'agit d'une chose pour laquelle je ne puis vous être d'aucune utilité.

Alors Charles VIII, qui allait avoir vingt et un ans, rentra dans sa chambre et considéra longuement ses mains en réfléchissant.

« Est-ce donc cela qu'on appelle l'amour »? se disait-il.

Puis, comme Anne continuait à lui plaire de plus en plus, il eut de son sentiment pour elle d'autres témoignages, et il oublia le picotement qui agaçait ses paumes...

Il eut hâte, alors, de se marier.

***

La cérémonie fut fixée au 6 novembre 1491. Elle eut lieu au château de Langeais. Avant toutes choses, les futurs époux signèrent un contrat qui comportait de curieuses clauses. Il y était dit, en effet, que si « Madame Anne décédait avant le roi et sans enfants, procréés d'eux, elle cédait et transportait à lui et à ses successeurs rois de France, et par donation irrévocable, ses droits au duché de Bretagne. »

Et que, « pareillement, le roi cédait à ladite dame ses droits à la possession dudit duché, s'il mourait avant elle sans enfants légitimes nés de leur mariage».

Mais, et c'était la clause la plus singulière, il était spécifié « que, pour éviter incommodités de guerres et sinistres fortunes entre les pays », Madame Anne ne pouvait, en cas de veuvage, convoler en secondes noces, « *hors avec le roi futur, s'il lui plaisait, et si faire se pouvait, ou à autre prochain et présomptif futur successeur de la couronne* ».

Après la bénédiction, Anne et Charles participèrent à quelques fêtes. Puis on les laissa seuls et ils se rendirent dans une chambre magnifiquement décorée, où ils se mirent benoîtement au lit.

La petite mariée de quinze ans ne disait rien, mais, se souvenant de son « mariage par procuration », se demandait avec quelque inquiétude si toutes les nuits de noces se ressemblaient...

Lorsqu'elle fut couchée, Charles vint la rejoindre et la prit aussitôt dans ses bras.

— Enfin seuls! soupira-t-il...

Le jeune roi ignorait que, derrière les rideaux du lit à baldaquin, six bourgeois rennais étaient cachés et prêtaient l'oreille.

C'était Anne de Beaujeu qui les avait placés là. Craignant en effet que Maximilien accusât le roi de France d'avoir enlevé et violé Anne de Bretagne, elle avait demandé à ces braves gens d'attester que la petite duchesse était devenue *librement* l'épouse de Charles VIII...

Les six bourgeois restèrent à leur poste jusqu'au matin ; après quoi, ils firent un rapport en des termes d'une telle crudité que Anne de Beaujeu en fut chavirée et que les historiens n'ont jamais osé le publier...

5

POUR LES BEAUX YEUX DE LA REINE CHARLES VIII VEUT CONQUÉRIR NAPLES

Sans l'amour, aurions-nous tant de guerres ?
Paul VALÉRY.

DÈS le lendemain du mariage, Charles pensa qu'il était peut-être courtois d'aller fournir des explications à Marguerite d'Autriche, sa fiancée... Il se rendit à Amboise, où elle avait sa « petite cour », et lui apprit, avec toute la délicatesse qui convenait, qu'elle était répudiée, « attendu qu'il en avoit espousée une autre ».

Bien qu'elle s'attendît à cette nouvelle, la malheureuse enfant éclata en sanglots, et son visage montra une si grande douleur que Charles en eut lui-même les larmes aux yeux.

— Voilà donc tout le cas que vous faites de vos serments, dit-elle.

Le jeune roi, très embarrassé, lui expliqua qu'il avait dû s'incliner devant la raison d'État.

— Je suis aussi peiné que vous, ajouta-t-il.

Marguerite le regarda dans les yeux :

— Du moins, murmura-t-elle, puis-je avoir cette consolation de penser que personne ne pourra dire ou présumer que ce qui arrive l'est par ma faute...

Alors, ils se prirent les mains et pleurèrent ensemble, joue contre joue.

Cette pénible scène fut interrompue de façon odieuse

par le seigneur Dunois. Un chroniqueur nous dit en effet : « Ledit seigneur Dunois attendait le roi hors de la porte de la chambre, en lieu de ce que tous les autres princes et princesses, seigneurs et dames jetaient pleurs et soupirs innombrables de pitié et de compassion, en voyant une si dolente départie des deux amants. Lui seul, par sa cruelle arrogance, et damnable moquerie, importunait le roi de hâter son partement et accusait sa trop longue demeure avec ladite très déconfortée princesse, disant qu'il se morfondait de tant pleurer avec les dames (1). »

Marguerite, blessée, se redressa et demanda à retourner chez son père le plus tôt possible.

Charles VIII baissa la tête.

— Pour l'instant, vous demeurerez ici, dit-il.

Et, sans rien ajouter, il partit en compagnie de Dunois, laissant seule et gémissante celle qui, pendant six ans, avait été la « petite reine » de France, adorée du peuple, et qui n'était plus qu'une fillette prisonnière et accablée de chagrin...

***

Maximilien, on s'en doute, ne réagit pas du tout comme Marguerite lorsqu'il apprit le mariage de Charles et d'Anne. Il eut un accès de fureur qui fit craindre pour ses jours.

Il est vrai que le pauvre avait quelques raisons de n'être pas content, puisque le roi de France, dans cette affaire, lui rendait sa fille et lui prenait sa femme...

Dès qu'il fut en mesure de prononcer deux paroles cohérentes, il réunit son conseil et déclara solennellement que le mariage célébré à Langeais était irrégulier et que, d'ailleurs, le roi de France avait enlevé et violé la petite duchesse.

On lui répondit que six bourgeois rennais étaient là pour affirmer qu'il n'y avait pas eu rapt ; mais l'Autrichien ne voulut pas en démordre et continua de croire qu'il était duc de Bretagne.

(1) Jean Le Maire des Belges, *Couronnes Marguerüiques*

Cela tourna bientôt à l'idée fixe. Il ne pouvait pas rencontrer quelqu'un sans lui dire immédiatement :

— Vous savez, je suis marié à Anne de Bretagne. C'est moi le vrai mari. Charles VIII n'est qu'un voleur et un adultère...

Sans doute, avec ces propos, ennuyait-il fort les personnes qui vivaient à sa Cour : mais il intéressait beaucoup les autres souverains d'Europe, lesquels avaient vu d'un très mauvais œil le roi de France rattacher la Bretagne à son domaine.

— Quelle puissante monarchie que celle de la France ! s'était écrié Laurent de Médicis.

— Et combien redoutable, maintenant, avait ajouté Ferdinand d'Espagne.

Quant à Henry VII d'Angleterre, s'il n'avait rien dit, c'est que son tempérament ne le poussait pas à parler énormément ; mais il n'en pensait pas moins...

L'attitude de Maximilien rendit l'espoir à tous ces souverains affligés.

Faisant cause commune avec lui, ils décidèrent de déclarer la guerre à ce roi de France qui enlevait les femmes mariées avec tant de désinvolture. Naturellement, l'Angleterre prit la tête du mouvement.

Alors, Anne de Beaujeu, qui était encore régente à cette époque, eut une idée fort amusante pour se débarrasser de Henry VII, et par conséquent, pour détruire la coalition.

Voici comment elle s'y prit :

Il existait alors en Angleterre un personnage curieux qui s'appelait Perkins Warbeck. Il était né des relations suivies d'Édouard IV avec une jeune femme du peuple. Ne pouvant, bien entendu, prétendre à la couronne, puisqu'il était bâtard, Perkins avait eu l'idée d'utiliser la ressemblance étonnante qu'il présentait avec le duc d'York, assassiné à la Tour de Londres, pour... créer un précédent à Naundorff...

— Je suis le duc d'York, disait-il. Je me suis échappé de la Tour de Londres au moment où j'allais être livré aux bourreaux. Je revendique donc la couronne d'Angleterre. Henry VII n'est qu'un usurpateur...

Il avait eu rapidement des milliers de partisans.

Anne de Beaujeu convia Perkins à Paris et le reçut magnifiquement. Pendant plusieurs jours, elle l'invita à sa table, le choya et lui fit rendre les honneurs dus à un roi.

Henry VII fut saisi d'inquiétude.

Le fait que la France, dont la puissance était considérable, parût accorder son soutien à cet imposteur pouvait avoir, en effet, des conséquences incalculables. Le roi d'Angleterre le comprit immédiatement, et, voulant amadouer la régente, il rappela sans tarder ses troupes, qui assiégeaient pour lors Boulogne. Puis, délaissant Maximilien, il reconnut, par le traité d'Étaples, Charles VIII comme mari véritable d'Anne de Bretagne...

La partie était gagnée, grâce à un bâtard anglais beau comme tous les enfants de l'amour...

***

Pendant ce temps, la petite Marguerite d'Autriche était toujours en France. Installée à Melun, puis à Meaux, elle vivait tristement, malgré les égards qu'on lui montrait.

Sa captivité dorée dura un an et demi. En mai 1493, enfin, les hostilités entre Maximilien et la France ayant cessé, Charles VIII voulut bien que sa « petite fiancée » retournât en Autriche.

Marguerite quitta Meaux le 13 juin. Au moment du départ, Anne de Bretagne vint lui adresser de bonnes paroles fort affectueuses et lui fit cadeau de bijoux, d'une splendide toilette de voyage, de tout un trousseau et d'une coiffe qu'elle avait fait broder par Jeanne de Jambe, dame de Beaumont, la plus habile de ses filles d'honneur.

Marguerite remercia ; mais toute la gentillesse de la reine ne pouvait lui faire oublier le camouflet qu'elle avait reçu. Son regard, d'ailleurs, était plein de haine pour ce roi qui l'avait dédaignée, pour cette reine qui avait pris sa place et pour ce peuple qui l'avait laissé répudier sans protester.

Une escorte de seigneurs l'accompagna jusqu'à

Valenciennes. Comme son char traversait Arras, les bourgeois de cette ville crièrent :

— Noël! Noël!

Elle les interrompit :

— Ne criez pas « Noël », mais bien : « Vive la Bourgogne (1)! »

Le lendemain, elle était chez son père.

Mais elle ne devait jamais oublier l'affront que Charles VIII lui avait fait subir et ce fut par elle, dit le président Henault, que commença la haine qui s'est perpétuée entre la maison de France et la maison d'Autriche (2)...

Elle composa d'ailleurs une complainte amère sur son départ de France.

Moy Marguerite, de toute fleur le choix,
Ay esté mise au grand vergié franchois
Pour demourer et croistre,
Que je fus grande auprès la fleur de lis,
Là ay reçu tous biens que peut connoîstre,
Là ay vu joustes, danses et tournois.
Que ces grands biens me sont pris et faillis,
Pas n'en doivent les miens estre jolis.

Je y ai esté noblement aousée (*mûrie*)
Plus de dix ans de noble rouée (*tournure*)
Cuydant estre royne et espousée,
Au roy Charles, et couronne porter:
Mais bien parchois que je suis abusée.
Par quoy dois estre en mon cœur doloriée,
Car de par luy ay esté refusée,
Et si m'a fait hors du vergier bouter.

***

Après le départ de Marguerite, Charles, qui était

(1) MOLINET, *Chroniques flamandes.*
(2) Marguerite d'Autriche fut fiancée, quatre ans plus tard, à Jean, infant d'Espagne. Alors qu'elle allait le rejoindre, son navire fut pris dans une terrible tempête. Croyant qu'elle allait périr, elle rédigea son épitaphe :

Ci gît Margot, la noble damoiselle
Qu'eut deux maris et sy mourut pucelle!

Mais le bateau ne fit pas naufrage et l'infant put la débarrasser de ce qui semblait tant la gêner...

tombé follement amoureux d'Anne de Bretagne, put se consacrer sans remords à son épouse.

Celle-ci en fut heureuse, car, de son côté, elle avait un vif penchant pour le roi depuis la nuit de Langeais. Ce n'était pas encore de l'amour ; mais, au lit, cela pouvait en tenir lieu.

Partenaire ardente, elle se révéla vite exigeante et contraignit son mari à des prouesses qui le laissaient haletant.

Cette véritable fringale d'amour fut d'ailleurs remarquée par l'ambassadeur vénitien Zaccari Contarini, qui nota dans une de ses dépêches : « La reine est jalouse et désireuse de Sa Majesté outre mesure, si bien que, depuis qu'elle est sa femme, il s'est passé peu de nuits qu'elle n'ait dormi avec le roi. »

Charles VIII, qui aimait plus que de raison les jeux amoureux, voulut prouver sa reconnaissance à cette petite reine qui savait si bien aller au-devant de ses désirs.

Tout d'abord, il fit embellir pour elle le château d'Amboise. On construisit des tours, on éleva des bâtiments, on traça des jardins, on posa des tapisseries magnifiques et l'on aménagea même une salle de bains... Un sourire et une nuit chaude récompensèrent Charles VIII de ces travaux gigantesques.

Mais il désirait plus encore de son épouse, et, nous dit un historien : « Pour mériter l'amour de la plus belle reine qui fût au monde, le roi résolut de se signaler par quelque grande entreprise, et il se prépara à la conquête de Naples (1). »

Pourquoi Naples ?

Parce que Charles VIII était héritier de la Maison d'Anjou et que la couronne de Naples avait appartenu jadis à des princes angevins (2).

(1) M. V. Philippon DE LA MADELAINE, *Histoire des ducs et du duché d'Orléans*.

(2) Louis XI, dont la passion dominante était d'unifier et d'arrondir le domaine royal, avait, en 1475, mis la main sur l'Anjou, possession du bon roi René. Celui-ci ne s'était d'ailleurs pas donné la peine de soutenir une lutte contre le pouvoir royal. Poète, musicien, chansonnier, peintre, il préférait les arts à la politique. Lorsqu'on lui annonça que Louis XI lui avait pris l'Anjou, il ne prononça pas un mot amer et peignit une belle perdrix grise...

A la fin de l'été 1494, les troupes royales furent prêtes. Il ne manquait pas une plume aux panaches des casques, pas un rivet aux armures... Et, un matin de septembre, Charles, en tête de son armée, quitta Amboise et se dirigea vers Lyon, où il devait laisser Anne avant de s'élancer vers l'Italie...

L'Italie où il espérait se couvrir de gloire pour les beaux yeux de la reine...

6

LES BIJOUX D'UNE FEMME SAUVENT L'ARMÉE DU ROI

> Sans la marquise de Montferrat, qui paya le roi de France pour son ardeur au lit, la première expédition d'Italie eût échoué...
>
> C. LÉNIENT.

CHARLES VIII était un très curieux personnage. Il organisait toute une expédition militaire pour conquérir le cœur de son épouse, mais il emmenait dans un chariot fort confortable le groupe de jeunes et jolies dames peu farouches qui constituaient depuis quelque temps son petit harem.

Car, si « son cœur ne battait que pour la petite reine Anne », son pauvre corps était en proie à une véritable folie génésique qui le forçait à avoir simultanément plusieurs maîtresses douées de bons tempéraments et riches d'expérience... Celles qu'il emmenait étaient ses préférées.

Elles étaient « longues de jambes, fines de taille, portant le tétin haut et bien ferme » et montraient aux jeux de l'amour cette ardeur qu'il aimait et que possèdent toujours — paraît-il — les demoiselles tourangelles...

Tout au long du voyage, à cheval sur sa blanche haquenée, il fit la navette entre le chariot de la reine et celui de ses maîtresses. Depuis trois ans, Anne savait que ce malade était obligé de la tromper sous peine de devenir fou ; et elle s'ingéniait à cacher de son mieux la jalousie qui la torturait.

Pourtant, lorsque le roi arrêtait toute la caravane et s'absentait un quart d'heure sous les fougères avec une de ses belles amies, la petite Bretonne ne pouvait s'empêcher de pleurer.

Mais elle ne protestait point et demeurait dans son chariot à contempler un coquelicot au bord du chemin ou une touffe de pimprenelles en attendant que son infortune se complétât...

Après ces haltes galantes, Charles VIII revenait vers sa femme, souriant et faraud.

— Il me plaît de penser, madame, disait-il, que toute la gloire de cette expédition rejaillira sur vous qui l'avez inspirée...

La reine baissait la tête en soupirant. A ces belles et nobles paroles, elle eût préféré une étreinte brutale sur un lit de gazon...

***

Le convoi suivit la Loire, puis l'Allier. Il traversa Orléans, Gien, Cosnes, Nevers et arriva à Moulins où habitait Anne de Beaujeu qui avait quitté la Cour à la fin de sa régence et qui n'était plus maintenant que la duchesse du Bourbonnais.

Celle qui avait été pendant huit ans « roi de France », selon le mot de Brantôme (1), désapprouvait la campagne qu'entreprenait son frère. Elle le lui dit.

— Je suis sûr de réussir, répondit Charles. Car j'ai l'aide totale de Ludovic Sforza, prince du Milanais. Vous avez habilement gouverné, ma sœur, pendant votre régence, mais vous étiez timorée Moi, je rêve d'aventures. Après avoir conquis le royaume napolitain, j'irai combattre les Turcs infidèles, au cours d'une nouvelle croisade. Et Mme Anne sera reine de France, de Naples et de Constantinople...

La jeune souveraine ne comprenait pas que Charles eût besoin d'entraîner toute une armée au-delà des Alpes pour conquérir son cœur, alors qu'un peu de

(1) « Elle gouverna si sagement et vertueusement que ç'a été un des grands rois de France. »

gentillesse et de fidélité eût suffi ; mais elle ne dit rien et pensa que, lorsque ce trop bouillant époux aurait satisfait son besoin d'aventures et d'escapades, il lui reviendrait complètement.

Deux jours après avoir quitté Moulins, la caravane arriva à Lyon qui fit un magnifique accueil aux souverains. Des fêtes grandioses furent organisées en leur honneur et l'on mit le plus bel hôtel de la cité à leur disposition.

— Cette ville est aimable, dit le roi, nous serions fautifs en passant trop rapidement.

Et, sous prétexte que certains détails d'ordre militaire étaient encore à régler, il décida de s'attarder au bord du Rhône.

Six mois plus tard il y était encore.

Pourtant, on aurait tort de croire que seule la gentillesse des habitants retenait Charles VIII à Lyon... le charme des habitantes y était aussi pour quelque chose...

En effet, le roi, dont l'œil s'allumait chaque fois qu'un jupon passait devant lui, avait, dès le premier jour, remarqué dans la haute société lyonnaise un nombre considérable de jolies femmes. Et il s'était promis de les faire entrer toutes dans son lit avant de partir pour Naples (1).

Leur conquête, il faut bien le dire, avait été rapide et, en quelques semaines, il les avait connues toutes.

Hélas! cette débauche le fatigua énormément, au point, nous dit un chroniqueur, « que sa chair fondit autour de ses os comme si son corps, telle une outre percée, se fût vidé dans l'honneur des dames ».

Quelques personnes s'inquiétèrent de voir le roi dans cet état de faiblesse et tentèrent de lui démontrer que la majesté du trône s'accordait mal avec de telles turpitudes. Elles n'y parvinrent point car Charles était poussé sur la voie de la luxure par le duc d'Orléans qui se faisait, nous dit son historien, Saint-Gelais, « l'ordonnateur des passe-temps frivoles du souverain ».

(1) Arnoldi FERRONII, *De rebus gestis Gallorum*, livre I, Paris, 1549.

Louis espérait ainsi épuiser les forces de son malingre cousin et prendre la direction de la campagne d'Italie. Son dessein n'était pas — pour l'instant du moins — de s'emparer de la couronne, mais de récolter toute la gloire de cette expédition qui s'annonçait facile et de devenir un héros aux yeux de la petite reine dont il était toujours amoureux.

Il oubliait que les maigres ont souvent — surtout dans le domaine amoureux — une résistance stupéfiante. Le roi pouvait montrer des yeux cernés jusqu'au menton et des signes certains d'essoufflement, il n'en était pas moins en excellente santé.

Et Louis d'Orléans, furieux, se livrait en vain à sa navrante besogne.

***

En juin 1494, le roi, repu et satisfait, pensa de nouveau à partir pour l'Italie. Et sans doute aurait-il quitté Lyon où il n'y avait plus rien à faire, si les Napolitains, qui connaissaient sa dépravation, ne s'étaient ingéniés, de façon fort habile, à retarder encore son départ (1).

Ils chargèrent une femme d'assez basse extraction, mais d'une grande beauté, de séduire le roi et de faire durer l'intrigue le plus longtemps possible en se montrant « ingénieuse et experte aux jeux de Vénus ». La belle avait appris tant de raffinements auprès des princes italiens qu'elle émerveilla Charles VIII. Il ne put s'en séparer...

Bientôt, il prit ses repas et logea chez elle, à la grande douleur de la reine Anne, qui était naturellement au courant de cette aventure.

La conquête de Naples semblait fort compromise. Et sans doute l'eût-elle été irrémédiablement si Ludovic Sforza, inquiet, n'avait chargé son ambassadeur, Belgiojoso, d'aller voir à Lyon ce que faisait le roi de France. L'envoyé ne tarda pas à être fixé, car les amours royales étaient connues de toute la ville. Il demanda une audience à Charles VIII.

(1) Marino SANUTO, *Vita dei duchi di Venezia.*

— Sire, dit-il d'un ton sévère, je crains que, pour un mois de plaisir, vous ne vous exposiez à perdre la joie et l'honneur de toute votre vie.

Le roi rougit et baissa la tête.

— Nous partirons la semaine prochaine, promit-il.

Naturellement, sa maîtresse fit tout pour le retenir encore, mais il eut la force de se séparer d'elle.

***

Lorsqu'elle sut que le départ était enfin décidé, Anne se mit en quête de femmes laides, « commères ou lavandières », qu'elle chargea du service intime du roi pendant son voyage. Elle savait que son époux ne pourrait résister aux belles Italiennes qu'il verrait, mais elle voulait du moins qu'il ne partageât pas régulièrement sa couche avec les servantes de sa suite...

Le 23 août 1494, l'armée quitta Lyon en direction de Grenoble où Anne fit ses adieux au roi.

Les Alpes furent franchies sans difficulté ; mais, à Montferrat, le roi s'aperçut avec terreur qu'il n'avait plus d'argent pour continuer la campagne. La chose était fort ennuyeuse, car on était encore loin du but. « Et pouvez voir, écrit Commynes, témoin oculaire, quel commencement de guerre c'étoit, si Dieu n'eut guidé l'œuvre. » Heureusement, Charles avait séduit la marquise du lieu. Il lui confia ses soucis et la ravissante Blanche de Montferrat, sans hésitation, lui donna tous ses bijoux pour qu'il les mît en gage. Ce geste, inspiré par l'amour, nous est rapporté par Brantôme.

« ... Toutefois, nous dit-il, il avoit d'autres raisons de la bien aimer, car elle lui aida de tous ses moyens et se défit de toutes ses pierreries, perles et joyaux pour lui prêter et engager où bon lui plaisoit, ce qui étoit une très grande obligation, car volontiers les dames portent une très grande affection à leurs pierreries, bagues et joyaux, et volontiers prêteroient et engageroient plutôt quelque pièce précieuse de leur corps que leur richesse de joyaux. Je parle d'aucunes et non de toutes. Certes, cette obligation fut grande car, sans cette courtoisie, le roi en étoit pour sa courte honte et s'en retournoit de son demi-voyage qu'il avoit entrepris sans argent, ayant pis fait que cet évêque de France qui alla au Concile de Trente sans argent ni latin... »

Sur les bijoux de la marquise de Montferrat, la banque prêta à Charles VIII 12 000 ducats, et l'armée reprit sa route vers Turin et Asti, où Ludovic Sforza vint la saluer en compagnie de sa femme Béatrice. Connaissant les goûts sensuels du roi de France, le More s'était fait accompagner des demoiselles d'honneur de la duchesse et d'un grand nombre de dames d'une *excellente beauté*, « dont le rôle ne devait pas rester inactif dans cette entrevue diplomatique ».

En voyant ces jolies filles, Charles pensa qu'il avait eu raison de venir en Italie. Et, bien qu'elles fussent au nombre de trois cents, nous dit Sigismondo de Conti, il décida de jouter galamment avec chacune d'elles, ce qui retarda encore un peu l'expédition.

Enfin, l'armée se remit en marche et, après quelques combats, entra à Naples, but de la campagne.

Charles VIII, tout heureux d'avoir accompli aussi facilement cette promenade militaire, se mit à lorgner les Napolitaines. L'une d'elle se présenta à lui, en robe de satin vert, chargée de diamants, la gorge nue...

— Ici, toutes les femmes sont belles, déclara-t-il à ses soldats. Je veux que vous vous souveniez de cette admirable ville.

Les Français allaient, en effet, rapporter un souvenir de Naples...

7

L'ARMÉE DE CHARLES VIII RAPPORTE EN FRANCE LE MAL DE NAPLES

> Sait-on jamais ce que l'on rapporte d'un voyage ?
>
> Maurice DEKOBRA.

PENDANT de longues semaines, Charles VIII sembla oublier les raisons qui l'avaient poussé à se rendre à Naples. Véritablement sous le charme de cette ville paradisiaque où tout l'émerveillait : la pureté du ciel, le bleu de la mer, les palais de marbre, les jardins à terrasses remplis de fleurs exotiques, les parcs où voletaient des oiseaux des Indes, il ne songeait qu'à goûter la douceur de vivre.

Il organisa des fêtes, des tournois et des bals costumés où certaines belles dames du lieu se montrèrent vêtues seulement de quelques rangs de perles ; puis il profita de la tiédeur des nuits de printemps pour offrir, en plein air, des banquets qui se terminaient généralement par des orgies considérables. Et il n'était pas rare qu'au petit matin les gardes trouvassent sur les pelouses, autour de la table non desservie, des couples enlacés, dont le sommeil avait eu finalement raison...

Ces excès n'étaient pas seulement commis dans l'entourage du roi ; l'armée entière semblait en proie à une véritable folie amoureuse. Au point qu'un chroniqueur vénitien, Sanuto, rapporte que

« les Français ne se plaisaient qu'au péché et aux actes vénériens : et qu'ils prenaient les femmes de force, sans respect pour personne ».

Il raconte le désespoir d'un père dont la fille de seize ans avait été quelque peu endommagée par le passage d'un régiment. « Le roi, écrit-il, écouta poliment le malheureux et lui donna raison. Mais il ne fit rien de plus. D'ailleurs, Charles VIII avait à ce moment, pour son plaisir, une religieuse du monastère de Sainte-Claire, en plus de sa favorite La Melfi et de quantité d'autres femmes que ses gens lui procuraient... »

On comprend, dans ces conditions, que le roi n'ait pas eu beaucoup de temps à consacrer aux affaires politiques, ni même à sa correspondance privée.

Aussi, Anne de Bretagne, dans son grand château de Lyon, était-elle fort triste. Triste de ne pas recevoir de lettres, triste à la pensée que son mari devait la tromper avec toutes les Italiennes qu'il rencontrait, triste d'avoir à se coucher seule.

La jeune reine, en effet, était douée d'un tempérament ardent et cette solitude mettait ses nerfs au supplice. Pourtant, tous les chroniqueurs nous assurent qu'elle fut d'une fidélité exemplaire.

Pendant que Charles VIII se vautrait dans la débauche, la pauvre lisait de gros ouvrages religieux, copiait quelques « oraisons pour les absents » sur son livre d'Heures, ou priait en sa chapelle. Parfois, lorsqu'elle s'ennuyait trop, elle se rendait à Moulins, auprès d'Anne de Beaujeu qui l'accueillait avec une grande gentillesse, malgré les soucis que lui causait la folle campagne d'Italie. Mais la jeune souveraine, il faut bien l'avouer, ne se montrait guère curieuse des nouvelles politiques ; elle ne venait à Moulins que pour parler interminablement de ce cher époux volage qu'elle aimait maintenant de « bel amour ».

***

De temps à autre, elle envoyait à Charles une tendre lettre par laquelle elle le suppliait de rentrer en France.

Au mois d'avril 1495, pressée par Anne de Beaujeu, elle écrivit au roi de façon plus catégorique : *Il faut revenir en votre royaume pour ce que le peuple, qui moult vous aime, pleure sur votre absence et moi avec lui.*

Lorsqu'il reçut cet émouvant appel, Charles VIII était en train d'organiser une fête magnifique en l'honneur de Léonora, sa favorite du moment, et il n'avait aucune envie de rentrer en France. D'ailleurs, il ne considérait pas l'expédition comme terminée, loin de là. D'après lui, en effet, Naples n'était qu'une étape vers Constantinople.

— Notre but n'est pas atteint, disait-il souvent ; nous devons aller jusque chez les Infidèles afin de guerroyer saintement.

Mais, s'il rêvait de s'emparer de la capitale turque, c'était moins pour porter le titre de roi de Constantinople que pour s'approprier le harem du sultan Bajazet dont on lui avait vanté l'extraordinaire variété. Et il se voyait déjà entouré de jeunes négresses odorantes, de Barbaresques épilées et de Caucasiennes à la peau satinée...

***

La fête de nuit donnée en l'honneur de Léonora fut extraordinaire. A dix heures du soir, sous les arbres du parc illuminé, un banquet réunit plus de deux cents personnes. Des mets rares — et épicés — y furent servis dans de la vaisselle d'or par des Napolitaines d'une beauté exceptionnelle qui portaient des jupes fendues depuis la ceinture, montrant ainsi, à chaque pas, beaucoup plus qu'il n'est convenable de laisser voir dans un dîner.

Toutefois, les jambes admirables de ces charmantes personnes ne constituaient pas le plus étonnant spectacle de la soirée. En effet, la favorite de Charles émerveilla — et stupéfia — tout le monde en paraissant à table la poitrine nue...

Après le repas, on dansa dans le parc, et les jo-

(1) Marino SANUTO, *op. cit.*

lies servantes, abandonnant l'office, vinrent se mêler aux invités. Elles étaient fort peu vêtues et furent rapidement entraînées dans quelques fourrés ombreux.

***

Durant plusieurs jours, tous ceux qui avaient été conviés à cette fête s'esbaudirent au souvenir des heures savoureuses passées sur le gazon, au clair de lune ; puis, un matin, un chevalier éprouva quelques picotements qui l'intriguèrent.

Le lendemain, il ressentit des douleurs plus vives, et bientôt son corps se couvrit de pustules.

Fort inquiet, il appela un médecin qui ne put venir le soigner, attendu qu'à la même heure presque tous les invités du roi étaient atteints de ce mal étrange (1)...

Les malheureux payaient bien cher un petit moment de détente ; ils avaient des croûtes de la tête aux genoux, certains perdaient les lèvres, d'autres, les yeux. Ces derniers étaient d'ailleurs les plus heureux, car ils n'avaient pas le douloureux spectacle de leur « humanité » tombant sur le sol comme un fruit gâté...

Au bout d'un mois, l'épidémie avait fait de véritables ravages dans les rangs de l'armée française. Car les jolies serveuses du banquet royal n'étaient pas les seules « dépositaires » de cette effrayante maladie : la plupart des Napolitaines avaient « le poison dans leur chair », et des milliers de soldats furent rapidement atteints.

Des centaines moururent, et l'on se demanda

(1) Cf. Antoine Musa BRASSAVOLE DE FERRARE qui raconte que *Dans le camp des Français, il y avait une courtisane fameuse d'une excellente beauté mais qui avait un ulcère sordide à la matrice. Les hommes qui la coïtaient, grâce à l'humidité et à la gangrène, contractaient tandis qu'ils faisaient l'amour, une affection maligne qui ulcérait leurs membres virils. Ce mal gagna d'abord un homme, puis deux, puis trois, puis cent, car elle était femme publique et très belle et, comme la nature humaine est chaude au déduit, plusieurs femmes qui avaient des rapports avec ces hommes contaminés furent infectées et communiquèrent à leur tour l'infection à d'autres hommes.*

quelle pouvait être l'origine de ce mal épouvantable et inconnu. Des histoires extravagantes furent alors colportées. Certains médecins racontaient que tout venait d'une femme qui avait été contaminée par un lépreux, d'autres affirmaient qu'il s'agissait des conséquences d'un acte de cannibalisme et accusaient des soldats d'avoir mangé de la chair humaine, d'autres enfin soutenaient que cette maladie était due au commerce d'un individu avec une jument atteinte du farcin...

En réalité, il s'agissait tout bonnement de la syphilis, contractée en Amérique par les marins de Christophe Colomb et apportée en Italie par les mercenaires espagnols de Ferdinand d'Aragon, le malheureux roi de Naples, chassé de son trône par les Français.

***

Le mal se répandit avec une rapidité incroyable et de hauts personnages en furent atteints. Des évêques, des cardinaux perdirent leur nez, et le pape lui-même n'échappa pas au virus. Alors, des médecins charitables expliquèrent gravement que cette maladie très contagieuse se transmettait par l'air, le souffle et même par l'eau bénite... Ainsi l'honneur de ces saints hommes fut-il sauf.

Charles VIII, épouvanté par les effets de cette maladie, résolut de quitter sans tarder un pays où les femmes étaient aussi dangereuses. Le 25 avril, il se fit précipitamment couronner roi de Naples, et le 1er mai, après avoir désigné un vice-roi qui n'avait pas froid aux yeux, Gilbert de Montpensier, il reprit le chemin de la France.

Cette aventure italienne avait été peu glorieuse en somme ; il en revenait avec un visage grêlé par la variole contractée à Asti, un album secret contenant « *le Portrait des demoiselles du roy* » (celles qu'il avait connues en route) et des soldats porteurs de ce « mal de Naples » qui allait transformer la vie des Français et avoir tant d'influence sur les idées philosophiques et religieuses du XVIe siècle...

***

Le retour fut long et périlleux. Il ne s'agissait plus d'une promenade militaire au milieu d'Italiens enthousiastes, mais d'une retraite qui pouvait à chaque instant tourner à la catastrophe.

La situation avait, en effet, bien changé en un an. Tandis que Charles VIII s'amusait à Naples, les Vénitiens, Ludovic Sforza, le pape Alexandre Borgia, l'empereur Maximilien et Ferdinand d'Aragon s'étaient ligués et avaient constitué une forte armée.

A Fornoue, les Français faillirent être encerclés. Ils ne passèrent finalement qu'après un combat terrible au cours duquel Charles VIII perdit presque tous ses bagages. Mésaventure qui lui causa une grande tristesse, car il rapportait de Naples un important butin d'œuvres d'art : tapisseries, livres richement enluminés, tableaux, meubles, draps, marbres, bijoux, etc. Mais sa douleur fut bien plus grande encore lorsqu'il constata que les Vénitiens lui avaient pris aussi un coffre personnel contenant non seulement l'os de saint Denis qu'il emportait toujours avec lui dans ses voyages, mais encore l'album où se trouvaient les portraits de toutes les demoiselles dont il s'était « esjoui » pendant l'expédition (1)...

Après cette bataille, les Vénitiens, terrorisés par la « furia francese », n'osèrent plus attaquer l'armée de Charles VIII.

La marche vers la France n'en fut pas accélérée pour autant. Au contraire. Car le roi, délivré de ses soucis militaires, s'attarda dans chaque ville avec des femmes de rencontre (2).

Le 15 juillet 1495, les Français arrivèrent à Asti où le roi apprit que les troupes commandées par Louis d'Orléans étaient enfermées dans Novare. Il en fut fort peiné.

(1) BENEDETTI.

(2) Déjà, à Sienne, les habitants l'avaient retenu six ou sept jours « en luy montrant des dames » et, à Pise, il s'était épris d'une demoiselle de très basse condition, ce qui avait immobilisé l'armée pendant près d'une semaine.

— Nous devons aller le délivrer, dit-il. Je n'ai pas l'intention de rentrer en France sans le duc d'Orléans. Nous resterons à Asti le temps qu'il faudra.

Ces belles paroles, qui témoignaient d'une grande noblesse de caractère, eussent dû remplir d'admiration tous les soldats et tous les chevaliers. Hélas! ils connaissaient le roi, et ils savaient que la délivrance du duc d'Orléans n'était pas le seul motif qui le retenait à Asti. Charles VIII avait rencontré, en effet, dans cette ville, la belle Anna Soléri dont il était éperdument amoureux (1).

Pendant de longues semaines, cette liaison occupa toute sa pensée ; au point qu'il en oublia un peu les assiégés de Novare dont la situation était pourtant lamentable.

Les pauvres, privés de vivres, affaiblis par la dysenterie, espéraient à chaque instant voir arriver l'armée du roi. Certains, complètement démoralisés, se suicidaient. Les autres finirent par végéter dans un état voisin de la prostration. Louis d'Orléans, lui, était consterné et furieux. Pouvait-il se douter qu'il récoltait en somme ce qu'il avait semé à Lyon, et que le goût pour la débauche qu'il avait cru bon de donner à Charles VIII risquait de le faire mourir à Novare?

***

De temps en temps, une lettre pressante arrivait de Lyon où Anne se demandait avec une angoisse justifiée ce que pouvait bien faire son époux. *Revenez*, écrivait-elle, *il y a un an que vous êtes departi de moi. Quand reviendrez, aurez oublié mon visage...*

Alors Charles répondait qu'il lui fallait avant tout délivrer son cousin Louis...

Bien entendu, ce n'était toujours qu'un prétexte, car il ne faisait rien qu'organiser des fêtes et s'enfermer dans une chambre avec Anna...

Puis il se lassa : non de la bagatelle, certes, mais

(1) *Archives de l'Histoire de France*, publiées par Cimber et Danjou, 1680.

de la belle Soléri (1)!... Et aux environs du 10 août, alors que les soldats de Louis d'Orléans en étaient réduits à se nourrir de racines, il alla s'installer à Chieri, près de Turin, où on lui avait signalé une très jolie femme.

Les pourparlers n'étaient jamais longs avec Charles VIII ; aussi, le soir même, la dame se trouva-t-elle auprès du roi dans une posture à laquelle certains auraient pu trouver à redire.

Charles prit un goût extrême à cette nouvelle maîtresse et se désintéressa une fois de plus de son pauvre cousin.

Or, le 8 septembre, alors qu'il donnait un bal, il vit arriver Georges d'Amboise, essoufflé et le visage défait :

— Cette fois, messire, il faut agir. L'ennemi a réussi à pénétrer dans Novare. Déjà les faubourgs sont incendiés. Le duc d'Orléans n'en a plus que pour quelques heures.

Charles VIII, un peu ennuyé, comprit qu'il était grand temps de partir pour Novare. Délaissant la fête, il donna des ordres et, deux heures plus tard, il était en route.

Le lendemain à l'aube, il entrait en contact avec les assiégeants. Mais naturellement il n'était plus question de se battre. Et c'est d'un air décidé qu'il proposa la paix...

Le soir, Louis d'Orléans, pâle, amaigri et furieux contre le roi, sortit de la ville et vint participer aux pourparlers. La rédaction du traité fut longue. Chaque paragraphe suscitait des discussions interminables ; et les signatures ne furent apposées au bas du parchemin que le 9 octobre.

Aussitôt, Charles, qui n'avait plus aucune raison de rester en Italie retourna à Chieri passer quelques nuits avec son amie, avant de reprendre le chemin de la France, le 21 octobre.

Les dernières étapes furent sans histoire et, le

(1) Cette jeune femme eut de Charles VIII une fille connue sous le nom de Camille Pulvoisin. François Ier lui montra « une grande considération »...

7 novembre, Charles VIII arrivait à Lyon où Anne, folle de joie, vint se presser contre sa poitrine.

— J'ai fait noble campagne, Madame, dit le roi.

La reine sourit tristement. Voyant à quoi il s'attachait, elle feignit l'admiration et se garda de lui dire qu'à toute la gloire du monde elle eût préféré sa présence...

***

Pendant quelques jours, les souverains organisèrent de grandes fêtes où toutes les dames de Lyon accueillirent Charles VIII « en liesse très singulière ».

Hélas! cette joie devait être de courte durée. Un matin, le courrier apporta deux mauvaises nouvelles : un pli d'Italie annonçait que Ferdinand d'Aragon assiégeait la ville de Naples, et une lettre venant d'Amboise apprenait aux souverains que le dauphin Charles-Orland, âgé de trois ans, était atteint de la variole et gravement malade.

Une semaine plus tard, le dauphin était mort et Naples reprise par Ferdinand...

La reine, nous dit un chroniqueur, « eut le plus grand deuil qu'une femme puisse faire et longuement lui dura ». Elle s'enferma dans sa chambre où les dames de sa suite l'entendirent gémir « haultement » toute la nuit. A l'aube, une triste caravane se mit en route par les chemins d'hiver, en direction d'Amboise. Dans son chariot, Anne pleurait son fils ; dans le sien, Charles soupirait après son royaume de Naples...

Après les obsèques du petit prince, la reine sombra dans une tristesse profonde, et le roi, fort affligé, imagina, pour lui changer les idées, de faire danser devant elle quelques jeunes gentilshommes au cours d'une petite fête. Parmi les danseurs se trouvait Louis d'Orléans, qui montra en cette occasion une telle exubérance, une telle allégresse, que la reine en fut choquée. Elle pensa, ainsi que nous le rapporte Commynes dans ses *Chroniques*, que Louis « avait joie de la mort du dauphin à cause qu'il était maintenant le plus proche héritier de la couronne ». Et elle lui signifia d'avoir à s'abstenir un temps de paraître à la Cour ; ce qui chagrina Louis, car il aimait toujours la reine.

Quant au roi, il montra sa désapprobation en tournant le dos au duc et en restant quelque temps sans lui adresser la parole.

***

Charles VIII pensait se reposer un peu de ses campagnes en organisant quelques fêtes à Amboise et en courtisant les jolies filles qui étaient entrées à la Cour pendant son absence. Il n'en eut pas le loisir. Au printemps 1496, une épidémie de « mal de Naples » s'abattit sur Paris, avec de si « vilains et puants » effets qu'elle donna au peuple le dégoût de l'acte charnel. L'Église en profita pour prôner la chasteté (attitude à peu près inconnue du moyen âge), et l'on vit de très galantes dames, réputées pour leur « ardeur aux jeux du lit », se rendre en foule dans des couvents de Pénitentes. Charles VIII fut désolé, car les plus belles demoiselles de la Cour se firent nonnes.

Il était pourtant difficile d'entrer dans ces établissements, car la vague de pureté poussait des femmes tout à fait chastes à s'y rendre pour faire pénitence, ainsi que nous le dit J.-A. Dulaure :

« Les filles, pour être admises dans ce couvent, écrit-il (1), étaient tenues de faire des preuves suffisantes de leur libertinage, d'affirmer par serment prêté sur les saints évangiles, en présence du confesseur et de six personnes, qu'elles avaient mené une vie dissolue. On était fort rigide sur cette preuve. Il arrivait que des filles se prostituassent exprès pour avoir le droit d'entrer dans cette communauté. Lorsque ce fait était reconnu, on les chassait honteusement de la maison.

» Il arrivait aussi que des filles, à la suggestion de leurs parents qui voulaient s'en débarrasser, se présentassent en protestant et jurant qu'elles avaient vécu dans la débauche, tandis qu'elles étaient encore vierges. Cette singulière tromperie détermina les

(1) J. A. Dulaure, *Singularités historiques.*

religieuses à vérifier le fait et à ne point s'en rapporter au serment des aspirantes. Toutes les filles furent alors soumises à une scrupuleuse visite.

» Ainsi, après la visite, si la postulante était trouvée vierge, on la renvoyait comme *indigne* d'entrer dans ce couvent. »

Mais les pénitentes n'occupaient pas toute la pensée de Charles VIII : il rêvait parfois de Naples et des belles Napolitaines.

— J'y retournerai bientôt, disait-il à ses familiers.

Hélas!...

8

POUR POUVOIR ÉPOUSER ANNE DE BRETAGNE LOUIS XII DONNE UNE FEMME AU FILS DU PAPE

Les petits cadeaux entretiennent l'amitié.
La Sagesse des Nations.

AU mois de mai 1496, Charles VIII annonça qu'il allait se rendre à Lyon et reformer une armée pour retourner à Naples. Les Lyonnais, et surtout les belles dames lyonnaises, attendirent le roi. On prépara des arcs de triomphe pour son entrée dans la ville, des draps piqués de fleurs et des divertissements choisis.

Mais, comme, le 10 juin, le cortège royal n'était pas encore en vue de Lyon, les braves gens s'inquiétèrent un peu. Ils envoyèrent au-devant de Charles VIII un groupe de cavaliers.

— Dès que vous l'aurez rencontré, leur dit-on, que l'un d'entre vous revienne rapidement pour nous dire où est le roi et quand il compte arriver ici.

Les jours passèrent et les cavaliers ne revinrent point. On s'en étonna, car c'étaient des jeunes gens de bonne réputation. Sans doute, disait-on, le roi les aura-t-il retenus auprès de lui.

La réalité était tout autre.

Partis au-devant de Charles VIII, ils étaient arrivés jusqu'à Amboise sans avoir rencontré personne.

— Qu'est-il donc arrivé à notre gentil sire? dirent-ils en descendant rapidement de cheval.

On leur apprit alors que le roi, au moment de partir pour Lyon, avait suivi à Tours une des filles d'honneur de la reine et qu'il n'était pas encore revenu...

— Mais qu'en dit la reine? demandèrent-ils avec étonnement.

— Mme Anne attend présentement un héritier et elle en est si heureuse qu'elle ferme les yeux sur les frasques du roi.

— Il est vrai, ajouta quelqu'un, qu'elle ne se doute de rien, attendu que notre souverain lui a dit qu'il s'en allait à Tours pour adorer les reliques de saint Martin.

Les Lyonnais se rendirent à Tours, mais ne purent voir Charles VIII qui était occupé à consoler la belle demoiselle « fort attristée pour ce qu'elle avait été chassée par la reine de sa *cour des dames* ». Et ils s'en retournèrent dans leur ville, où le comportement du roi, dès qu'il fut connu, donna lieu à des critiques.

***

La reine, pendant ce temps, continuait de détester le duc d'Orléans. Depuis le bal où il s'était si mal tenu, elle ne cessait de le critiquer et de chercher à lui nuire. Elle le haïssait passionnément comme elle l'avait aimé jadis.

Un jour, elle voulut qu'on lui retirât son titre d'héritier présomptif de la couronne, et elle pleura de rage en apprenant que le roi s'y opposait.

— Heureusement, dit-elle, que j'aurai bientôt un autre fils, ce qui éloignera à tout jamais Louis d'Orléans du trône qu'il convoite.

Le 5 septembre, en effet, elle mit au monde un garçon. Toute la cour fut en fête. Hélas! un mois plus tard, le bébé mourait subitement.

La pauvre reine sanglota et serra les poings :

— Je ne veux pas que Louis d'Orléans devienne roi de France.

Trois mois plus tard, elle était de nouveau enceinte.

Au mois d'août 1497, elle donna le jour à un gros garçon que l'on prénomma François. Aussitôt, elle distribua aux nourrices des amulettes destinées à protéger le petit prince : médailles bénites, morceau de cire noire dans une bourse de drap d'or et même six langues de serpents de différentes tailles enfermées dans un scapulaire.

Ces gris-gris n'eurent aucun effet, car François ne vécut pas même une semaine...

Alors la reine se désola :

— Ne donnerai-je donc jamais d'héritier au roi ? disait-elle en pleurant. Sans doute sommes-nous l'objet d'une malédiction céleste.

Cette idée, elle n'était pas la seule à l'avoir ; dans le menu peuple, on expliquait généralement ainsi la mort des petits princes.

— Le roi et la reine paient aujourd'hui la faute qu'ils ont commise tous les deux à leur mariage, disait-on. Charles, en renvoyant sa fiancée et en enlevant la femme de Maximilien, a provoqué la colère de Dieu... Jamais de pareils parjures n'auront d'enfants vivants...

Pourtant, il y avait quelques personnes qui expliquaient les choses différemment.

— Ces morts subites sont bien curieuses, disaient-elles, et ressemblent fort à des empoisonnements. Un certain duc, qui a tout intérêt à voir disparaître les enfants du roi, ne serait-il pas pour quelque chose dans cette affaire ? Souvenez-vous de ce qu'on a raconté à propos du bal qui a suivi la mort du dauphin Charles. Ce duc avait l'air si joyeux que la reine dut le chasser de la Cour.

Les accusations contre Louis d'Orléans prenaient parfois une curieuse tournure. On ne le soupçonnait pas « d'éliminer » les princes pour monter sur le trône, mais pour épouser, un jour, la reine Anne qu'il n'avait pas cessé d'aimer. Et l'on rappelait la clause du contrat de Langeais, qui précisait qu'au cas où Charles VIII mourrait le premier, sans laisser d'héritier, Anne devrait épouser son successeur...

— On commence par empoisonner les enfants, puis, un jour, on empoisonne le père... Après quoi on n'a plus qu'à entrer dans le lit de la belle, disaient certains en riant.

Mais de telles suppositions étaient trop horribles et les âmes pieuses les faisaient taire.

***

Les mois passèrent et, un matin d'octobre 1497, Louis d'Orléans, voulant se réconcilier avec la reine, lui envoya un bijou. Touchée, Anne, qui n'attendait au fond qu'une occasion pour aimer de nouveau son ancien fiancé, lui fit cadeau de deux magnifiques lévriers.

Dès lors, le duc d'Orléans fut sans cesse auprès de la petite reine de vingt ans. « Je suis votre protecteur, lui disait-il parfois en souriant, votre chevalier... » Et ses yeux devenaient incroyablement doux. Bientôt, l'amour et le désir que lui inspirait Anne finirent par être tellement visibles que toute la Cour en parla.

Aussi est-on en droit de se demander si c'est uniquement pour des raisons politiques que le roi chassa à ce moment Louis d'Orléans, de son conseil d'abord, puis d'Amboise.

Quoi qu'il en soit, le duc se rendit près de Blois, aux Montils et, furieux, renoua des relations avec les Vénitiens qui complotaient de sombres machinations selon leur habitude...

Or un matin le bruit courut que Charles VIII avait l'intention de faire arrêter le duc d'Orléans.

La nouvelle était-elle exacte? On ne le saura jamais, car deux jours plus tard, le 7 avril 1498, le roi mourait subitement après s'être cogné le front contre le linteau d'une porte basse, dans un couloir du château d'Amboise.

Aussitôt, on parla d'assassinat. Des familiers de la Cour révélèrent qu'une demi-heure avant de s'assommer le roi avait reçu une orange d'un Italien et qu'il l'avait mangée.

Cette orange était-elle empoisonnée?

On ne tarda pas à le murmurer. Surtout lorsqu'on vit Louis d'Orléans — que cette mort faisait monter sur le trône — se précipiter, rayonnant de joie, chez la reine pour lui dire des paroles de réconfort avec une tendresse un peu prématurée...

***

Anne de Bretagne, nous dit un chroniqueur, montra un « vif déplaisir » à la mort du roi. Pendant deux jours, enfermée dans sa chambre, elle se roula par terre en poussant des hurlements et en se tordant les mains. A ceux qui venaient frapper à sa porte, elle déclarait qu'elle « avait résolu de prendre le chemin de son mari »... Et elle refusait toute nourriture.

Sa douleur fut telle que les personnes de nature peu exubérante purent croire à quelque exagération de sa part.

— Elle pleure bien fort un mari qui a passé sa vie à la tromper vilainement avec toutes les joueuses d'échine qu'il rencontrait, disaient certains.

— Il est vrai, répondait-on, que ce n'est peut-être point le roi qu'elle pleure, mais la couronne...

Quand elle consentit à sortir de sa chambre, elle stupéfia la Cour par la couleur de son costume. Alors que jusque-là toutes les reines avaient porté le deuil en blanc (1), elle était entièrement vêtue de noir. Elle expliqua que cette teinte symbolisait la constance en amour, car elle ne pouvait déteindre...

— J'ai perdu ma vie et mon bonheur! s'écriait-elle avec amertume.

Louis XII, qui trouvait la jeune reine encore plus jolie depuis qu'elle était en deuil, vint à plusieurs reprises lui rendre visite. Et Paul Lacroix nous dit « qu'il trouva la pauvre dans un tel désespoir, qu'il craignait qu'elle n'eût pas la force de le supporter ; il la réconforta en lui rappelant leur ancienne amitié et en *s'offrant à elle de la meilleure sorte qu'il lui fût possible* ; mais Anne de Bretagne redoublait de sanglots à la vue du duc d'Orléans, qu'elle avait aimé avant d'épouser Charles VIII (2)... »

(1) Auparavant, les reines veuves portaient jusqu'à leur mort des vêtements blancs, et cette couleur, qui représentait la *foi* gardée au défunt, fut à l'origine du nom de *reine blanche*, attribué autrefois à toutes les veuves de rois.

(2) Paul LACROIX, *Louis XII et Anne de Bretagne* 1882.

Louis XII se fit si tendre et si pressant que la reine finit par avouer à ses intimes qu'il la « consolait par sa singulière bénévolence »...

Et un jour, nous rapporte Brantôme, qu'elle pleurait devant les dames de sa suite, et que celles-ci « la plaignoient de la voir veuve d'un si grand roi et malaisément pouvoir retourner en un si haut état, elle répondit qu'elle demeureroit plutôt toute sa vie veuve d'un roi, plutôt que de se rabaisser à un moindre que lui ; *toutefois, qu'elle ne désespéroit pas tant son bonheur qu'elle ne pensât être encore un jour reine de France régnante, comme elle avoit été, si elle vouloit.* Ses anciennes amours avec le duc d'Orléans lui dictoient ce propos... Car malaisément se peut-on défaire d'un grand feu quand il a une fois saisi l'âme ».

Le nouveau roi ne savait qu'imaginer pour plaire à la jeune veuve. Il eût voulu la combler de cadeaux, mais le moment lui paraissait mal choisi, et il chercha ce qui pouvait lui faire plaisir. Comme il était fort délicat, il trouva bientôt et commanda de magnifiques obsèques pour Charles VIII.

Le corps du défunt roi fut alors conduit à Paris où on l'exposa au public. Mais, comme le voyage avait duré vingt et un jours, on avait dû placer sur le lit de parade un mannequin richement habillé dont le visage, dit un chroniqueur de l'époque, était « au plus près du vif que faire se peut ».

Après quoi, une cérémonie grandiose eut lieu à Notre-Dame et le cortège traversa la capitale pour se rendre à Saint-Denis. La foule, dans les rues, aux fenêtres et jusque sur les toits, admira pendant des heures les plus grands personnages du royaume défilant derrière le char funèbre.

Quand Charles VIII eut été mis au tombeau, tout le monde se déclara content de ce beau défilé : le peuple, qui avait assisté gratuitement à une de ces cavalcades dont il est friand, la reine Anne, qui n'aurait jamais pu payer un tel enterrement à son mari, le trésor étant à sec, et le nouveau roi qui, faisant d'une pierre deux coups, avait mis en terre un rival et contenté la femme qu'il aimait.

Après la dernière cérémonie, Anne s'approcha de

Louis XII qui, pour achever de la conquérir, commandait aux religieux de l'abbaye quelques prières supplémentaires.

Elle le considéra avec tendresse et reconnaissance.

— C'est très gentil, dit-elle...

Il comprit alors que son singulier cadeau avait eu l'efficacité qu'il espérait et, le soir même, il demanda à Anne si, en observance du contrat de Langeais, elle voulait bien l'épouser.

La jeune femme était maligne. Baissant les yeux, elle se contenta de répondre en soupirant :

— Mais n'êtes-vous point marié?

— Je divorcerai, dit le roi.

Alors Anne de Bretagne rentra dans ses appartements.

***

Il y avait longtemps que Louis XII voulait répudier la pauvre Jeanne de France, bossue et rachitique que Louis XI lui avait fait épouser de force. Au lendemain de la mort de Charles VIII, après avoir vainement essayé de décider Jeanne à accepter une séparation à l'amiable, il avait écrit à Rome pour demander au pape Alexandre Borgia de casser son mariage.

Voulant montrer à Anne que son intention était bien d'écarter Jeanne, il alla se faire sacrer seul à Reims le 27 mai, et fit son entrée dans Paris le 1er juillet sans la malheureuse infirme, qui se morfondait toujours au château de Mesnils-les-Bois.

Le peuple fut choqué par l'attitude du roi. Il réclama la reine à grands cris. Et Louis XII, quelques jours après, jugea prudent de prendre plusieurs mesures propres à se rendre populaire : il diminua les tailles et exempta la capitale du *don de joyeux avènement*...

Après quoi — et comme la réponse de Rome tardait à arriver — il continua de faire sa cour à la reine Anne qui, redevenue simple duchesse de Bretagne, s'occupait activement de l'administration de son duché.

Prêt à tout pour obtenir une promesse de mariage, le roi amoureux rendit à celle qu'il devait appeler un jour « sa Bretonne » les places de Nantes et de Fougères, geste qui la toucha infiniment.

Un peu plus épris chaque jour, il délaissait les affaires de l'État pour aller passer son temps auprès d'elle à l'hôtel d'Étampes, où elle s'était installée. Tout Paris ne tarda pas à en jaser. On en fit des chansons et la jeune femme, beaucoup plus habile que Louis XII, craignit qu'une telle assiduité ne compromît à tout jamais une union qu'elle espérait secrètement autant que lui. Elle décida de quitter Paris et d'aller vivre à Nantes, en attendant que le pape ait rompu le mariage royal.

***

Un matin que Louis venait comme à l'accoutumée lui murmurer quelques tendres propos, elle lui annonça sa décision. Louis fut affolé. Se jetant à ses pieds, il lui redemanda si elle deviendrait sa femme lorsque le divorce serait prononcé. Cette fois, Anne accepta. Alors, en homme méticuleux, il fit rédiger deux actes fort précis, l'un déclarant que « lorsque l'union forcée de Louis avec Jeanne de France serait annulée, le mariage aurait lieu », l'autre précisant que « Louis évacuerait toutes les places de Bretagne, à l'exception de Nantes et de Fougères qu'il garderait en gage ». Si son mariage n'était pas cassé au bout d'un an, Anne reprendrait sa liberté et ses deux places (1).

Quelques jours plus tard, la jeune femme, ayant convoqué ses États à Rennes, quitta Paris accompagnée de grands seigneurs français et bretons.

Le 28 septembre, elle était à Nantes, guettant déjà le courrier qui viendrait lui annoncer que le pape lui permettait d'épouser l'homme qu'elle aimait depuis douze ans...

(1) Dom Maurice, *Histoire de Bretagne. Preuves, III.*

***

Louis XII attendait la réponse de Rome sans inquiétude. Il savait qu'Alexandre Borgia était un pape d'un modèle peu courant, dont on pouvait obtenir à peu près tout, à condition de flatter sa luxure ou sa cupidité.

— S'il refuse d'annuler mon mariage, disait le roi, je lui offrirai de l'argent, et, si cela ne suffit pas, je lui enverrai quelques belles Tourangelles pour enrichir son ballet...

Le pape avait, en effet, un ballet voluptueux qui lui servait de remède contre la tristesse. Les soirs où il se sentait un peu de vague à l'âme, et où sa favorite Giulia Farnèse n'était plus capable de faire briller son œil pontifical, il demandait à voir danser de toutes jeunes filles fort peu vêtues.

Ce spectacle lui donnait, paraît-il, de grandes satisfactions (1). Mais de tels plaisirs n'étaient pas du goût de tout le monde, et certains cardinaux trouvaient que le pape délaissait un peu trop la liturgie pour les demoiselles...

Louis XII était donc sûr, en envoyant à Rome quelques-unes des plus belles filles de la Cour, d'obtenir ce qu'il demandait.

Or, un matin, il reçut du pape une bulle nommant les juges qui devaient statuer sur la validité de son union avec Jeanne de France. Il y était dit que Louis d'Amboise, évêque d'Albi, le cardinal de Luxembourg, évêque du Mans, et Fernand Septensis, évêque de Ceuta, nonce du pape, devaient citer des témoins : gens d'Église, médecins, valets, matrones et suivantes, à seule fin de savoir si le mariage avait été — ou non — consommé ; mais le pape ne posait aucune condition, ce qui étonnait fort Louis XII.

(1) Une lettre d'Agostine Vespucci à Machiavel nous apprend que ces scènes de prodigieuse impudeur étaient, pour ainsi dire, quotidiennes..

***

Presque aussitôt, le procès s'ouvrit dans l'église Saint-Gatien de Tours. La reine se présenta en vêtements de deuil, accompagnée d'une dame de sa suite et de son confesseur.

Louis d'Amboise lut les raisons invoquées par le roi pour demander l'annulation de son mariage. Elles étaient au nombre de quatre : parenté au quatrième degré ; parenté spirituelle du fait que Louis XI l'avait tenu sur les fonts baptismaux ; violence exercée sur lui pour lui faire épouser Jeanne ; impossibilité de consommer le mariage.

Puis on interrogea la malheureuse reine qui, le visage contracté essayait de garder une contenance digne en face de ces ecclésiastiques, amis du roi, qui s'apprêtaient à tout faire pour la séparer de son mari. D'une voix douce mais ferme, elle récusa tous les motifs invoqués par Louis.

— Votre union n'est pas valable si l'on considère que vous êtes parente avec votre mari au quatrième degré.

— Le pape Sixte IV nous a accordé la dispense, dit-elle.

— C'est par la force que le roi Louis XI a obligé notre roi, alors duc d'Orléans à vous épouser, répliqua d'une voix dure un abbé.

Elle frissonna comme si l'on l'avait souffletée :

— Je ne suis pas de si bas lieu qu'il fût besoin de violence pour me trouver un époux. En outre, nous sommes mariés depuis 1476. Il est étonnant que le roi, mon seigneur, manifeste seulement aujourd'hui son mécontentement d'un fait qui s'est passé il y a vingt-deux ans...

— Vous admettez, lui demanda le cardinal de Luxembourg, que vous êtes mal conformée ?

— Je sais seulement que je ne suis pas jolie, ni aussi belle de corps que la plupart des femmes.

— Vous devez bien savoir que vous n'êtes point apte au mariage.

— Je ne crois pas. Je me crois aussi propre au

mariage que la femme de mon écuyer Georges, qui est tout à fait contrefaite et qui lui donne pourtant de beaux enfants...

Pendant des heures, les trois juges la torturèrent ainsi avec des questions humiliantes et brutales. Enfin, on en arriva au dernier argument de Louis XII.

— Le roi vous a-t-il traitée en épouse?

Jeanne rougit.

— Oui!

Les juges crurent bon alors d'entrer dans des détails si précis que la reine, très gênée, ne répondit aux questions qu'en baissant la tête, comme une coupable (1).

— Pourriez-vous nous dire où les choses se sont passées?

Point de mire d'une assemblée goguenarde, Jeanne fut près de défaillir, en entendant cette question.

— Vous ne pouvez pas répondre?

Oh! si, elle pouvait répondre, la malheureuse petite infirme, car elle se souvenait avec précision de tout ce qui concernait sa vie amoureuse avec le roi. Et, se raidissant sur son banc, elle indiqua d'une voix à peine audible les lieux où Louis avait bien voulu se montrer tendre avec elle, et le nombre de leurs « contacts ».

— Six fois à Lignières, deux fois à Lusignan, trois fois à Orléans, une fois à Nantes, quatre fois à Amboise, murmura-t-elle.

Elle se souvenait de tout. Il semblait qu'elle eût tenu une comptabilité scrupuleuse des caresses de son mari.

Les juges se tournèrent vers le roi.

— Je ne lui ai pas demandé de venir me rejoindre, dit celui-ci d'un ton excédé.

Puis il prétendit que Jeanne le poursuivait et qu'il avait bien du mal à s'en débarrasser.

Accusée de luxure, la pauvre éclata en sanglots.

(1) *Quelqu'un vint même affirmer que Louis XII avait dû déployer une certaine ingéniosité, étant donné la singulière conformation de son épouse, pour parvenir à satisfaire au vœu de la nature,* Gaston Derus, *Les Grands Amoureux.*

Mais elle se ressaisit bientôt et déclara que, lorsque Louis venait la voir au château de Lignières, ils cohabitaient toujours.

Une discussion eut lieu alors entre le roi et la reine. Louis maintenant que Jeanne n'avait pas été sa femme, et celle-ci affirmant le contraire.

Finalement, les juges délibérèrent. Atrocement gênée d'avoir dû étaler ainsi toute sa pitoyable vie intime, la reine s'écroula sur son banc, soutenue par son confesseur.

Au bout de quelques minutes, le cardinal de Luxembourg reprit la parole :

— Nous demandons, pour que le débat soit clos, que la reine veuille bien se soumettre à un examen corporel qui établira si elle est encore vierge comme le prétend le roi. Des matrones et des experts seront désignés par nous pour effectuer cette visite...

Jeanne, cette fois, ne put contenir son indignation. Elle protesta avec force, disant qu'elle ne se livrerait jamais à une telle exhibition. Puis, se tournant vers Louis XII qu'elle ne croyait pas capable de parjure, elle sourit et dit avec un mélange de défi et de tendresse :

— D'ailleurs, cette visite est inutile, car je ne veux d'autre juge que le roi, mon seigneur. S'il affirme par serment que ses imputations sont véritables, j'accepte d'avance ma condamnation...

Le roi n'hésita pas une seconde : la sueur au front, car il avait tout de même un peu honte, il étendit la main sur l'Évangile et jura que Jeanne n'avait jamais été sa femme. La malheureuse ne s'attendait pas à une telle ignominie : elle s'effondra sans connaissance dans son fauteuil. Quant aux juges, ils se déclarèrent satisfaits.

Une semaine plus tard, le 17 décembre 1498, la dissolution du mariage fut annoncée publiquement en l'église Saint-Denis d'Amboise. La reine fut d'abord abattue et sanglota, puis elle se prit à proférer des malédictions contre les trois juges et l'on dut la reconduire au château (1).

(1) Par la suite, elle se retira à Bourges et, maîtresse du duché dont elle porta désormais le titre, elle n'eut plus d'autre ambition que

Ce ne furent pas les seuls cris hostiles qu'entendirent les trois ecclésiastiques ce jour-là. Lorsqu'ils sortirent dans la rue, ils furent en effet copieusement insultés par le peuple qui les suivit avec des torches, à cause d'un brouillard épais qui, ce jour-là, plongeait la ville dans l'obscurité, et les baptisa Hérode, Caïphe et Pilate.

***

Louis XII n'avait pas attendu la notification publique du jugement pour écrire à Anne de Bretagne qu'il était libre désormais et qu'ils pourraient bientôt se marier.

Pourtant, il leur manquait encore une dispense, car ils étaient cousins.

Tout dépendait donc encore une fois de Rome. Alexandre Borgia, sollicité, fit connaître ses conditions et Louis XII comprit pourquoi la première bulle ne contenait aucune demande de contrepartie. Le pape s'était réservé pour la fin.

Il avait eu, avant son ordination, un fils naturel qui était archevêque de Valence, mais qui désirait depuis longtemps être relevé de ses vœux ecclésiastiques pour avoir une jolie épouse dans son lit. Les nuits incestueuses avec sa sœur Lucrèce ne lui suffisaient plus, et sa soutane le gênait...

Aussi Sa Sainteté exigeait-elle, en échange de la dispense, *le duché de Valentinois et la main d'une princesse française pour son bien-aimé fils César.*

Le roi accepta, et César Borgia arriva à Chinon en grande pompe, apportant la bulle de dispense. Aussitôt, Louis XII, ayant fait Jeanne de France duchesse de Berry, courut épouser enfin sa chère Anne de Bretagne.

Leurs noces eurent lieu dans la plus grande intimité, en la chapelle du château de Nantes. Après

celle de sauver son âme et de « croître devant Dieu en perfection et en bonnes œuvres ». Elle appela auprès d'elle cent filles nobles qui prirent le voile et formèrent un ordre nouveau sous le nom de religieuses de l'Annonciade. Elle mourut à quarante ans, en 1505. Béatifiée en 1743, elle fut canonisée en 1950.

quoi les nouveaux époux revinrent à Amboise, et le roi se mit en quête d'une épouse pour César Borgia. Tout d'abord, il pensa à Charlotte de Naples, fille de Frédéric d'Aragon, qui avait été recueillie à l'âge de dix ans par la Cour de France. L'idée n'aurait pas déplu au fils du pape qui, par la même occasion se serait emparé du royaume de Naples ; malheureusement, la jeune fille repoussa Borgia avec horreur. Alors Louis XII proposa Charlotte d'Albret, fille du duc de Guyenne et demoiselle d'honneur de la reine Anne. Jolie et gracieuse, elle fut agréée tout de suite. Mais elle aussi recula en apprenant que le roi la destinait à cet homme que l'on accusait d'avoir tué son frère. Et il fallut qu'Alexandre VI donnât le chapeau de cardinal au frère de la jeune fille pour que la famille d'Albret acceptât le mariage.

Toutefois le peuple, mis au courant de ces transactions, vint pousser des cris de haine sous les fenêtres du château où logeait César. Au point que celui-ci, fortement impressionné et craignant d'être peu brillant au soir de ses noces, alla demander à son apothicaire des pilules propres « à rendre l'ardeur » et « à festoyer sa dame ». Hélas! nous conte un chroniqueur, « au lieu de lui donner ce qu'il demandait, celui-ci lui donna des pilules laxatives, tellement que toute la nuit il ne cessa d'aller au retrait... »

Le lendemain, couvert de honte, il quittait Chinon abandonnant sa femme qui ne le revit jamais...

9

L'AMOUR QU'IL PORTE A SA FEMME EMPÊCHE LOUIS XII DE TOMBER DANS LE PIÈGE DES GÉNOIS

> L'avantage de n'avoir qu'une femme, c'est qu'elle vous protège contre toutes les autres.
>
> HAYEM.

DEPUIS qu'il avait dans son lit sa chère petite Bretonne, Louis XII paraissait satisfait. Et ce prince, qui n'avait pu voir auparavant un jupon sans que sa circulation sanguine ne s'activât, regardait presque avec indifférence les plus jolies demoiselles du palais. On avait l'impression que la reine lui faisait passer des nuits si fatigantes qu'il ne se sentait pas assez fort au milieu de la journée pour penser à la bagatelle.

Il était calme, détendu. Il lui arrivait souvent de se promener le matin, au saut du lit, dans les jardins qui dominaient Blois, en fredonnant une de ces chansons gaillardes qu'il aimait particulièrement — celle-ci par exemple, qui semble un peu acrobatique :

En baisant ma mie,
J'ai cueilly la fleur.
La cuisse bien faite,
Le tétin bien rond,
En baisant ma mie,
J'ai cueilly la fleur.

D'autres fois, en se rendant à son Conseil, il chantonnait :

Au joli jeu du pousse avant
Fait bon jouer.

Bref, il était heureux.

Or, si l'homme avait quelques raisons de se féliciter de ce mariage, le roi n'en avait pas beaucoup. Au contraire. En effet, le contrat signé à Nantes était beaucoup moins intéressant pour la France que celui de Langeais. La petite Bretonne avait profité de l'amour de Louis pour reprendre les avantages qu'elle avait dû laisser à Charles VIII après la défaite des armées de son père.

Ce nouveau contrat stipulait : 1° Qu'Anne de Bretagne conservait personnellement le gouvernement du duché ; 2° Que, si des enfants naissaient du mariage, le duché reviendrait au second enfant, mâle ou femelle, et que, si les époux n'avaient qu'un seul héritier, au second enfant de cet héritier. 3° Que, si la duchesse mourait sans enfant avant le roi, Louis XII garderait la Bretagne sa vie durant ; mais, qu'après lui le duché retournerait aux héritiers directs de Mme Anne.

Aveuglé par l'amour, Louis XII avait accepté les conditions que lui avait dictées la rusée petite duchesse aux hermines ; et la Bretagne gardait l'indépendance qu'elle avait retrouvée à la mort de Charles VIII.

***

Au mois de juillet 1499, Louis XII, qui avait conservé les vues de Charles VIII sur l'Italie, partit à la conquête du duché de Milan. Avant de quitter Blois, il avait conduit au château de Romorantin la reine Anne, qui se trouvait pour lors enceinte de ses bons offices.

— Vous ne pourrez pas être mieux qu'en cet endroit, madame, pour mettre au monde le dauphin que nous attendons, lui dit-il.

Curieuse idée, en vérité. Car dans ce château vivait

la comtesse d'Angoulême, Louise de Savoie, mère de François, duc de Valois, un gros garçon de cinq ans que le hasard des décès prématurés avait fait héritier présomptif du trône de France. On se doute, dans ces conditions, du peu de plaisir qu'avait cette femme à voir Anne de Bretagne espérer la naissance d'un dauphin. Aussi, lorsque toute la Cour était en prières pour demander au ciel la venue d'un garçon Louise, secrètement souhaitait que la reine eût une fille afin que François restât le futur successeur de Louis XII.

Il y avait cinq ans que la jeune comtesse d'Angoulême vivait avec l'espoir de voir son fils devenir roi...

Cet honneur, elle l'envisageait comme une sorte de revanche. Le sort, il est vrai, ne s'était pas montré très doux jusqu'alors. Après une enfance morose, elle avait été — à douze ans — mariée par son père Philippe de Bresse au comte Charles d'Angoulême, âgé de trente ans.

Celui-ci l'avait emmenée à Cognac où il vivait en compagnie de ses deux maîtresses Antoinette de Polignac, fille du gouverneur d'Angoulême, et Jeanne Comte, une demoiselle de la Cour. Louise, tout heureuse d'être mariée (1), n'avait fait aucune réflexion à son époux et s'était habituée rapidement à ce curieux ménage à quatre... Au début, Charles d'Angoulême s'était d'ailleurs senti fortement attiré par cette jeune épouse de douze ans. Il avait même délaissé un temps les deux favorites qui, loin d'être jalouses, en avaient profité pour souffler un peu. Car c'était un rude paillard que ce comte d'Angoulême, et personne ne semblait lui avoir appris qu'un lit était aussi fait pour dormir...

Après quelques mois d'une vie épuisante, Louise de Savoie avait été soudain fort triste.

— Je ne suis pas une femme comme les autres, s'était-elle écriée un soir.

(1) Philippe de Bresse avait écrit à Claudine de Brosse, sa seconde femme, à la veille du mariage de la petite Louise, que celle-ci semblait fortement préoccupée par sa nuit de noces, « ce qui montre, disait-il, qu'elle a déjà grand faim d'être en mestyer de vous autres, vieilles mariées »...

Pressée de questions par une dame de sa suite, elle avait alors déclaré en pleurant qu'elle trouvait anormal de n'être pas encore enceinte à treize ans... Il est vrai qu'à la Cour de Cognac, où toutes les demoiselles d'honneur avaient des bâtards, la chose pouvait sembler étonnante. Louise de Savoie était donc allée au Plessis-lez-Tours demander la bénédiction de François de Paule qui avait, disait-on, le pouvoir de rendre — par la prière — les femmes fécondes. Le saint homme s'était ému d'une inquiétude aussi prématurée, et il avait prédit à la jeune comtesse qu'elle serait mère d'un roi...

Louise était alors rentrée à Cognac un peu rassurée et, quelques mois plus tard, avait constaté qu'elle était en mesure d'annoncer de grandes espérances... Etait-ce le fils prédit? Non. Le 11 avril 1491, elle avait donné le jour à une petite fille aux yeux bleus qu'on avait baptisée Marguerite.

— Pourquoi ce prénom?... s'était étonnée la Cour.

L'indiscrétion d'une dame de la suite avait fourni l'explication. Au début de sa grossesse, Louise avait eu envie d'huîtres et avait avalé une perle... Or perle se dit *margarita* en latin (1).

Après la naissance de la petite Marguerite, Charles d'Angoulême avait repris ses habitudes anciennes avec Antoinette de Polignac d'abord, puis avec Jeanne Comte, sans délaisser toutefois complètement son épouse ; et le soir il allait se coucher avec celle pour qui, sans raison bien précise, il se sentait de l'appétence. Certaines nuits fastes, il rendait successivement un hommage distingué à chacune des trois belles...

Le résultat fut qu'en 1494 Antoinette, Jeanne et Louise s'étaient trouvées enceintes en même temps. Ces trois promesses de maternité avaient ravi Charles d'Angoulême. Et, jusqu'à la fin de l'été, il avait considéré avec orgueil les trois ventres qui prouvaient avec quel soin il savait s'occuper des dames...

(1) Le poète Jean Daurat a d'ailleurs raconté cette anecdote en vers latin

Qualis et esca fuit, talem quoque ventra puellam
Edidit, et nomen Margaris inde manet.

Enfin, le 12 décembre, Louise de Savoie avait donné naissance, sous un chêne, à un gros poupon braillard qu'on avait appelé François.

— Est-ce donc lui qui sera roi ? s'était-elle demandé. Mais la prophétie de François de Paule paraissait bien fantaisiste ; la famille d'Angoulême était alors si loin du trône...

***

Presque aussitôt après la naissance de François, les deux favorites avaient, chacune de son côté, mis au monde une fille. Et, pendant quelques mois, Charles, trouvant la proximité des berceaux un peu bruyante, était allé dormir avec d'appétissantes demoiselles d'honneur dans un bâtiment éloigné.

Louise, fort attristée, avait beaucoup souffert de cet abandon. D'autant que Charles, mis en humeur, avait cherché chaque jour à élargir le cercle de ses relations féminines. Il était venu dès lors de moins en moins dans le lit de Louise, et la pauvre comtesse en avait été désespérée.

Enfin, Charles était mort d'un chaud et froid le 1er janvier 1496. Veuve à dix-neuf ans, Louise avait pris presque immédiatement pour amant le gouverneur du château, Jean de Saint-Gelais, avec qui elle s'était livrée fougueusement aux distractions dont elle avait besoin pour retrouver son équilibre. Quelques années s'étaient écoulées ainsi. Mais à la mort de Charles VII, François étant devenu héritier présomptif, Louise avait décidé de se rapprocher de la Cour ; et un jour elle était arrivée, accompagnée de ses enfants, de son amant, des favorites du défunt comte Charles et de leurs bâtards, au château de Chinon, où cette curieuse compagnie avait causé quelque scandale. Puis elle s'était retirée à Romorantin, espérant qu'Anne de Bretagne ne donnerait pas plus d'enfant à Louis XII qu'elle n'en avait donné à Charles VIII.

On conçoit, dès lors, quel pouvait être son état d'esprit pendant que la reine se préparait à accoucher dans son château.

Elle passait son temps en prières, égrenant des chapelets, brûlant des cierges pour que Louis XII n'eût pas de fils. Et, le 13 octobre 1499, le ciel l'exauça : Anne mit au monde une fille, qu'on prénomma Claude.

Naturellement, Louise cacha fort habilement son soulagement, mais la reine était fine mouche, elle s'aperçut que les yeux de la comtesse d'Angoulême brillaient d'une joie étrange et elle lui voua immédiatement une grande haine...

***

Pendant ce temps, en Italie, Louis XII, que la reine Anne avait décidément transformé, ne songeait qu'à la guerre.

C'était bien la première fois qu'une campagne n'était pas prétexte pour lui à courir le guilledou.

Lors de son dernier passage, il avait organisé des orgies tellement étourdissantes que le souvenir en était demeuré vivace dans tout le Nord de l'Italie. Aussi, les jolies femmes de l'aristocratie milanaise attendaient-elles le roi de France avec un savoureux mélange de crainte et d'espoir...

Las! elles en furent pour leurs frais de bijoux et de toilettes, car Louis était à ce point amoureux d'Anne qu'il ne les regarda même pas.

Cette soudaine fidélité stupéfia tout le monde.

— Attendez, disaient les belles rouées. On ne change pas ainsi! Il nous reviendra une nuit ou l'autre.

Elles se trompaient, comme se trompèrent quelques années plus tard les Génois qui voulurent éloigner Louis XII des champs de bataille en le faisant séduire par une femme.

Tout pourtant, avait été préparé pour lui faire perdre la tête dès son arrivée. Dans les rues qu'empruntait son cortège, il put voir aux fenêtres, aux galeries, aux balcons des palais et des maisons, les plus belles femmes de la cité, « la plupart ayant des robes de soie blanche courtes à mi-jambes et serrées par une ceinture sous les aisselles »... L'ensemble, nous dit un auteur du temps, « formait une éblouissante guirlande de ces Génoises si chères à la galanterie française, en allure un peu altières et fierettes, en attraits bénignes, en accueil gracieuses, en amour ardentes, en vouloir constantes, en parler facondes et en conditions loyales ».

Les jours suivants, des fêtes splendides et fort galantes furent organisées dans toute la ville, où les Génois menaient leurs filles et leurs femmes « contre la nature de leurs mœurs », mais pour obéir à l'ordre des sénateurs. Chacun, en effet, devait s'ingénier à rendre le roi de France amoureux et à le placer dans une intrigue.

Gênes devint rapidement une ville entièrement consacrée au plaisir.

Le soir, dès que Louis XII sortait de son palais pour quelque bal, les rues s'éclairaient de torches et de feux d'artifices, s'embaumaient de fleurs et retentissaient de sérénades. Dans ces réunions divertissantes, où les galanteries, les danses, les mascarades et les jeux emportaient si vite les heures de la nuit, nous dit le chroniqueur, d'Authon, « les Génois menoient leurs femmes, et filles, sœurs et parentes, pour donner joyeux passe-temps au roi et à ses gens. Et les aucuns d'iceux prenoient les plus belles et les présentoient au roi en les baisant les premiers pour en faire l'essai et puis les baisoit le roi volontiers et dansoit avec elles et prenoit d'elles tout honorable déduit » (1).

Oh! certes, très honorable, en effet, car Louis XII se bornait à converser gentiment avec les belles, à leur prendre la main ou à leur mordiller l'oreille par jeu galant ; et si, d'aventure, il leur caressait un sein en passant, c'est simplement parce que l'habitude est une seconde nature...

C'est à ce moment que les Génois, déçus et impatients, chargèrent la plus ravissante femme de la ville, Thomassine Spinola, mariée à un célèbre légiste, de froisser sa pudeur et de séduire le roi.

Elle reçut pour mission précise d'obtenir de

(1) Jean d'AUTHON. *Histoires de Louis XII sous l'an 1502.*

Louis XII de nombreuses concessions dans l'intérêt de la seigneurie de Gênes, et toute une mise en scène fut organisée pour que l'entreprise réussît.

Laurent Catanéo, un des nobles les plus en vue du pays, fut chargé de placer le roi de France dans un état propice à l'amour. Pour y parvenir, il l'invita dans sa villa, où un spectacle des plus aphrodisiaques avait été préparé. Sous un portique de marbre, des femmes, « moult fraîches et blanches », parées avec toute la recherche lascive d'une coquetterie italienne, dansèrent en se dévêtant lentement.

Après une heure de ce divertissement, au cours duquel on ne servit que des boissons fort excitantes, Louis XII fut mis en présence de Thomassine Spinola.

Bien sûr, elle lui plut et il accepta de se promener avec elle sous les arbres. Toutefois l'amour qu'il avait pour sa petite Brette, comme il appelait Anne de Bretagne, l'empêcha d'entraîner la belle Génoise dans un fourré, ainsi qu'il eût fait quelques années auparavant.

De nouvelles rencontres furent habilement organisées les jours suivants, car les Génois étaient tenaces ; et il se passa la chose la plus burlesque que l'on puisse imaginer : c'est Thomassine qui tomba amoureuse de Louis XII...

Pâle, les yeux suppliants, elle vint lui demander la permission de devenir son *Intendio*, c'est-à-dire la dame de ses pensées, comme il était déjà pour elle son ami « par honneur ».

Le roi accepta « cette accointance et intelligence aimable » et Thomassine, toute heureuse de se sentir « bien voulue du roi » se para des couleurs de France et annonça à son mari « qu'elle ne voulait plus coucher avec lui »...

L'entreprise avait raté.

Et lorsque le roi, à quelque temps de là, quitta la ville pour rentrer en France, les Génois, mortifiés jusqu'au fond de l'âme, virent Thomassine, en larmes, s'enfermer dans un couvent...

Elle y resta peu, d'ailleurs, car, trois ans plus tard, en 1505, le bruit du décès de Louis XII ayant couru en Italie, la belle mourut de douleur.

Touché, le roi de France envoya aux Génois quelques beaux vers destinés à orner le tombeau de Thomassine « en signe de continuelle souvenance et spectacle mémorable ».

Ce qui dut bien faire plaisir aux Génois, lesquels ne décoléraient pas depuis 1502...

Anne de Bretagne, naturellement, connut tous les détails de cette platonique aventure ; et elle s'enorgueillit d'avoir fait, du plus frivole des princes français, un époux fidèle et un roi sage...

***

Pendant quelques années, Louis XII et Anne vécurent heureux. La Cour de France, il est vrai, n'avait pas été, depuis longtemps, un endroit aussi honnête.

La reine, nous apprend un auteur de l'époque : « faisait venir en sa chambre toutes ses demoiselles et, après les avoir regardées l'une après l'autre, elle reprenait celle qui lui semblait faire contenance et maintien rustiques. Elle ne permettait pas qu'elles eussent aucun propos à des gentilshommes en secret et ne souffrait pas qu'on eût avec elles autre chose que de vertueux et honnêtes propos ; que si quelques-uns voulaient leur parler d'amour il fallait que ce fût d'amour permis ; je dis d'amour chaste et pudique, tendant au mariage et que, en quelques mots seulement, cette volonté fût exprimée... La sage princesse ne voulait pas que sa maison fût ouverte à de dangereuses personnes qui ne savent entretenir les dames que de propos obscènes et lascifs » (1).

Aussi la plupart des jolies demoiselles de la Cour s'empressaient-elles de quitter Blois pour aller s'installer dans des endroits plus gais.

Pourtant, un jour, la pudique souveraine faillit causer un scandale par ses verts propos. Involontairement, il faut le dire. Voici en quelles circonstances : Anne, qui s'occupait des affaires diplomatiques lorsque le roi était trop absorbé par les guerres d'Italie, recevait

(1) Charles DE SAINTE-MARTHE, *Oraison funèbre de Françoise d'Alençon.*

elle-même les délégations étrangères qui se présentaient à la Cour. Et, pour faire plaisir aux ambassadeurs, elle n'omettait jamais d'apprendre par cœur un petit discours dans leur langue. Elle chargeait généralement son chevalier d'honneur, le seigneur de Grignaux, prince de Chalais, qui connaissait l'allemand, l'anglais, l'espagnol, le suédois et l'italien, de lui enseigner ces quelques mots dont les délégués étrangers se trouvaient flattés.

Or, un jour, le chevalier eut l'idée d'une farce d'un goût douteux. Sachant que les ambassadeurs de Ferdinand d'Espagne étaient attendus à Blois, il n'enseigna à la reine que des mots espagnols extrêmement grossiers, « de petites salauderies », nous dit le chroniqueur qui rapporte cette anecdote. La reine Anne, sans rien soupçonner, bien entendu, apprit aussitôt ces énormes grivoiseries...

Fort heureusement, le seigneur de Grignaux était bavard. Il alla raconter sa plaisanterie au roi qui se divertit fort, mais prévint tout de même la reine.

Celle-ci ne pardonna jamais au prince de Chalais.

***

Pendant ce temps, à Amboise, Louise de Savoie vivait en compagnie du maréchal de Gié, le nouveau précepteur de son fils qui avait remplacé Jean de Saint-Gelais.

Les mauvaises langues prétendaient que le jeune maréchal était, comme son prédécesseur, l'amant de la jolie comtesse.

En réalité, il n'en était que follement amoureux. Chaque soir, il faisait une tentative pour entrer dans la chambre de Louise ; chaque soir, elle le repoussait. Finalement, rendu furieux par un désir brimé, il alla à la Cour de Blois raconter à qui voulait l'entendre que Louise de Savoie avait été la maîtresse de Saint-Gelais et qu'elle voulait à toute force le violer, lui...

Cette histoire, on s'en doute, fit scandale. Anne de Bretagne, secouée par une espèce de crise de nerfs, se jeta à genoux et demanda à ses demoiselles d'honneur de prier pour que de telles turpitudes ne déclenchassent pas la colère divine contre le royaume de France.

Puis elle alla se coucher, malade.

Et l'on pense que cette émotion et sa contrariété au moment des fiançailles de Claude avec François de Valois (qui avaient été conclues contre son gré) abrégèrent ses jours. Elle mourut à trente-huit ans, le 9 février 1514...

10

UNE GALANTE IMPRUDENCE FAILLIT EMPÊCHER FRANÇOIS Ier DE RÉGNER

Il étoit sensible au mérite des dames...
DREUX du RADIER.

LOUIS XII eut un chagrin très vif de la mort de sa femme. Il pleura longuement. puis se sentit seul. Or, à ce moment le comte de Longueville, alors prisonnier des Anglais, s'ingéniait à persuader Henri VIII, dont il était devenu l'ami, de conclure une alliance avec la France, Un soir, il lui dit :

— Sire, pourquoi ne feriez-vous pas épouser votre sœur Mary à mon souverain qui est veuf et triste? Nos deux pays seraient ainsi unis par de tendres liens.

Le roi anglais accepta, et le comte de Longueville mit le roi de France au courant de ses pourparlers.

En apprenant qu'on lui proposait une jeune fille de seize ans, blonde, gracieuse et spirituelle, Louis XII, qui allait avoir cinquante-quatre ans, sentit du feu parcourir ses veines.

Il répondit aussitôt qu'il était très heureux d'accepter l'offre qui lui était faite, et que c'était là un genre d'alliance qu'un roi de France était toujours disposé à conclure.

Quelques mois plus tard, Mary d'Angleterre débarquait à Calais, accompagnée d'une nombreuse suite de seigneurs, parmi lesquels se trouvait le jeune duc de Suffolk, son amant.

Représentant le roi de France, François de Valois était venu accueillir la future reine. En la voyant si jolie, il fut ébloui et en tomba immédiatement amoureux, ce qui n'arrangeait pas les choses déjà suffisamment compliquées...

Jusqu'à Abbeville, où les attendait Louis XII, le jeune duc d'Angoulême, qui avait juste vingt ans, charma la princesse par ses propos galants. Mais en arrivant dans la ville en fête, dont chaque maison était décorée de tapisseries et d'oriflammes, il fallut laisser la place au roi. Celui-ci, fort impatient de voir sa fiancée, « monta sur un grand cheval bayart, qui sautait, et avecques tous les gentilshommes et pensionnaires de sa maison, en moult noble estat, vint recevoir sa femme et la baisa tout à cheval. Et après ce, embrassa tous les princes d'Angleterre, et leur fist très bonne chère (1) ».

***

Les noces furent célébrées le 9 octobre 1514. Le même chroniqueur nous conte l'événement de façon fort savoureuse : « Le lendemain matin feurent les épousailles et ne feurent pas faites à l'église, mais en une belle et grande salle tendue de drap d'or où tout le monde pouvoit les veoir. Ils estoient le Roy et la Royne assis, et la Royne toute deschevelée avoit un chapeau sur son chef, le plus riche de la chrestienté, et ne porta point de couronne pour ce que la coutume est de n'en point porter, si elles ne sont couronnées et sacrées à Saint-Denis.

» Le Roy et la Royne espousés, toute l'asprès disner et sur le soir feust faicte la plus grande chère du monde. La nuit venue, se couchèrent le Roy et la Royne.

» Et le lendemain le Roy disoit qu'il avoit faict merveilles... Toutefois je crois ce qu'il en est, car il estoit bien malaisé de sa personne... »

Fleuranges avait tort de douter des forces du

(1) Fleuranges, *Chroniques*.

roi. Louis XII, amoureux de sa jeune épouse, avait réussi quelques brillants exploits dont la Cour put trouver les traces le lendemain sous les paupières royales. La nouvelle fit bientôt le tour de Paris et le menu peuple, toujours gentil, se tracassa à la pensée que le souverain allait peut-être commettre des excès dangereux pour sa santé.

— Ces jeunesses-là, disaient les commères, ça vous tue un homme.

— Prions pour notre bon roi!

Mais, tandis que les uns disaient des oraisons, d'autres riaient et se moquaient. Les escholiers, par exemple, faisaient des chansons satiriques sur le fait que « Louis XII voulait se montrer gentil compagnon avec sa femme, mais s'abusait, car il avait passé l'âge des folles prouesses »... Et les basochiens disaient « que le roy d'Angleterre avoit envoyé une haquenée au roy de France pour le porter bientôt et plus doucement en enfer ou en paradis... »

Le roi, en effet, maigrissait à vue d'œil... Les seize ans trop exigeants de Mary d'Angleterre l'épuisaient et le rendaient un peu plus faible chaque jour. Fort heureusement, la reine eut bientôt autour d'elle quelques jeunes gens tout disposés à lui prouver leur vigueur...

A ce jeu, l'un d'eux allait d'ailleurs, curieusement, risquer sa couronne...

***

A Paris, Louis XII et la jolie reine Mary d'Angleterre s'étaient installés aux Tournelles, ce château lugubre qui se trouvait sur l'emplacement actuel de la place des Vosges.

Ils y menaient une curieuse existence. Le matin, le roi, exténué par des efforts nocturnes qui n'avaient pas toujours abouti, se levait d'une jambe molle, faisait quelques pas dans le jardin, puis s'allait recoucher, avec des gestes grelottants de vieillard.

— Excusez-moi, douce amie, disait-il à Mary, je me sens las et vais rejoindre le lit. A tout à l'heure.

Alors la reine, fort énervée par les entreprises malheureuses de son époux, s'habillait en hâte, traversait d'un pas rapide tout le château et allait s'enfermer dans une chambre lointaine. Là, elle se déshabillait, se mettait au lit et attendait quelques instants, l'œil brillant.

Par une petite porte qui donnait sur une galerie discrète et peu fréquentée, entrait bientôt un souriant jeune homme. C'était le duc de Suffolk. Dévêtu en un clin d'œil, il allait rejoindre la reine et se livrait sur elle à de délicieuses voies de fait.

Pendant des semaines, personne, à la Cour, ne soupçonna ce manège. On remarquait bien la présence assidue de Suffolk auprès du couple royal, mais les mauvais esprits étaient dans l'impossibilité d'en tirer des conclusions, attendu que le roi d'Angleterre, qui connaissait la liaison de sa sœur, avait pris la précaution de nommer le jeune duc ambassadeur à Paris.

Mais, un jour, un officier de la reine, nommé Grignaux, qui se promenait dans la galerie dont nous avons parlé, entendit des cris étranges qui venaient de la chambre où les amants se trouvaient pour lors « fort oublieux du monde ». Très surpris, car il croyait cette pièce vide, il poussa la porte et entra. Ce qu'il vit lui coupa le souffle, et il rougit si violemment que son visage, nous dit-on, « en resta coloré durant quelques jours ». Il est vrai que le spectacle qui s'offrait à lui était bien fait pour bouleverser un honnête homme.

Il se retira sur la pointe des pieds, sans avoir été vu, et regagna sa chambre, le feu aux joues, emportant, gravée dans sa mémoire, l'obsédante image de la reine entièrement nue...

Gêné par ce qu'il avait involontairement découvert, Grignaux se demanda longtemps où était son devoir. Finalement, il écrivit à Louise de Savoie pour la prévenir de ce qui se passait aux Tournelles. Il savait que la mère de François de Valois ne pouvait rester indifférente à cette nouvelle.

En effet, au reçu de la lettre, Louise faillit se pâmer. Non que l'inconduite de la reine lui causât du chagrin, mais parce que le duc de Suffolk pouvait fort bien, dans un moment d'inattention, aider Louis XII à avoir un enfant. Or, si Mary donnait un dauphin à Louis XII, François de Valois cessait d'être héritier présomptif...

Affolée à cette idée, Louise sauta dans une litière et se fit conduire à Paris. Le voyage lui fut un calvaire.

Allait-elle, si près du but (le pauvre roi était bien mal en point), perdre la partie à cause de deux stupides amoureux anglais ? Elle en frémissait de colère.

— Un instant d'égarement et mon fils, mon César, ne serait pas roi.

***

Depuis un an, elle vivait sous le régime de la douche écossaise. Après quinze années d'inquiétude, la mort d'Anne de Bretagne (qui ne laissait aucun enfant mâle à Louis XII) l'avait comblée de joie. Hélas! neuf mois plus tard, le roi s'était remarié avec Mary d'Angleterre et elle avait de nouveau tremblé. Puis, la petite Anglaise avait épuisé le roi. Aussitôt, Louise s'était remise à espérer... Et voilà que Mary se montrait si légère qu'on pouvait craindre maintenant la naissance d'un bâtard ..

C'est avec les traits tirés par le souci et la fatigue que Louise de Savoie arriva aux Tournelles. Elle ne fit qu'un bond dans les appartements de Suffolk. Elle se planta devant lui. Le jeune ambassadeur était en train de lire :

— J'espère ne point arriver trop tard, dit-elle. Je connais vos relations avec la reine et viens vous mettre en garde, car votre attitude est fort imprudente. Vous n'ignorez pas qu'une reine convaincue d'adultère est condamnée à mort ainsi que son amant. De plus, imaginez ce qui se passerait si vous donniez un enfant à la reine Mary. Dès la mort du roi, qui ne peut, hélas! tarder, le gouvernement du royaume serait confié à un conseil de régence dont mon fils et moi ferions partie... Or le premier acte de cette assemblée serait de vous faire rappeler en Angleterre, où vous iriez vivre loin de la reine Mary... Pensez-y!...

Et, comme tous ces arguments ne paraissaient pas suffire à Suffolk, Louise de Savoie lui offrit, s'il voulait quitter la Cour, 50 000 livres de rente et une terre en Saintonge.

Le jeune homme était pratique. Il accepta, pensant, avec raison, qu'à la mort de Louis XII il reprendrait avec Mary ses délectables habitudes.

Pour être tout à fait tranquille, Louise logea Suffolk chez l'avocat Jacques Dishomme, seigneur de Cernay, dont la jolie femme était à même de retenir momentanément son attention... Cette jeune et sémillante personne s'appelait Jeanne Le Coq. Louise la connaissait bien et savait à quoi s'en tenir sur sa vertu : depuis deux ans, François, son « César », était, en effet, l'amant de Jeanne...

***

La reine Mary, en voyant s'éloigner d'elle son cher Suffolk, pensa qu'il était pris par quelque occupation et en fut chagrine. Puis, comme elle était d'un tempérament généreux, elle chercha un autre partenaire pour ses petits jeux du matin.

Or, parmi les jeunes gens qui se pressaient autour d'elle en soupirant, il en était un qui lui semblait plus beau, plus spirituel, plus élégant que les autres et avec qui elle pouvait se montrer fort affectueuse, sans faire jaser, puisqu'il était son beau-fils (1).

C'était François de Valois...

Elle se fit tendre et enjôleuse avec lui, l'attira dans sa chambre sous tous les prétextes, l'appela « son beau-fils », en mettant sur le mot « beau » une très douce inflexion de voix, le reçut dans des décolletés audacieux, s'étira comme une chatte et lui fit nettement comprendre qu'elle ne détestait pas qu'on lui manquât de respect. Alors, François, ensorcelé se jeta, si j'ose dire, aux pieds de Mary et faillit lui donner ce fils que Louise de Savoie redoutait tant de voir naître...

(1) Le jeune duc d'Angoulême avait, en effet, épousé Claude de France, fille de Louis XII, peu après la mort d'Anne de Bretagne, et Mary, bien que de trois ans plus jeune que lui, était sa belle-mère.

Mais écoutons Brantôme nous conter cette extraordinaire aventure. Après nous avoir dit que la reine était « éprise » de François et que « lui, la voyant, en fit de même », l'auteur des *Dames Galantes* poursuit : « Si bien qu'il s'en fallut de peu que les deux fous ne s'assemblassent, sans feu M. de Grignaux. Luy, voyant que le mystère s'en alloit jouer, remontra à monsieur d'Angoulême la faute qu'il alloit faire et lui dit en se courrouçant : « Comment, Pâques-Dieu! (car tel étoit son jurement) que voulez-vous faire? Ne voyez-vous pas que cette femme, qui est fine et caute, vous veut attirer à elle afin que vous l'engrossiez? Et, si elle vient à avoir un fils, vous voilà encore simple comte d'Angoulême, et jamais roi de France, comme vous espérez. Le roi, son mari, est vieux et ne lui peut faire d'enfant. Vous l'irez toucher, et vous vous approcherez si bien d'elle que vous, qui êtes jeune et chaud, elle de même, Pâques-Dieu, elle prendra comme à glu, elle fera un enfant et vous voilà bien. Après vous pourrez dire : « Adieu! ma part du royaume de France! »

Et Brantôme ajoute : « Cette reine vouloit bien pratiquer le proverbe qui dit : « Jamais femme habile ne mourut sans héritier »; c'est-à-dire que si son mari ne lui en fait, elle s'aide d'un second pour lui en faire. M. d'Angoulême y songea de fait et protesta d'y être sage et s'en déporter; mais tenté encore et retenté des caresses et mignardises de cette belle Anglaise, s'y précipita plus que jamais. Enfin, M. de Grignaux, voyant que ce jeune homme s'alloit perdre et continuoit ses amours, le dit à Mme d'Angoulême, sa mère, qui l'en réprima et tança si bien qu'il n'y retourna plus. »

On imagine en effet l'effarement et la colère de Louise de Savoie en apprenant le comportement de son fils. Les yeux hors de la tête, elle courut lui dire ce qu'elle pensait de cette « coucherie imbécile » qui risquait de lui barrer à tout jamais le chemin du trône, et elle prit quelques mesures pour enrayer le danger. Sur son ordre, la baronne d'Aumont et Claude, propre femme de François, montèrent une garde constante auprès de Mary, le jour, lisant ou brodant avec elle, la nuit, partageant son lit...

A ce régime, la reine faillit tomber malade, la chasteté n'étant pas un état qui lui convenait ; quant à François, fort dépité, il essaya de trouver un dérivatif du côté de Jeanne Le Coq. Hélas! quand il se présenta chez elle, il la trouva couchée avec Suffolk...

***

Les dernières semaines de décembre 1514 furent épouvantables. A longueur de journée et de nuit, l'Ile-de-France tout entière était balayée par des tornades de neige qui déracinaient les arbres, arrachaient les toits et abattaient les clochers, cependant que les loups, poussés par la faim, se risquaient jusqu'aux portes de Paris.

Aux Tournelles, où des forêts entières brûlaient dans les cheminées sans parvenir à réchauffer les immenses salles, des ombres frileuses se tenaient à genoux devant un crucifix. Quand la bise voulait se taire une minute, on entendait des bribes de prières murmurées sur un ton lugubre :

— Mon Dieu, ayez pitié du roi... Daignez sauver la vie du roi... Gardez-nous notre gentil sire...

Car dans une chambre, où les tentures se soulevaient, poussées par le vent qui se glissait en sifflant sous les portes, Louis le Douzième se mourait...

Pour la Noël, il fit venir à son chevet François d'Angoulême, héritier de la couronne. Le jeune homme, qui était impatient de monter sur le trône, ne put réprimer un sourire de satisfaction à la vue du roi moribond.

Louis XII l'observait, les yeux mi-clos. En voyant ce sourire, il se posa une question qui troubla ses derniers jours.

Etait-ce pour le trône que François souriait ou pour Mary ? Car Louis savait que le jeune duc d'Angoulême était amoureux de la reine, et il se demandait, avec des remords qui grandissaient à mesure que s'approchait la fin, si son lamentable exemple ne serait pas suivi par son successeur.

— Claude, ma petite Claude! murmurait-il parfois.

Le destin de sa fille l'inquiétait. Un jour, il avait dit, en parlant de François : « Ce gros garçon va tout gâcher. » Maintenant il pensait : « Pourvu qu'il ne lui gâche pas la vie. Pourvu qu'il ne la répudie point pour épouser la reine Mary... » et il songeait à la pauvre Jeanne de France qu'il avait autrefois rejetée, lui, pour épouser la pétulante et savoureuse Anne de Bretagne...

***

Tandis que le roi déclinait, les Parisiens, calfeutrés dans leurs maisons, commentaient l'événement :

— Notre gentil sire meurt d'avoir trop embrassé la reine, disaient certains.

— Il s'abusait... Il a voulu faire le gentil compagnon, avec sa femme. Ce n'était point l'homme pour ce faire.

— Songez, ma commère qu'à son âge il menait la folle vie d'un jeune homme. Cette reine trop exubérante le faisait dîner à midi au lieu de neuf heures, souper à onze heures et coucher à plus de minuit alors qu'il était habituellement au lit à six... Elle l'aura mené au tombeau (1).

C'était vrai. Louis XII mourait d'épuisement après avoir passé six mois avec sa trop jeune et trop ardente épouse.

Alors ceux qui l'aimaient vinrent s'installer à son chevet ; c'est ainsi que, le 31 décembre, il y avait aux Tournelles non seulement la reine, mais Longueville, La Trémoille, Guillaume Parvy, son confesseur, et la duchesse de Bourbon qui rêvait peut-être du temps où ce squelettique vieillard était le beau Louis d'Orléans dont elle avait été amoureuse...

Louis XII, grelottant dans son grand lit, délirait. Aux remords concernant Jeanne, s'ajoutaient d'autres tourments, presque superstitieux.

(1) FLEURANGES. *Mémoires.* Ajoutons qu'on suivait alors à la lettre le régime recommandé par ces vers :

Lever à cinq, dîner à neuf,
Souper à cinq, coucher à neuf,
Fais vivre d'ans nonante et neuf.

— Je dois bientôt mourir, disait-il. Il le faut Devant le tombeau de ma chère Anne, j'ai promis qu'avant la fin de l'année je serais avec elle et lui tiendrais compagnie.

Enfin, le soir du 1er janvier, à dix heures exactement, alors que les rafales de vent et de neige faisaient claquer les volets, le roi expira.

Aussitôt, malgré la tempête, deux cavaliers quittèrent les Tournelles. L'un s'enfonça dans la nuit en direction de Romorantin pour apprendre à Louise de Savoie que son fils était roi, et l'autre se dirigea vers l'hôtel de Valois où François était en train de festoyer avec des amis.

A peine entré, le messager s'inclina :

— Le roi est mort! Vive le roi!

Alors tous les jeunes gens présents poussèrent des cris de joie :

— Vive le roi! Vive le roi François Ier!

Le nouveau roi sauta sur son cheval et se précipita aux Tournelles. Il était pâle. Bien qu'il touchât enfin au but tant désiré, sa joie n'était pas complète car, malgré les cris de ses amis, il n'était encore qu'héritier présomptif. Roi, il ne le serait que six semaines plus tard — si toutefois, pendant cette période, la reine Mary n'annonçait pas qu'elle était enceinte...

Et François connaissait suffisamment la jeune reine pour savoir qu'elle était fort capable, pendant qu'on pleurait son époux, de se faire faire un dauphin dans une chambre voisine par quelque garde obligeant.

***

Le lendemain matin, à l'aube, Mary fut conduite à l'hôtel de Cluny, enfermée et surveillée. C'est là, selon la coutume, qu'elle devait passer ses quarante premiers jours de deuil ; car il était admis que toute grossesse déclarée pendant les six premières semaines qui suivaient la mort du roi pouvait être attribuée au défunt.

Louise de Savoie et François, méfiants, firent garder la reine Mary jour et nuit par Mme d'Aumont et Mme de Nevers. Fenêtres et volets de l'hôtel de Cluny furent fermés, et la malheureuse prisonnière, dont on craignait le tempérament chaleureux, vécut retranchée du monde dans une chambre éclairée de chandelles.

Elle crut devenir folle.

Pendant ce temps, François, qui ne pouvait se faire sacrer avant qu'on ne fût sûr de l'absence d'espérances de la reine, attendait — et, avec, lui toute la France et toutes les Cours d'Europe... La naissance d'un dauphin pouvait changer tant de choses, bouleverser tant de plans qu'à cette idée Ludovic Sforza, Henry VIII d'Angleterre, Maximilien d'Autriche ne tenaient plus en place et faisaient dire des messes, tandis que Louise de Savoie, enfermée vingt-quatre heures sur vingt-quatre dans sa chapelle, bourdonnait d'oraisons. Bref, de tous côtés des prières montaient vers le ciel, qui ne devait pas savoir où donner de la grâce.

Et voilà qu'un matin la pauvre duchesse d'Angoulême crut bien, une fois de plus, défaillir : on annonça que la reine Mary était enceinte.

Qui donc avait bien pu la mettre dans cet état ? Suffolk ? François ? Un des nombreux jeunes gens qui l'entouraient ? Un valet ?

En réalité, personne.

On allait apprendre, en effet, assez rapidement que la jeune veuve, désespérée à l'idée de n'être plus reine de France, avait imaginé toute une mise en en scène avec l'espoir de devenir régente. Écoutons Brantôme nous conter cette extravagante histoire : « La reine, écrit-il, faisoit courir le bruit, après la mort du roi, tous les jours, qu'elle étoit grosse ; si bien que, ne l'étant point dans le corps, on dit qu'elle s'enfloit par le dehors avec des linges peu à peu, et que, venant le terme, elle avoit un enfant supposé que devoit avoir une autre femme grosse et le produire dans le temps de l'accouchement. Mais Mme de Savoie, qui étoit une fine Savoisienne qui savoit ce que c'est de faire des enfants et qui voyoit qu'il y alloit trop de bon pour elle et pour son fils, la fit si bien éclairer et visiter par médecins et sages-femmes et par la vue et découverte de ses linges et drapeaux, qu'elle fut découverte et faillie dans son dessein, et point reine-mère. »

Alors François, malgré le règlement, se présenta à l'hôtel de Cluny et demanda à Mary s'il pouvait se faire sacrer roi.

La partie était cette fois bien perdue pour la jeune femme ; elle baissa la tête :

— Sire, je ne connais point d'autre roi que vous!

Quelques jours plus tard, le 25 janvier, François était à Reims...

Lorsque, au mois de février, il fit son entrée solennelle dans Paris, la quarantaine de Mary était terminée. Après les cérémonies habituelles, il se rendit auprès de la jeune veuve, qu'il continuait à désirer, et lui fit une offre extraordinaire :

— Cette couronne, madame, que vous venez de perdre, je vous propose de la ceindre de nouveau.

Ainsi, ce que Louis XII redoutait tant, la veille de sa mort, s'accomplissait. François était prêt à répudier Claude (qui était pourtant enceinte) pour épouser celle que l'Histoire devait étiqueter sous le nom de *Reine Galante*.

Mais Mary aimait Suffolk. Quand elle s'entourait la taille de linges, c'était avec l'espoir d'être régente, certes, mais en compagnie de son amant. Et, quand elle essayait d'attirer François dans son lit, c'était uniquement pour lui demander de calmer momentanément des ardeurs auxquelles le valétudinaire Louis XII ne pouvait plus répondre...

« Fort ennuyée », ainsi qu'elle l'écrivit à son frère Henry quelques jours après, elle refusa donc de devenir la femme de François Ier.

— Vous ne m'en voudrez point, j'espère, si je me marie selon mon cœur.

Un mois plus tard, Mary épousait secrètement Suffolk. A cette occasion, le roi eut l'élégance de lui compter soixante mille écus de dot et de lui donner le douaire de Saintonge.

Devenue duchesse de Suffolk, Mary, qui avait préféré son amour au trône de France et dont François Ier disait avec tendresse qu'elle était « plus folle que reine », regagna finalement l'Angleterre, où elle mourut en 1534 à l'âge de trente-six ans...

11

Mme DE CHATEAUBRIANT EST RESPONSABLE DU CAMP DU DRAP D'OR

L'amour du luxe conduit souvent les femmes à commettre des actes extravagants.
Jacques DATIN.

LE 4 septembre 1505, en l'église de Saint-Jean-du-Doigt, près de Morlaix, la messe fut dite dans une atmosphère étrange. Réunis autour de la reine Anne de Bretagne, une cinquantaine de hauts barons et de vieux seigneurs, oubliant l'office, considéraient, l'œil brillant, une petite fille de onze ans d'une remarquable beauté.

Les vieillards n'étaient d'ailleurs pas les seuls à être émus. A côté de la fillette se trouvait un jeune homme de dix-neuf ans, grand et athlétique, qui, lui aussi, semblait fortement troublé par la présence de sa voisine. Dix fois, vingt fois, pendant la messe, il contemplait avec amour le visage de cette enfant qui avait décidément un pouvoir de séduction peu compatible avec la sainteté du lieu...

Voici d'ailleurs comment nous la décrit un historien du temps : « Quoiqu'elle sortît à peine de l'enfance, et qu'elle ne fust que sur sa douzième année, sa beauté estoit si achevée qu'elle enlevoit les cœurs. Une taille avantageuse et qui se perfectionnoit de jour en jour ; un air engageant mêlé de fierté et de douceur ; des cheveux noirs et en grande quantité qui relevoient la blancheur et l'éclat de son teint ; tout cela joint à un esprit aysé, juste, fin, de bon sens, qui commençoit à briller, la rendoit la plus rare et la plus belle personne de son siècle... »

A la fin de la messe, alors que les barons étaient de plus en plus congestionnés, la reine se leva, prit la main de la petite fille et celle du jeune homme, et s'avança vers l'autel.

— Mon père, dit-elle, je vous demande de bénir les fiançailles de ma cousine et demoiselle d'honneur Françoise de Foix et de messire Jean de Laval, seigneur de Châteaubriant.

Le prêtre dit une prière, plaça la main droite de Françoise dans la main droite de Jean et fit un signe de croix.

Alors les cloches se mirent à sonner et tout le monde sortit de l'église. Sous les regards envieux des vieillards, Jean de Laval, rayonnant de bonheur, donnait le bras à sa petite fiancée...

Il ne s'agissait pas, en effet, d'une union de convenances motivée par des soucis politiques ; le seigneur de Châteaubriant était follement amoureux de cette enfant qui, à l'âge des poupées, allait devenir sa femme. Si amoureux même qu'il n'attendit point le mariage pour l'initier à toutes sortes de jeux dérivés de la main chaude — mais moins innocents.

Quelques jours après les fiançailles, en effet, Jean de Laval quitta la Cour et alla s'installer avec Françoise au manoir de Châteaubriant.

Contrairement à ce qu'on pourrait penser, cette vie impudique qu'ils menèrent pendant trois ans (le mariage ne fut célébré qu'en 1509) ne choqua personne, même pas la très prude Anne de Bretagne. Et lorsqu'en 1507 Françoise, âgée de douze ans, mit au monde une petite fille, elle fut comblée de cadeaux par la reine et félicitée chaleureusement par le clergé...

Françoise et Jean vécurent heureux en leur château pendant dix ans. Ils organisaient des bals et des fêtes champêtres qui se terminaient fort bien — ou fort mal, suivant l'humeur des invités — et auxquelles Brantôme fait allusion lorsqu'il écrit : « On tenait grande cour d'amour et grand harroy de bouche en les lyeux les plus retirés des forêts. »

***

Françoise, naturellement, était la reine de ces divertissements galants. Lorsqu'elle eut vingt ans, sa gorge admirablement dessinée attira tous les connaisseurs et sa démarche ondulante provoqua chez ceux qui l'observaient toutes sortes de pensées dont les plus avouables eussent fait rougir un lansquenet.

De telles qualités ne pouvaient pas demeurer indéfiniment cachées en Bretagne. Un jour, quelqu'un parla de Mme de Châteaubriant à François Ier, qui dressa l'oreille et demanda à voir incontinent cette merveille.

A ce moment, le roi-chevalier, qui venait de remporter la victoire de Marignan (1), ne songeait qu'au plaisir.

— Une Cour sans femme, disait-il, est une année sans printemps, un printemps sans roses.

Phrase poétique qui justifiait la présence au palais d'une espèce de harem composé de très jolies filles que François Ier appelait « sa petite bande ».

Ces gracieuses personnes eurent d'ailleurs, sur le comportement des hommes politiques de leur temps, une influence extrêmement regrettable. Jouant de la prunelle, de la croupe et du « tétinet », comme dit Guillaume de Melun, elles se frayèrent un chemin vers le lit des plus austères conseillers du roi et, la tête sur l'oreiller, leur dictèrent des actes parfois extravagants. « Au commencement, dit Mézeray, cela eut de fort bons effets, cet aimable sexe ayant amené à la Cour la politesse et la courtoisie, et don-

(1) Aussitôt après son couronnement, François Ier avait réuni une armée pour reconquérir le Milanais. Mais ce n'était pas seulement par amour de la guerre ou pour arrondir son royaume. « S'il avait entrepris la conquête de Milan, c'était, nous dit en effet Sauval, avec le secret espoir de gagner la signora Clérice, la belle Milanaise que Bonnivet lui avait vantée... »

nant de vives pointes de générosité aux âmes bien faites. Mais les mœurs se corrompirent bientôt ; les charges, les bienfaits se distribuèrent à la fantaisie des femmes, et elles furent cause qu'il s'introduisit de très méchantes maximes dans le gouvernement... »

Naturellement, la plupart des demoiselles qui composaient la « petite bande » se faisaient « bricoler » par le roi, selon le joli mot d'un chroniqueur. Deux ou trois, parfois davantage, étaient appelées chaque soir dans la chambre royale, où un page les déshabillait (1). Elles devaient s'attendre à passer une rude nuit blanche, car François Ier n'aimait pas rester inactif. Et il n'était pas rare que chacune des jouvencelles eût droit à plusieurs hommages, tant le roi était vif à renaître de ses cendres. « Ce pourquoi, nous dit un historien du temps, ce n'est pas la salamandre qu'il eût dû choisir comme emblème, mais le phénix. » Il est vrai que, semblable à l'animal qu'il portait sur ses armes, le roi de France paraissait tout à fait à son aise dans le feu que ces dames avaient — comme on dit communément — quelque part...

Si à son aise que le grand écuyer disait de lui : « Le maître, plus il va avant, plus se prend aux femmes, et aura perdu toute honte. » Aucune dame ne lui résistait. Il n'avait qu'à paraître, l'œil brillant, la narine écarquillée et le torse avantageux, pour que les plus pudiques se pâmassent.

Il aurait essuyé pourtant un échec dans sa vie, à en croire certains chroniqueurs. Mais l'histoire qu'on nous raconte paraît tellement invraisemblable que nous hésitons à y croire. La voici : En 1516, lorsque François Ier entra dans Manosque, il fut accueilli par la fille du consul, une jolie brunette qui, toute rougissante, vint lui présenter les clés de la ville sur un coussin brodé d'or.

(1) Les sexes vivaient à la cour dans la plus étrange promiscuité : des pages servaient de femmes de chambre aux princesses, et les seigneurs avaient à leur service de charmantes jeunes filles qui les aidaient à se dévêtir...

Le souverain la déshabilla d'un coup d'œil et brusquement ses prunelles se mirent à lancer de tels éclairs que la pudeur de la jeune fille se trouva alarmée.

Après le repas, François Ier déclara au consul qu'il aimerait bien deviser quelques instants avec sa fille. La petite était derrière la porte. Prise de panique, car toutes les femmes d'Europe connaissaient le tempérament ardent du roi de France, elle courut dans sa chambre, résolue, nous assure-t-on, à s'enlaidir pour « rebuter un tel galant »... Elle aurait alors exposé son joli visage à des vapeurs de soufre et se serait défigurée à jamais...

On a peine à croire à une histoire pareille. Existe-t-il une jolie fille au monde capable d'un tel acte ?

Non. Et nous préférons croire que cette histoire a été inventée pour l'édification des jeunes Manosquaises...

Mais, si le roi de France ne connaissait pas de défaite en amour, il lui arrivait de rencontrer, à la Cour même, des maris jaloux. Il savait alors justifier ce surnom de roi chevalier que l'Histoire lui a conservé. Voici ce que nous conte en effet Brantôme : « J'ai ouy parler que le roy François, une fois, voulut aller coucher avec une dame de sa cour qu'il aimoit. Il trouva son mary l'espée au poing pour l'aller tuer ; mais le roi luy porta la sienne à la gorge et luy commanda sur sa vie de ne luy faire nul mal, et que s'il luy faisoit la moindre chose du monde, qu'il le tueroit ou qu'il luy feroit trancher la teste ; et pour cette nuict, l'envoya dehors et prit sa place.

» Cette dame estoit bien heureuse d'avoir trouvé un si bon champion protecteur de son c..., car oncques depuis le mary ne luy osa sonner mot, mais lui laissa tout faire à sa guise ! »

Et Brantôme ajoute, avec sa verdeur habituelle : « J'ai ouy dire que non seulement cette dame, mais plusieurs autres obtinrent pareille sauvegarde du roy. Comme plusieurs font en guerre pour sauver leurs terres et mettent les armoiries du roy sur leurs portes, ainsi font ces femmes, celles de ces grands roys, au bord et au dedans de leur c... si bien que leurs marys ne leur osoyent dire mot qui, sans cela, les eussent passées au fil de l'épée... »

Cette adorable compagnie ne lui faisait toutefois pas oublier la reine Claude (âgée de seize ans), puisque celle-ci se trouvait pour lors enceinte de ses œuvres...

***

Jean de Laval fut sans doute un peu étonné lorsqu'il reçut du roi une lettre l'invitant à venir à la Cour avec sa femme. Méfiant et jaloux, il se demanda ce que pouvait bien cacher cette invitation inopinée et, pour gagner du temps, il répondit que Françoise était si farouche qu'il ne pouvait la décider à se rendre à la Cour.

Une seconde lettre arriva, plus pressante, qui jeta le trouble dans l'esprit du pauvre mari, lequel, connaissant la réputation du souverain, eut probablement le pressentiment de ce qui devait lui arriver.

Voulant lutter jusqu'au bout et retarder le plus possible la rencontre de Françoise et de François, il décida de partir seul pour Blois.

Son arrivée fut fêtée noblement ; mais le roi, que toute cette attente avait mis en appétit, se déclara fort déçu de ne point voir Mme de Châteaubriant ; Jean lui répondit alors que Françoise n'aimait que la solitude et qu'elle fuyait le monde.

— Il y a dix ans, sire, qu'elle vit avec moi dans notre vieux château et elle a perdu l'habitude de la Cour.

— C'est votre faute, répondit le roi en riant, on ne doit pas enfermer son épouse, surtout quand elle est ravissante. Pour vous racheter, il faut la décider à venir ici, où elle s'amusera et où sa beauté vous fera honneur.

Alors Jean de Laval fit semblant d'accepter.

— Je vais lui écrire.

Or, nous dit Antoine Varillas, Jean avait inventé « un expédient capable d'éviter les importunités du roi sans s'oster la liberté de mander sa femme quand il lui plairoit (1). » Voici en quoi consistait cet « expédient : »

(1) Antoine VARILLAS, *Histoire de François Ier*, publiée en 1685.

avant de quitter Châteaubriant, Jean avait fait faire deux bagues exactement semblables et en avait remis une à Françoise en lui disant :

— Si je vous demande de venir à Blois sans mettre dans ma lettre la bague que j'emporte, répondez poliment que vous êtes souffrante, même si mes paroles sont pressantes...

La belle avait promis.

Jean écrivit donc une longue lettre qu'il fit lire au roi et l'envoya sans mettre la bague — bien entendu. Déjà, François Ier se frottait les mains.

Mais, quelques jours plus tard, Françoise, docile, répondit qu'elle ne pouvait quitter son domaine.

Trois fois, le manège se renouvela pour la plus grande irritation du roi, qui trouvait cette jolie femme un peu trop timide... Jean de Laval, au contraire, commençait à respirer et pensait qu'il pourrait retourner bientôt vers sa chère épouse avec son honneur sauf. Mais sa joie l'aveugla et il commit une étonnante imprudence. Voulant sans doute faire apprécier son habile machination, il confia son secret à un valet de chambre. Cet orgueil le perdit. Le valet, qui connaissait — comme toute la Cour — les intentions du roi, alla, en effet, proposer à François Ier le moyen de faire venir sûrement Mme de Châteaubriant à Blois.

— Si tu me donnes ce moyen, dit le roi, cette bourse est à toi.

Le valet lui révéla le stratagème inventé par Jean de Laval.

— Voilà la bourse, dit François Ier. Tu auras la même si tu m'apportes la bague que M. de Châteaubriant cache dans son coffre personnel.

Le lendemain, le valet apportait la bague au roi, qui la fit copier rapidement par son orfèvre. Le soir même, cette copie était dans le coffre de Jean de Laval.

Au dîner, François fut plus gai que de coutume, il plaisanta, chanta une chanson de sa composition et organisa un concours d'histoires galantes. A minuit passé, toute la Cour riait encore.

— Comme j'aimerais que Mme de Châteaubriant fût des nôtres, dit le roi à Jean. Je suis sûr qu'elle regrettera de n'être point venue ici, quand vous lui raconterez le bon temps que l'on prend à la Cour du roi de France. Voulez-vous, encore une fois, essayer de la convaincre ?

— Bien sûr, dit hypocritement Jean de Laval.

Et, montant dans sa chambre, il rédigea une quatrième lettre, pensant bien qu'elle aurait le même effet que les autres.

— Donnez-moi votre lettre, dit le roi le lendemain, je vais la confier à l'un de mes courriers, elle arrivera plus vite.

Le fonctionnaire reçut le pli de Jean, quitta Blois au triple galop, s'arrêta au premier tournant pour ajouter au message la bague volée et arriva le soir à Châteaubriant.

En voyant le bijou, Françoise, toujours obéissante, prépara à la hâte ses affaires, monta dans une litière et se fit conduire le plus rapidement possible à Blois, où elle arriva sans que la fatigue du voyage eût terni le moins du monde sa beauté.

Son apparition fit l'effet d'une bombe. Jean de Laval faillit s'évanouir de rage, et toute la Cour fut dans un état de surexcitation extraordinaire en constatant que le roi avait gagné la partie.

Quant à François Ier, qui était venu accueillir Françoise à sa descente de litière, il fut ébloui.

« De la litière au lit, il n'y a qu'un pas », pensa-t-il.

Les choses n'allaient pas se faire aussi facilement ; car, si M. de Châteaubriant était jaloux, Mme de Châteaubriant, elle, était fort rusée.

***

Certains auteurs racontent que Jean de Laval, furieux de se voir jouer par François Ier, repartit chez lui sur-le-champ « de peur d'estre témoin de sa honte ».

Et Varillas (1), laissant aller son imagination, ajoute même : « La comtesse, abandonnée par celui qui avoit le plus d'intérêt à la conservation de son honneur, fist ce qu'on devoit attendre d'une vertu qui n'avoit point

(1) Varillas, *op. cit.*

encore esté éprouvée — c'est-à-dire qu'elle résista quelque temps et céda enfin aux assiduités du roi. »

En réalité, François Ier n'acheva pas sa conquête aussi facilement que cet historien veut bien nous le dire. Il lui faudra trois ans de cour passionnée et de stratégie galante pour amener la belle Françoise dans son lit.

En homme habile, son premier soin fut d'amadouer le mari. Il lui donna tout d'abord le commandement d'une compagnie d'Ordonnance et ce cadeau fit le meilleur effet. Jean de Laval était fort jaloux certes mais plus ambitieux encore. Quand le roi lui eut dit : « Ouvrez l'œil sur vos hommes, vous êtes dès lors responsable de leur conduite », il comprit qu'il lui faudrait, en échange, fermer les yeux sur celle de sa femme.

Et, acceptant, pour le moment, le prix du glorieux privilège qui lui était accordé, il s'occupa fougueusement de la compagnie dont il avait reçu la charge.

Tranquillisé par cette attitude, le roi chercha à apprivoiser les frères de Mme de Châteaubriant, trois farouches Pyrénéens, peu décidés à laisser déshonorer leur sœur. Pour commencer, il « neutralisa » l'aîné, M. de Lautrec, en lui donnant le gouvernement de Milan, ce dont la belle fut heureuse. Le soir, après dîner, elle vint remercier le roi de prendre tant soin de sa famille. L'espace d'une seconde, ses yeux violets se firent plus tendres en considérant François Ier, puis, plongeant soudain en une respectueuse révérence, elle prit congé et s'éloigna avec la reine Claude, dont elle était devenue la dame d'honneur.

Fort troublé et encouragé, le roi passa alors à l'attaque directe ; il envoya dès le lendemain à Françoise, par messager spécial, une superbe broderie.

La finaude savait depuis longtemps que François Ier était amoureux d'elle et la désirait. Elle lui adressa la lettre la plus hypocrite, la plus habile qui se puisse imaginer :

Au Roy, mon Souverain Seigneur. Sire, la libéralité qu'il vous a plu me despartir de la broderie que j'ai reçue par ce porteur, ne vous puis rendre grâces suffi-

santes, mais les plus très-humbles qu'il m'est possible les vous présente, avecque confiance de la perpétuelle servitude et obligation de messieurs de Lautrec, de Châteaubriant et mienne, de ceux de nos maisons présentes et avenir, des biens reçus et de la bonne volonté que nous faites l'honneur m'écrire... De ma part, sire, ne puis que prier Celui qui donne les puissances leur donner l'heur de vous faire services agréables... Votre très-humble et très obéissante sujete et servante.

FRANÇOISE DE FOIX (1).

En recevant cette lettre si claire pour un homme de son espèce, habitué aux ruses féminines, le roi comprit que Françoise avait déjà accepté d'être sa maîtresse...

Cette idée le rendit de fort bonne humeur et le plaça dans d'excellentes conditions morales pour entamer des conversations diplomatiques qu'il entendait mener personnellement avec les ambassadeurs du pape, du roi d'Espagne et de Henry VIII d'Angleterre.

***

Aimé de sa femme, choisissant pour ses nuits les plus fraîches et les plus ardentes demoiselles de sa « petite bande », allant parfois dans des bouges, au petit matin, chercher l'aventure avec quelques amis qui, comme lui, cachaient à demi leur visage sous un emplâtre, et sachant qu'il serait bientôt l'amant de la femme qu'il désirait le plus au monde, le roi de France était alors un homme comblé et heureux.

Aussi sa façon de recevoir les ambassadeurs avait-elle une grandeur peu commune. Détendu, spirituel, sûr de lui, François Ier menait ses affaires avec tant de maîtrise que tout le monde était subjugué, séduit. Cette aimable et souveraine diplomatie eut d'excellents résultats puisque le roi se réconcilia avec le pape, s'unit par traité au roi d'Espagne, s'assura l'ami-

(1) Bibl. Nat., ms. fr. 6622.

tié des Suisses et des Vénitiens, et racheta Tournai au roi d'Angleterre...

Ce qui prouve, une fois de plus, que les chefs d'État qui sont heureux en amour peuvent, seuls, faire de grandes choses.

Mais il fallait tout de même que les pourparlers avec Françoise ne traînassent pas trop en longueur. A l'exaltation du désir, François Ier aimait bien faire suivre sans tarder l'ivresse de la satisfaction. Il chercha alors à éloigner Jean de Laval qui, bien que fort occupé de sa compagnie d'Ordonnance, n'en était pas moins constamment à la Cour. Le roi ne manquait pas d'imagination. Pour renvoyer, sans en avoir l'air, M. de Châteaubriant dans son pays, il eut l'idée de demander à la Bretagne des impôts nouveaux et il pria Jean de Laval de faire accepter cette charge supplémentaire aux Bretons. C'était faire d'une pierre deux coups : éloigner l'importun et faire rentrer de l'argent dans les caisses du royaume qui se trouvaient régulièrement vidées par les fêtes et frasques royales...

Jean de Laval, ravi d'être chargé d'une telle mission qui prouvait en quelle estime il était tenu, partit sans méfiance et, après trois mois d'âpres discussions, parvint à faire admettre les prétentions du roi.

C'est ainsi qu'une province tout entière fut grevée d'impôts pour les beaux — les adorables — yeux de Mme de Châteaubriant...

Pendant l'absence de Jean, Françoise, qui avait fait obtenir des commandements à son mari et à ses frères, pensa enfin à elle et se montra gentille avec le roi.

François lui envoyait des poèmes qu'il composait la nuit dans le silence de sa chambre :

Assez de gens prennent leurs passe-temps
En divers cas et se tiennent contents
Mais toi seule es en mon endroit élue
Pour réconfort de cœur, corps et vue.

Et elle lui répondait avec autant de grâce :

La grant douceur qu'est de ta bouche issue,
La belle main blanche qui a tissue
Une épître qu'il t'a plu m'envoyer

A fait mon cœur de joie larmoyer.
Il était jà (1) *de ton amour épris,*
Mais maintenant, il est saisi et pris,
Tant qu'il n'est plus possible qu'on efface
Ta grant beauté. — Que veux-tu que je fasse?

Ce que désirait ardemment le roi depuis trois ans semblait bien près de s'accomplir, et c'est avec « le cœur ouvert sur un avenir plaisant », comme le dit un chroniqueur, que François Ier emmena la Cour passer les fêtes de Noël à Cognac.

Il y avait dans les voitures qui descendaient vers le sud par Châtellerault et Ruffec tous ceux qu'il aimait d'amours différentes : Claude, sa femme, Mme de Châteaubriant, son désir, Marguerite de Valois, sa sœur, l'amiral Gouffier de Bonnivet, son favori, et les plus gracieuses demoiselles du val de Loire, sa « petite bande ».

Cette Cour, qui s'efforçait d'imiter en tout le jeune souverain, était devenue, d'après certains témoins, « un véritable lupanar ». On s'y mettait « main à fesse » avec une santé qui eût surpris un psychanalyste. François Ier aimait beaucoup cette franchise; aussi se méfiait-il des gens vertueux, qu'il traitait gaiement d'hypocrites... Son ironie était à ce point cruelle à l'égard de ceux qu'il savait chastes, que certains courtisans, pudibonds par nature, se donnaient le mal de paraître paillards pour lui plaire.

« A ce moment, en effet, nous dit Sauval, étoit-on sans maîtresse, c'étoit mal faire sa cour; pas un n'en avoit que le roi ne voulût en savoir le nom, s'obligeoit même de parler pour eux, de les faire valoir auprès d'elles par sa recommandation et de les y servir en toutes rencontres. Enfin, rencontroit-il telles personnes ensemble, il falloit qu'il sçut les propos qu'elles tenoient et quand ils ne lui sembloient pas assez galants, il leur apprenoit de quelle façon ils devoient s'entretenir... »

Disons-le tout de suite, ceux qui avaient besoin de leçons à la Cour étaient rares, et la plupart savaient fort bien se comporter avec les dames.

(1) Déjà.

L'amiral de Bonnivet en particulier était de ceux-là. Jeune, gai, séduisant, il avait fait de son lit un endroit où toutes les jolies femmes de sa connaissance devaient, un jour ou l'autre, oublier leur pudeur ; c'est pourquoi, d'ailleurs, François Ier le tenait pour un homme de bien et lui avait donné son amitié.

Or Bonnivet, depuis longtemps, était amoureux de Marguerite de Valois, la jolie et spirituelle sœur du roi, et il avait préparé un plan qui devait lui permettre de profiter du voyage à Cognac pour arriver à ses fins.

La Cour devait s'arrêter pendant quelques jours dans le château qu'il possédait près de Châtellerault. C'est là qu'il espérait faire succomber par la ruse, voire par la violence, cette irréprochable épouse dont il n'avait pu, jusqu'alors, que baiser les doigts.

Et encore par surprise.

Car Marguerite, qui était d'une pudeur étonnante pour son époque, refusait, avec une obstination que d'aucuns trouvaient insolite, de tromper son mari.

Aussi, voulant mettre tous les atouts de son côté, l'amiral avait-il fait aménager dans la chambre qu'il lui destinait une petite trappe, dissimulée sous un tapis, qui permettait de s'introduire sans bruit auprès du lit et de provoquer un effet de surprise dont il ne restait plus qu'à savoir profiter...

Et un soir, alors que tout le monde dormait, Bonnivet, en vêtements de nuit, utilisa son stratagème et parvint à se glisser dans le lit de Marguerite sans éveiller celle-ci.

Retenant son souffle, il attendit quelques instants, puis commença une sournoise manœuvre d'enveloppement destinée à le placer sinon dans le cœur de la place, du moins aux portes mêmes...

Rampant sur le drap, il gagna lentement du terrain et se trouva bientôt à deux doigts de Marguerite, au point que leurs visages se touchaient presque et que « le souffle de la belle endormie agitait doucement la moustache du conquérant »...

L'instant était critique. Il fallait, avant même de l'éveiller, placer la jeune femme dans une situation qui lui permît de se laisser vaincre sans avoir l'impression de se donner. Ainsi pourrait-elle mettre, plus tard, sa faiblesse sur le compte de l'inévitable...

Brusquement, l'amiral se précipita sur sa proie et, d'une manœuvre précise, parvint à poser en même temps sa bouche sur celle de Marguerite, sa main gauche sur son sein droit, et sa main droite « assez haut sous la robe de nuit »...

Le résultat ne fut pas du tout celui qu'il escomptait.

Aussitôt réveillée par ce triple outrage, Marguerite poussa un cri et se débattit furieusement à coups de pieds, à coups d'ongles et à coups de dents, tout en appelant au secours.

Affolé, l'amiral tenta de la couvrir d'un drap pour étouffer sa voix ; mais la sœur du roi se dégagea. Alors, pour éviter d'être reconnu par les dames d'honneur qui accouraient déjà, flambeau à la main, il se laissa glisser du lit et, mordu, meurtri, la chemise en lambeaux, le visage en sang, disparut dans la trappe...

Marguerite devina bien quel avait été son agresseur, d'autant plus que l'amiral garda la chambre pendant quelques jours ; mais elle ne parla pas de l'aventure au roi.

Vengée à la pensée de la mine piteuse que devait faire l'amiral avec ses coups de griffe sur le nez, elle jugea inutile de faire éclater un scandale et d'attirer sur le malheureux la colère royale (1).

Elle savait, en effet, que François Ier n'admettait pas qu'on forçât une femme. Pointilleux sur le chapitre de la galanterie, il interdisait le viol, considérant, avec une délicatesse qui confinait au vice, que la plus grande partie du plaisir en amour était d'amener une femme à « oublier sa pudeur »...

Il observait d'ailleurs lui-même ce principe, et c'est pourquoi la cour qu'il faisait à Mme de Châteaubriant durait si longtemps... Loin de songer à traîner Françoise dans son lit, il était prêt à tout entreprendre pour qu'elle lui cédât volontairement.

Or on était en 1519.

(1) Elle se contenta de conter, avec beaucoup d'humour, cette aventure dans son *Heptaméron*.

Le 11 janvier, Maximilien d'Autriche mourut subitement, laissant vacant le trône impérial. Aussitôt, François Ier fit acte de candidature contre Henry VIII (qui d'ailleurs se retira bientôt) et contre Charles, le nouveau roi d'Espagne.

Pendant des semaines, il rêva de cette couronne qui pouvait lui permettre de relever l'empire de Charlemagne, d'être maître de l'Europe, maître du monde, et aussi d'éblouir la belle Mme de Châteaubriant. Comment pourrait-elle encore refuser de se donner au plus beau, au plus puissant, au plus jeune souverain de la terre?

Hélas! Charles d'Espagne fut élu sous le nom de Charles-Quint, et François Ier vit s'écrouler son rêve.

Mme de Châteaubriant connaissait les espoirs du roi ; lorsqu'elle apprit les résultats de l'élection, elle vint très gentiment, très tendrement, se blottir dans les bras de son « cher sire bien-aimé » dont elle devinait l'amertume.

Deux heures plus tard, dans une chambre du château d'Amboise, François Ier, s'il n'était pas empereur, était du moins, le plus heureux des hommes...

***

La victoire du roi fut bientôt connue de tout Fontainebleau où il résidait alors. Si le menu peuple, dont on connaît le grand cœur, se réjouit candidement à la pensée du plaisir que devait prendre son souverain avec une aussi belle dame, bien des gens se sentirent indisposés par un très violent accès de jalousie. Les hommes du palais envièrent furieusement le roi, et les jolies demoiselles de la « petite bande » regardèrent avec haine cette femme qui venait de les évincer toutes et de prendre le titre de favorite que chacune enviait en secret depuis longtemps.

Et la reine? La douce reine Claude comprit tout de suite qu'elle avait cette fois une vraie rivale ; mais elle ne manifesta aucune amertume, ne fit aucun esclandre, trouvant plus sage de demeurer au contraire souriante, aimable et amoureuse comme par le passé.

Cette attitude plut au roi. Il avait, en effet, horreur de ces scènes de ménage qui rendent l'adultère si fatigant...

Reconnaissant, il chercha un moyen de prouver à Claude sa satisfaction. Après avoir hésité entre divers cadeaux, il pensa finalement que rien ne ferait plus plaisir à cette brave femme qu'un enfant. Il alla donc la retrouver dans sa chambre et fit consciencieusement le nécessaire pour qu'elle en eût un.

Neuf mois plus tard, Claude, encore dans le ravissement, mettait au monde la princesse Madeleine...

***

Devenue maîtresse en titre, Mme de Châteaubriant suivit François Ier dans ses voyages. On la vit dans toutes les villes de France où la Cour, en perpétuel déplacement, s'installait au gré de la fantaisie royale.

Mais en 1520, lorsque François Ier, qui rêvait d'opposer un bloc franco-anglais à l'empire de Charles-Quint, annonça qu'il allait rencontrer solennellement Henry VIII d'Angleterre entre Guines et Ardres-en-Artois, la Cour se demanda si le roi emmènerait sa favorite.

Tandis que charpentiers, menuisiers, drapiers, tailleurs, orfèvres travaillaient fiévreusement à la préparation du camp où devait avoir lieu l'entrevue, seigneurs et dames de qualité ne s'entretenaient que de Mme de Châteaubriant.

Les uns soutenaient que dans de telles circonstances le roi de France ne pouvait se faire accompagner d'une concubine. D'autres rappelaient que le roi Henry VIII était un grand amateur de femmes et que la présence d'une favorite ne pouvait le choquer. D'autres, enfin, allaient même jusqu'à dire que l'Anglais ne pourrait que se montrer flatté d'être reçu ainsi comme un ami intime à qui l'on ne cache rien de ses frasques.

C'est probablement ce que pensa François Ier, puisque, par un matin de juin, il quitta Paris pour l'Artois, emmenant dans deux litières somptueusement décorées, d'une part la reine et d'autre part la belle Françoise, heureuse et amusée de l'aventure...

Après quatre jours de voyage, le cortège royal arriva dans une plaine où se dressaient trois cents tentes en drap d'or et d'argent. Un camp extraordinaire avait été installé là. De véritables palais de toile formaient une ville de rêve qui semblait surgie subitement du sol.

Entre ces légers édifices paradaient des seigneurs français qui, pour éblouir Henry VIII, s'étaient vêtus si richement qu'un chroniqueur nous dit qu'ils portaient « leurs moulins, leurs forêts et leurs prés sur leurs épaules »...

De son côté, le roi d'Angleterre, qui était accompagné de cinq mille hommes et de trois mille chevaux, avait fait édifier à la hâte, par des maçons, une construction légère qui, habilement recouverte de gigantesques panneaux en toile peinte, donnait l'illusion d'être un magnifique château...

Sous le soleil de juin, les tentes cousues de fils d'or surmontées d'oriflammes écarlates constituaient un spectacle éblouissant qui ravit le roi, la reine et la favorite.

Cette dernière, surtout, ne se tenait pas de joie, car ce camp, digne de personnages mythologiques, était son œuvre. C'était elle qui avait voulu que son bel amant montrât sa force, sa puissance et sa richesse en déployant un luxe propre à rendre jaloux tous les souverains de la terre.

Bien entendu, le trésor de l'État avait été mis à sec par ce faste ; mais personne ne songeait à critiquer la favorite, car tout le monde pensait bien que Henry VIII d'Angleterre, ébahi, n'hésiterait pas une seconde à s'allier à un roi capable d'organiser d'aussi coûteuses rencontres...

L'instant de la première entrevue arriva. François Ier, vêtu de blanc, ceinturé et chaussé d'or, le chef couvert d'une toque empanachée, salua Henry, qui portait un pourpoint cramoisi et des bijoux de la tête aux pieds. Les deux souverains s'embrassèrent sur la bouche comme le bon ton le voulait alors.

Ils y mirent d'ailleurs une telle fougue que le cheval du roi d'Angleterre, effrayé, fit un écart en arrière.

***

Une tente plus haute que les autres avait été prévue pour les compliments d'usage. Elle était ornée de tapisseries, de riches étoffes et de pierreries.

François, Henry, la reine Claude, Louise de Savoie et Mme de Châteaubriant y pénétrèrent avec deux seigneurs britanniques et deux seigneurs français. A peine entrés, les deux rois s'embrassèrent de nouveau ; puis Henry, ayant salué les dames qui entouraient François, parut enchanté de voir la favorite dont on lui avait tant parlé à Londres.

François vit son regard s'allumer et fut heureux d'éblouir son rival en lui montrant non seulement des richesses incomparables, mais encore sa ravissante maîtresse.

Un peu démonté par tant de magnificence, le roi d'Angleterre retira de sa poche un petit discours qu'il avait préparé ; mais il en changea certains termes pour ne point blesser François, et peut-être aussi Françoise qui semblait si fière de son amant. Écoutons Fleurange, qui était au Camp du Drap d'Or, nous conter la scène : « Il commença à parler de lui et y avoit « *Je, Henry, roi...* (il vouloit dire *de France et d'Angleterre*), mais il laissa le titre de France et dict au roy : « Je ne le mettray point puisque vous estes ici, car je mentirais ». Et dict : « *Je, Henry, roy d'Angleterre* » (1).

Pendant plusieurs jours, malgré ces démonstrations d'amitié, Anglais et Français vécurent sur le qui-vive. Les escortes qui accompagnaient les souverains dans leurs déplacements devaient avoir le même nombre d'hommes, les distances qu'elles avaient à parcourir étaient mesurées pas à pas. Fleurange donne d'ailleurs une idée de la confiance qui régnait dans le camp lorsqu'il raconte qu'un soir Henry VIII ayant été convié à la table de la reine Claude, il fut décidé que François Ier irait dîner avec la reine d'Angleterre,

(1) Depuis 1431, les rois d'Angleterre ajoutaient à leur titre celui de « roi de France ».

et le chroniqueur conclut : « Ainsi, ils étoient chacun en ostage l'un pour l'autre. »

Rapidement, ces précautions lassèrent François Ier et, un jour, il se leva à l'aube, prit deux gentilshommes et un page, jeta sur ses épaules une cape espagnole et galopa en direction du château de Guines, où résidait Henry. Arrivé devant la herse, il se fit reconnaître des sentinelles effarées et demanda où était le roi d'Angleterre son frère.

Tremblants d'émotion, et croyant à un coup de force, les archers répondirent que Henry dormait encore.

— Où est sa chambre ?

Un garde lui indiqua l'appartement privé du souverain, et François s'en alla, seul, à travers des couloirs interminables, jusqu'à une salle d'où s'échappait un énorme ronflement.

Là, dans un grand lit, Henry VIII dormait avec un air confiant. François le considéra un moment en souriant, puis il le tira doucement par la manche de son vêtement de nuit. Henry s'éveilla et eut un moment d'épouvante en reconnaissant le roi de France. Se dressant dans son lit, il chercha des yeux une épée, mais l'attitude de François le rassura bientôt, et il soupira :

— Mon frère, vous m'avez fait meilleur tour que jamais homme fit à l'autre et me montrez la grande confiance que je dois avoir en vous ; et de moi, je me rends votre prisonnier dès cette heure et vous baille ma foi.

Et, pour montrer qu'il savait comprendre la plaisanterie, il défit de son cou un collier d'une valeur de quinze mille angelots et l'offrit à François Ier. Mais le roi de France, conseillé par Mme de Châteaubriant, avait tout prévu, même ce geste, et il tira de sa poche un bracelet qui valait plus de trente mille angelots.

— Il est à vous, mon frère. C'est pour vous l'offrir que je suis venu ce matin.

Henry VIII, une fois de plus, était dépassé par la générosité de François.

Hélas! tout ce déploiement de richesses ne devait être d'aucune utilité.

Au contraire.

12

UNE BATAILLE DE FEMMES NOUS FAIT PERDRE MILAN

Quand vous laissez deux femmes ensemble, il est bien rare qu'elles ne provoquent pas une catastrophe...

J.-J. ROUSSEAU.

QUAND François Ier et Henry VIII en eurent assez de jouer à la paume, d'échanger leurs vêtements ou de lutter ensemble à mains plates, ils décidèrent de se quitter.

Ce qui réjouit fort les personnes prudes qui se trouvaient là par la nécessité du devoir, car le Camp du Drap d'Or était en train de devenir un très mauvais lieu. Toutes les demoiselles d'honneur de Louise de Savoie et de la reine Claude avaient, en effet, pris l'habitude, à la nuit tombée. de retrouver les seigneurs britanniques « sous des buissons hospitaliers », cependant que, dans un autre coin de la prairie, les dames anglaises venaient s'allonger sur le trèfle en compagnie de capitaines français.

Et à longueur de nuit, tandis que le vent du large faisait frissonner les jupes haut retroussées et les corsages largement délacés, des centaines de petits pactes franco-anglais étaient ainsi conclus dans l'herbe de l'été.

***

Le 24 juin 1520, après dix-sept jours de cette vie extraordinaire, les deux souverains se dirent adieu.

Et François Ier, accompagné de Mme de Châteaubriant, se dirigea au petit trot vers Amboise. Persuadés que le roi anglais s'en retournait chez lui émerveillé et prêt à conclure une alliance avec le « très riche royaume françois », ils avaient cet air satisfait, ironique et un tantinet méprisant des gens qui viennent d'épater leurs invités en leur servant le caviar dans des soupières...

Or cette magnificence, ce faste, cette générosité avaient eu un effet déplorable sur Henry VIII. Blessé dans son amour-propre, le roi d'Angleterre ne décolérait pas depuis le départ de François. Il rudoyait les membres de sa suite, les marins qui attendaient le vent favorable pour traverser la Manche, et jusqu'aux maîtresses qui peuplaient son lit. Les malheureuses, qui avaient espéré être à l'honneur en venant au Camp du Drap d'Or, n'étaient plus qu'à la peine. D'un coup de poing, elles se trouvaient allongées sur le tapis et fort brutalement conduites au bonheur. Certaines furent grièvement blessées « pendant le déduit » et même, nous dit un chroniqueur, « privée de l'usage de leur écrevisse, pour de nombreuses semaines ». C'était, en effet, avec une espèce de rage que le roi Henry prenait son plaisir...

***

C'est à ce moment que le nouvel empereur Charles-Quint vint à Gravelines rendre visite au roi d'Angleterre. Charles était malin. Il arriva en petit appareil, mal vêtu, l'air humble, comme un client.

Cette attitude plut beaucoup à Henry VIII. Elle lui fit oublier l'humiliation qu'il avait subie dans la plaine d'Ardre, et il en sut gré à Charles-Quint.

Trois jours plus tard, une alliance était conclue entre les deux souverains.

Lorsqu'il apprit cette nouvelle, François Ier fut un moment agacé. Puis il alla oublier les soucis de la politique dans une chambre admirablement agencée pour l'amour, où Françoise aimait à l'attendre aux environs de quatre heures du soir.

C'était leur petit goûter.

Si François Ier et Mme de Châteaubriant oublièrent philosophiquement l'échec du Camp du Drap d'Or, Louise de Savoie ne prit pas aussi bien la chose. Sachant que cet étalage de luxe inutile avait vidé les caisses de l'État et que la France s'était, en somme, ruinée pour rien, sa haine pour la favorite, qu'elle tenait pour responsable de ces folles dépenses, s'en trouva accrue.

Depuis longtemps, elle cherchait à séparer de son fils cette femme qu'elle jalousait comme une rivale. Cette fois, elle pensa qu'il était grand temps d'agir ; mais, connaissant le caractère de François, il lui sembla inutile d'attaquer franchement la favorite. Elle préféra utiliser les moyens sournois et essaya, tout d'abord, de perdre Françoise dans l'esprit du roi en l'accusant d'être devenue la maîtresse de l'amiral de Bonnivet.

Ce qui était vrai, d'ailleurs. En effet, depuis quelque temps, l'amiral, ayant ajouté la favorite sur la liste de ses conquêtes, faisait cocu son bon ami le roi. Liaison fort périlleuse qui le conduisit à se trouver dans une humiliante situation ainsi que nous le conte plaisamment Brantôme.

Un soir que Mme de Châteaubriant recevait dans son lit le galant amiral, François Ier vint frapper à sa porte.

Affolée, la favorite cria :

— Un petit moment, je vous prie!

Car elle n'osa pas dire le mot des courtisanes de Rome : *Non si puô, la signora è accompagnata* (1).

Alors, raconte Brantôme :

« Ce fut à s'aviser là où son amant se cacheroit pour plus grande sécurité. Par bonheur, c'estoit en été, et l'on avoit mis des branches et feuilles en la cheminée ainsi qu'il est de coutume en France. Par quoy luy conseilla et l'avisa aussitôt de se jeter dans la cheminée, et se cacher dans ces feuillards tout en chemise, que bien le servit de quoy ce n'estoit en hiver.

(1) Impossible, la dame est accompagnée. » Aujourd'hui à Pigalle on dit qu'elle est « en lecture »...

» Après que le roy eut fait sa besogne avec la dame, voulut faire de l'eau ; et, se levant, la vint faire dans la cheminée, par faute d'autre commodité ; dont il en eut si grande envie qu'il en arrosa le pauvre amoureux plus que si on luy eût jeté un seau d'eau, car il l'en arrosa en forme de chantefleure de jardin, de tous côtés, voire et sur le visage, par les yeux, par le nez, la bouche et partout ; possible en échappa-t-il quelques gouttes dans la gueule.

» Je vous laisse à penser en quelle peine estoit le gentilhomme, car il n'osoit se remuer, et quelle patience et constance tout ensemble! Le roy, ayant fait, s'en alla, prit congé de la dame et sortit de la chambre. La dame fit fermer par derrière et appela son serviteur dans son lit, l'échauffa de son feu, luy fit prendre chemise blanche! Ce ne fut pas sans rire, après la grande appréhension : car, s'il eût été découvert, et luy et elle estoient en très grand danger. »

***

Bien entendu, les bruits répandus par Louise de Savoie vinrent aux oreilles du roi. Croyant qu'il s'agissait de calomnies, il tint à montrer publiquement qu'il n'était point dupe. Un soir, il dit en souriant aux courtisans qui l'entouraient :

— Cette Cour ne serait-elle point ce que je pense? On s'étonne, paraît-il, en cachette des hommages que mon ami l'amiral de Bonnivet rend à Mme de Châteaubriant. J'espère qu'on m'a trompé car moi je m'étonnerais plutôt que toute la Cour ne fût pas aux pieds de cette dame...

Il n'y a pas pire aveugle que celui qui ne veut pas voir... Mme d'Angoulême n'insista pas. D'ailleurs, elle eut bientôt un sujet de tourment qui l'empêcha de penser, pendant quelque temps, à Mme de Châteaubriant. Le 6 janvier 1521, jour de l'Épiphanie, François Ier dînait chez elle, à Romorantin, quand il apprit que le comte de Saint-Pol, qui tirait les rois en son hôtel, venait de trouver la fève. Il feignit une grande indignation :

— Un rival à la couronne! dit-il. Allons le détrôner...

Et, sans même achever son repas, il partit, suivi d'un groupe d'amis, donner l'assaut au logis du roi de la Fève...

La neige tombait à gros flocons. On modela rapidement des boules qui allèrent s'écraser contre les vitres dorées de l'hôtel Saint-Pol. Aussitôt le jeune comte se mit à la fenêtre avec ses invités et riposta au moyen de pommes, de poires et d'œufs...

Dans un joyeux tumulte de cris et de rires, la bataille dura un bon moment. Soudain, un trait de feu zébra la nuit, et François Ier s'écroula dans la neige en criant.

Un invité de Saint-Pol, un peu éméché, utilisant une bûche enflammée comme projectile, avait blessé le roi de France à la tête.

Transporté chez sa mère, il fut pendant quelques jours « en grand danger de mort, et le bruit de son décès courut l'Europe ».

Enfin, il se rétablit ; mais Louise avait tremblé pour son César et s'était crue « femme perdue » (1).

Ce curieux accident devait donner naissance à une mode nouvelle qui allait caractériser l'homme du XVIe siècle : les cheveux courts et le port de la barbe. En effet, les médecins avaient dû couper les longues boucles du roi et celui-ci « s'étoit laissé pousser les poils du visage pour cacher plusieurs vilaines traces de brûlure »...

Immédiatement, tous les courtisans l'imitèrent. On ne vit plus que crânes rasés et mentons barbus, au point que Clément Marot, avec sa verve habituelle, ne manqua pas de railler les barbiers contraints d'exercer leur profession un peu plus bas...

Pauvres barbiers, bien êtes morfondus
De voir ainsi gentilshommes tondus,
Et porter barbe ; or avisez comment
Vous gagnerez ; car tout premièrement
Tondre et peigner, ce sont cas défendus.
De testonner, on n'en parlera plus.

(1) Louise de Savoie, *Journal*.

Gardez ciseaux et rasoirs émoulus,
Car désormais vous faut vivre autrement,
Pauvres barbiers.
J'en ai pitié, car plus comtes ne ducs
Ne peignerez, mais comme gens perdus,
Vous en irez besogner chaudement
En quelque étuve, et là gaillardement,
Tondre maujoint et rasez Priapus,
Pauvres barbiers.

Car à ce moment l'épilation était une preuve d'élégance. Toutes les femmes qui voulaient plaire allaient se faire raser « la mousse » aux étuves, où une matrone était généralement chargée de l'opération. Régulièrement, chaque dame de la cour rendait visite à sa « barbière » et

Quelque chambrière ou valet
Luy ratissoit d'un vieil couteau
Le ventre jusques à la peau...

Et se trouvaient fort satisfaites celles dont on pouvait écrire : qu'elles étaient « motte de frais rasée » (1)...

***

Dès que François Ier fut guéri, Louise de Savoie, qui avait dû subir les visites de Mme de Chateaubriant à Romorantin pendant la convalescence de son fils, reprit sa hargne et chercha un moyen de se débarrasser définitivement de la favorite. Décidée à frapper fort, elle imagina de ruiner le crédit de Mme de Châteaubriant en la rendant indirectement *responsable d'une défaite.*

On se souvient que François Ier, pour plaire à sa maîtresse, avait nommé le frère aîné de celle-ci, M. de Lautrec, gouverneur du Milanais.

Louise de Savoie résolut de faire perdre Milan par

(1) Jean de la Montagne. *Source et origine des c... sauvages et la manière de les apprivoiser.* Lyon, 1525.

tous les moyens, pour « fâcher le roi contre M. de Lautrec et du même coup contre la belle Françoise ». Son plan était simple. Sachant que le gouverneur du Milanais qui commandait une armée de mercenaires suisses, avait périodiquement besoin d'argent pour payer ses hommes, elle projetait de le placer devant d'insurmontables difficultés financières.

Or, en 1521, M. de Lautrec demanda d'urgence une somme de 400 000 écus « sans laquelle, disait-il, il ne pouvait continuer à défendre le duché ».

C'était l'occasion qu'attendait Louise de Savoie.

Le roi, bien entendu, donna immédiatement à Jacques de Baune, seigneur de Semblançay, son surintendant des finances, l'ordre d'envoyer l'argent au maréchal de Lautrec. Aussitôt Louise bondit chez le trésorier et lui demanda les 400 000 écus « de la part du roi » disant qu'il s'agissait d'acquitter des dettes urgentes. Semblançay, respectueux, s'inclina et lui remit l'argent contre reçu.

« Naturellement, nous dit Sauval (1), ce que Mme d'Angoulême avait prévu arriva. Les troupes qui étaient dans le Milanais se débandèrent faute d'être payées de leur solde. »

Après avoir perdu le duché, le malheureux maréchal de Lautrec se rendit à Lyon où se trouvait pour lors François Ier fort mécontent, on le conçoit, des nouvelles qui lui parvenaient d'Italie.

Le roi lui fit un très mauvais accueil ; ce dont se plaignit Lautrec.

— Pourquoi donc me faites ce mauvaise visage, sire ?

— J'en ai grande occasion, dit le roi, sèchement, pour ce que vous m'avez perdu mon duché de Milan.

Alors, nous dit Martin du Bellay, lieutenant général de François Ier (2) : « Le seigneur de Lautrec luy fit réponse que c'étoit Sa Majesté qui l'avoit perdu, non luy ; et que par plusieurs fois il l'avoit adverty que s'il n'étoit secouru d'argent, il connaissoit qu'il n'y avoit plus d'ordre d'arrêter la gendarmerie, laquelle avoit servi dix-huit mois sans toucher deniers. »

(1) SAUVAL, *Galanteries des rois de France*, 1738.
(2) Martin DU BELLAY, *Mémoires*, livre II, 1522.

— Je vous ai envoyé 400 000 écus, répliqua le roi.

— Jamais n'ai reçu cette somme, répondit Lautrec.

Alors on appela Semblançay, qui reconnut avoir reçu l'ordre d'expédier les 400 000 écus au maréchal, « mais qu'étant ladite somme prête à envoyer, Madame la Régente, mère de Sa Majesté, auroit pris ladite somme de 400 000 écus et qu'il en ferait foy sur le champ ».

« Le roy alla en la chambre de ladite dame avec visage courroucé, se plaignant du tort qu'elle luy avoit fait d'être cause de la perte dudit duché ; chose qu'il n'eût jamais estimé d'elle, que d'avoir retenu ses deniers qui avoient été ordonnés pour le secours de son armée. Elle s'excusa dudit fait et fut mandé ledit seigneur de Semblançay, qui maintint son dire être vray ; mais elle dit que c'étoient deniers que ledit seigneur de Semblançay lui avoit de longtemps gardés, procédant de l'épargne qu'elle avoit faite de son revenu ; et luy soutenoit le contraire. Sur ce différend, furent ordonnés commissaires pour décider cette dispute »...

Alors un dicton courut bientôt les rues de Paris : « Milan a fait Meuillan et Châteaubriant a défait et perdu Milan. » (1)

Mais Mme de Châteaubriant défendit son frère avec tant d'acharnement que le roi l'écouta et rendit sa confiance à Lautrec. Louise de Savoie avait fait perdre le Milanais pour rien...

Furieuse, elle parvint alors à faire voler au surintendant les quittances qu'elle lui avait remises, et le procès de Semblançay commença.

Il dura trois ans. Et, en 1524, Louise de Savoie, qui n'avait pas réussi à rendre responsable Mme de Châteaubriant de la perte du Milanais, se vengea sur le malheureux trésorier en le faisant pendre à Montfaucon sous l'inculpation de péculat et de malversation.

Semblançay, qui était agé de soixante et onze ans,

(1) Avec l'argent amassé lorsqu'il était gouverneur de Milan, M. de Chaumont avait fait construie le fastueux château de Meuillan, en Bourbonnais.

fut mené au gibet sur une mule. Il garda jusqu'au bout une si noble contenance que Clément Marot put composer sa fameuse épigramme :

Lorsque Maillard, juge d'enfer, menoit
A Montfaucon, Semblançay, l'âme rendre,
A votre avis lequel des deux tenoit
Meilleur maintien ? Pour vous le faire entendre
Maillard sembloit l'homme que mort va prendre,
Et Semblançay fut si ferme vieillard
Que l'on croyait pour vray qu'il menait pendre
A Montfaucon, le lieutenant Maillard...

13

EN LUTTANT CONTRE SON AMANT, LOUISE DE SAVOIE CAUSE LE DÉSASTRE DE PAVIE ET LA CAPTIVITÉ DU ROI

Les femmes ne sont que douceur, amour et bénédiction.

MICHELET.

LES mauvais sentiments qu'éprouvait Louise de Savoie à l'égard de Mme de Châteaubriant faisaient sourire les familiers de la Cour.

— Ce n'est poinct pour ce que la favorite du roy festoie et dépense moultement que Mme d'Angoulême la déprise, disait-on, mais bien plutôt pour ce qu'elle est jalouse en voyant une femme qui a su trouver un beau flageolet...

La mère du roi, en effet, était animée par un besoin d'amour qui la démangeait sans cesse et la poussait à commettre d'imprudentes gamineries avec le premier venu. Elle ne pouvait voir un homme paraître à la Cour sans le considérer d'un œil un peu trop affectueux.

Un tel comportement l'avait conduite, nous dit un prude historien, « à entrer dans son lit avec des messieurs différents » (1).

Aussi, dans l'entourage du roi, ne se gênait-on pas pour appeler Mme d'Angoulême : tireuse de vinaigre, redresseuse de flûte, pèlerine de Vénus ou blanchis-

(1) F. THOMAS, *Louise de Savoie et la cour de François Ier*, 1892.

seuse de tuyaux de pipe, ce qui était des sobriquets regrettables pour une dame de sa condition.

Certains assuraient même que ses parents étaient responsables de son penchant pour le duo sans musique disant qu'ils l'avaient habituée à porter des talons trop courts, « ce qui étoit cause qu'à toutes rencontres d'hommes elle étoit sujette et facile de tomber à la renverse »...

Bref, on ne tenait pas la mère du roi pour une femme sérieuse.

Or, parmi tous les amants de Louise, il en était un qu'elle préférait et avec qui elle eût désiré se remarier.

C'était Charles de Montpensier, duc de Bourbon, qui avait douze ans de moins qu'elle et qui était beau comme un jeune dieu.

Elle l'avait connu en 1506 aux fiançailles de son fils avec Claude de France. Charles avait alors seize ans, il portait une armure blanche et elle en était immédiatement tombée amoureuse.

A la fin du repas, elle avait fait valoir au jeune homme que son fils, héritier présomptif de la couronne, serait un jour prochain roi de France et qu'elle saurait alors se souvenir de ses amis...

— François m'adore, avait-elle dit, il fera toujours ce que je voudrai, et l'on a vu de très jeunes connétables...

Charles, qui n'était point sot, avait parfaitement compris ce qu'on attendait de sa vigueur et de sa bonne volonté, et, bien qu'il fût marié avec la plus riche héritière du royaume, Suzanne de Bourbon, fille d'Anne de Beaujeu, il était devenu, quelques jours plus tard, l'amant de Louise.

La chose ne lui avait d'ailleurs point paru désagréable, attendu que Mme d'Angoulême, qui était âgée de vingt-huit ans, avait une fort bonne contenance « les fesses rondes, les tétins hauts et la jambe bien faite »...

Les amours de Charles et de Louise furent bientôt devinées par toute la Cour. Mme d'Angoulême avait, en effet, une façon de frémir des narines en regardant le jeune homme qui en disait long, même aux plus candides.

Toutefois, comme il était prudent de ne point montrer qu'on avait compris trop de choses, on n'en parlait qu'à mots couverts, et d'un air humble :

— Que pensez-vous de M. de Bourbon? demandait-on.

— Je crois que Mme d'Angoulême lui a donné sa friandise, avait-on coutume de répondre en baissant les yeux.

Car le XVIe siècle avait conservé du moyen âge cette saine façon de s'exprimer qui empêche la naissance des complexes (1).

***

En 1515, François monta sur le trône et Louise se souvint de ses promesses : le premier acte d'autorité du nouveau roi fut de remettre l'épée de connétable à Charles de Bourbon...

Celui-ci trouva, d'ailleurs, qu'on lui devait bien cela, n'ayant dû tromper sa femme, pendant neuf ans, qu'avec Mme d'Angoulême.

Toutefois, il lui sembla nécessaire de se montrer reconnaissant, et pendant quelque temps il dépensa dans la chambre de Louise de Savoie des forces qu'il eût dû réserver aux devoirs de sa charge.

Louise se méprit et crut qu'il s'agissait d'un véritable amour. Ivre de joie, elle fit des projets d'avenir, rêva de remariage et se persuada que la femme de Charles, qui était chétive et souffreteuse, allait mourir jeune — ce qui la rendit heureuse. Et elle attendit, imaginant le moment où son bien-aimé entrerait dans sa chambre et lui dirait avec un éclair de joie dans les yeux :

— Je suis veuf!

Dans l'espoir de ce beau jour, elle combla le jeune connétable de faveurs et de gentillesse. Elle lui offrit une bague, un oranger et une épée sertie de pierres précieuses. Sur cette épée, Charles fit graver deux devises qui, probablement, n'ont que peu de rapport

(1) MICHELET est moins cru. Il écrit : « Maladive, mais belle encore, passionnée, violente et sensuelle, elle avait fait trêve aux galanteries ; elle avait un amour. »

avec le métier des armes : « Penetrabit » (elle entrera) et « A toujours... mais... » Phrases qui résument si bien l'attitude du connétable avec Mme d'Angoulême qu'il est inutile de leur chercher une autre signification.

Ces petits jeux amoureux durèrent jusqu'au 28 avril 1521. A cette date, Suzanne de Bourbon mourut pour la plus grande satisfaction de Louise de Savoie, qui remercia le ciel d'avoir exaucé ses secrètes prières.

Aussitôt, elle se précipita chez son amant et lui demanda quand il comptait l'épouser.

Charles fit la moue, prétexta des affaires urgentes : l'enterrement de sa femme, ses obligations de connétable, etc., et déclara qu'on verrait cela plus tard. Mais Louise revint à la charge une fois, deux fois, dix fois..., lui rappelant ses promesses d'homme marié et la bague qu'elle lui avait donnée en signe d'alliance.

Finalement, Charles, exaspéré, répondit calmement à la mère du roi qu'il ne voulait pas l'épouser.

Louise eut une syncope.

***

Reprenant ses sens, elle alla trouver le roi et lui déclara qu'il y avait lieu de se méfier du duc de Bourbon, dont les sentiments lui semblaient bien changeants. François Ier eut alors la faiblesse d'écouter sa mère et promit de tenir désormais le connétable un peu à l'écart.

Cela ne suffisait pas à Mme d'Angoulême dont le dépit amoureux tournait la tête. Folle de rage, elle chercha à perdre par tous les moyens le jeune homme qui s'était si bien joué d'elle.

Elle trouva une première vengeance en septembre 1521 au camp de Mézières, et en octobre à Valenciennes : Charles de Bourbon y fut privé, sans explications, des honneurs qui étaient dus à la dignité de connétable de France.

La conduite de l'avant-garde, qui était une de

ses prérogatives, fut donnée au duc d'Alençon, beau-frère du roi.

« Le connétable, nous dit Varillas, fut autant piqué de ce qu'on faisait faire par un autre le plus beau de sa charge que si on lui eût ôté l'épée. Et ce fut dans les premiers transports de son ressentiment qu'il lui échappa des paroles qui donnaient atteinte à l'honneur de la duchesse d'Angoulême. Tant de personnes les ouïrent que la duchesse en fut incontinent avertie et, comme elle se vantait d'avoir vécu dans une grande continence quoiqu'elle fût demeurée veuve à dix-sept ans, elle ne put apprendre que celui qu'elle aimait le plus lui imputait le vice contraire, sans employer tous les moyens que la raison et la vengeance lui inspirèrent pour le haïr (1). »

Comme le dit Dreux du Radier : « Une femme qui ne se souvient pas avec plaisir des avances qu'elle a faites ne se les rappelle qu'avec désespoir (2)... »

Dès lors, Louise de Savoie mena contre le connétable une lutte farouche qui étonna toutes les cours d'Europe. On chercha bien à expliquer la hargne de Mme d'Angoulême par de bonnes raisons, mais personne ne fut dupe, et le roi d'Angleterre s'écria : « Il y a un malcontentement entre le roy Françoys et ledict de Bourbon, sinon à cause qu'il n'a voulu espouser Madame la régente qui l'ayme fort. »

Or cette guerre à mort d'une maîtresse évincée contre son amant allait être désastreuse, puisqu'elle allait conduire la France au désastre de Pavie, et François Ier dans les prisons de Madrid...

***

A la fin de l'année 1521, Louise de Savoie, qui ne cessait de penser à ses espoirs déçus, sentit monter en elle une nouvelle bouffée de haine et rechercha une vengeance qui lui permît d'écraser Bourbon définitivement. La connaissance profonde de son amant

(1) VARILLAS, *Histoire de François Ier*, 1685.

(2) DREUX DU RADIER, *Mémoires historiques des Reines de France*, 1808.

l'aida à trouver aisément. Elle savait que ce jeune ambitieux aimait l'argent, les châteaux, les domaines ; elle résolut de lui retirer tout cela en lui faisant, avec toutes les apparences de la légalité, le plus injuste des procès.

Qu'on ne m'accuse pas de faire jouer en tous lieux et en toute occasion un rôle déterminant à l'amour. Voici ce que nous dit Michelet à propos de cette affaire qui aura les plus graves, les plus tragiques répercussions sur le cours de notre histoire : « Louise de Savoie, qui avait voulu se marier au connétable et qui en avait éprouvé un refus, voulut le ruiner, ne pouvant l'épouser. »

Quel prétexte prit donc la mère du roi pour engager ce procès à son ingrat amant ? La succession de Suzanne de Bourbon, épouse de Charles.

La jeune femme, avant de mourir, avait rédigé un testament qui faisait son mari légataire universel. Or les biens que Charles possédait du chef de Suzanne étaient fort importants puisqu'ils comprenaient le Bourbonnais, le Forez, le Beaujolais, l'Auvergne et la Marche. Louise de Savoie, qui n'avait pas eu l'homme, voulut avoir les provinces et se prétendit héritière de Suzanne de Bourbon. Prétention qui n'était pas tout à fait sans fondement puisque Mme d'Angoulême se trouvait être, par sa mère, la cousine germaine de la connétable. Toutefois, le fait que celle-ci ait légué l'ensemble de ses biens à son mari retirait à Louise tout droit à la succession. Elle le savait fort bien ; aussi n'essaya-t-elle pas d'attaquer le testament sur ce point. Extrêmement rouée, la mère du roi prit un air noble, alla trouver son fils et lui dit :

— Le testament de Mme de Bourbon est inacceptable, car il lègue au connétable des biens et des provinces qui doivent revenir à la couronne de France.

Et, comme François Ier ne semblait pas être au courant, elle ajouta :

— Par une clause signée en 1400 par Charles VI et renouvelée par Louis XI dans le contrat de mariage d'Anne de France et de Pierre de Beaujeu, seigneur de Bourbon, tous les biens des Bourbons doivent revenir à la couronne en cas de mort sans héritier mâle. Or Suzanne n'a pas eu d'enfant du tout...

L'affaire semblait donc simple et les prétentions de Louise de Savoie parfaitement justifiées. François Ier remercia sa mère de l'avoir instruit de ces détails et lui promit de faire mettre sous séquestre immédiatement tous les biens du connétable.

— Après quoi, nous engagerons le procès, dit-il.

C'est tout ce que désirait Mme d'Angoulême. Ravie, elle se retira « dans ses appartements, où un garde du palais, qui remplaçait depuis peu — et très avantageusement — le connétable de Bourbon, ne tarda pas à venir la rejoindre ».

Le roi, fort de son droit, donna, sans attendre, l'ordre de se saisir des châteaux appartenant à Charles de Bourbon et s'en fut retrouver Mme de Châteaubriant, en pensant qu'il était bien facile parfois d'arrondir le domaine national...

Le pauvre ignorait que sa mère ne lui avait dit qu'une part de la vérité ; car, si la clause dont s'était servie Louise pour engager le procès existait bien dans une ordonnance de Charles VI, elle avait été, depuis, annulée par Charles VIII et par Louis XII. Par conséquent, le testament de Suzanne de Bourbon était parfaitement valable.

La mise sous séquestre des biens du connétable de France causa une immense émotion. Une fois de plus, Louise de Savoie fut accusée par les cours d'Europe de se venger bassement du refus que lui avait opposé son amant.

— Ceci n'est poinct digne de la mère d'un roi de France, disait-on.

A la Cour, on ne jasa pas tout de suite. Il faut dire qu'on y était pour lors fort occupé à commenter une aventure assez curieuse arrivée à Mme de Croissy-Valin au cours d'un déplacement du roi.

Cette dame, qui appartenait à la suite de la reine, était d'un naturel peu farouche qui l'avait conduite déjà maintes fois dans des situations assez scabreuses.

Mais ce qui lui était arrivé sur le bord de la route de Fontainebleau dépassait de loin tout ce qu'elle avait pu connaître.

La Cour s'était arrêté dans la forêt pour y déjeuner sur l'herbe, autour de François Ier qui aimait beaucoup ces repas champêtres, préludes de parties galantes dont les hautes fougères étaient le théâtre...

On avait sorti des chariots nappes brodées, vaisselles d'or, aiguières pleines de vin de Touraine, poulets froids, rôtis, tartes, raisins de Moret, et tout le monde s'était mis à table auprès du jeune souverain et de Mme de Châteaubriant. (La reine, enceinte comme toujours, était restée au château.)

François Ier donnant l'exemple, tous les jeunes seigneurs et toutes les jolies dames de la Cour se tenaient on ne peut plus mal...

Couchés dans l'herbe, ils se faisaient des caresses, que l'on tolère d'habitude seulement entre les repas.

Et encore, pas tous les jours...

Au bout d'un moment, ces petits jeux agacèrent l'assemblée et, sans attendre le dessert, quelques couples se dispersèrent sous les arbres avec un air hagard qui en disait long sur leurs secrètes intentions.

C'est à ce moment que Mme de Croissy-Valin, dont la robe et le corsage étaient fort fripés, fut entraînée par un ami du roi, le comte de Dormelles, vers un épais taillis. Hélas! les deux amants s'aperçurent avec regret que l'endroit qu'ils avaient choisi pour se prouver mutuellement leurs bons sentiments n'était plus libre. D'autres convives les y avaient précédés. Ils marchèrent alors vers un arbuste dont les branches recourbées formaient comme une chambre de feuillage. Mais ils durent s'en éloigner pudiquement, car un couple qui paraissait « animé par des sentiments plus vifs que ceux de l'estime » l'occupait déjà.

Finalement, Mme de Croissy-Valin et son soupirant, ayant cherché en vain, un endroit capable d'abriter pendant quelques instants « leurs natures enflammées », revinrent vers la route où se trouvaient arrêtés les chariots.

— Allons là-dessous, dit le comte de Dormelles.

Et Mme de Croissy-Valin, retroussant sa robe, se glissa à quatre pattes sous la voiture.

Deux minutes après, les deux amoureux dansaient entre l'herbe et les essieux la plus vieille danse du monde... Las! l'endroit était si tranquille que Mme de Croissy-Valin oublia qu'elle ne se trouvait point dans une chambre close ; et, lorsque le comte de Dormelles termina avec art la besogne qu'il avait joliment commencée, elle exprima sa satisfaction par un grand cri qui apeura les chevaux. Ignorant ce qui se passait sous la voiture à laquelle ils étaient attelés, les braves animaux se crurent en danger et prirent le galop, laissant à découvert, sur le bord du chemin, M. de Dormelles et Mme de Croissy-Valin, fort piteux d'être vus en aussi galante posture. Toute la Cour, en effet, s'était levée de table en entendant les hennissements des chevaux emballés.

Le roi s'amusa beaucoup de cette mésaventure, et son entourage s'en divertit pendant des semaines. Cela fit oublier un peu le procès du connétable de Bourbon...

***

Au bout de onze mois de procédure inique, Charles, poursuivi par Louise de Savoie dont la haine ne faiblissait pas, fut dépouillé de ses biens.

Ruiné, poursuivi, chassé de ses châteaux, menacé d'arrestation, le connétable de Bourbon ne vit qu'une issue : passer à l'ennemi. A la fin de décembre 1523, il quitta la France au galop de son meilleur cheval et courut en direction des armées de Charles-Quint. Louise de Savoie était responsable de ce qu'on a appelé plus tard « la trahison du connétable de Bourbon »...

Oui, responsable. Écoutons ce que nous dit Sauval : « L'amour de la comtesse d'Angoulême pour le connétable de Bourbon, et le dépit de voir ce prince n'y répondre point, la portèrent à de si grandes extrémités que ce prince, pour se délivrer de ses persécutions, fut contraint de se jeter entre les bras des Espagnols (1). »

Charles-Quint, ravi d'avoir à ses côtés l'un des héros de Marignan, nomma Charles généralissime de ses armées.

(1) SAUVAL, *op. cit.*

Quatorze mois plus tard, l'ex-connétable de France se trouvait à Pavie, face à François Ier. Il était à ce moment, de l'avis de tous ses contemporains, le général le plus fort d'Europe. Et c'est lui qui écrasa les armées du roi de France, où pourtant se trouvaient La Trémoille, Bonnivet et le fameux La Palisse...

Après une terrible bataille où, nous dit un témoin, « vous eussiez vu bras, têtes et jambes voler », François Ier, entouré soudain de cavaliers espagnols, fut pris et mené à Charles de Bourbon qui, fort respectueusement, le désarma...

Voyant le roi entre les mains de l'ennemi, Bonnivet, qui était sorti miraculeusement sauf des combats qu'il avait livrés, fut accablé.

— Ah! dit-il à un serviteur qui se trouvait à ses côtés, je ne saurais survivre à cette grande destruction pour tout le bien du monde. Il faut aller périr dans la mêlée.

Jetant alors son heaume pour être sûr d'être tué, il courut « opposer sa gorge aux épées » et tomba mort. Quelques instants plus tard, son corps était à demi écrasé par les sabots des chevaux...

Dix mille cadavres de soldats français jonchaient la prairie, les plus grands capitaines du royaume : La Tremoille, Louis d'Ars, Lescurs, le bâtard de Savoie, l'amiral, avaient trouvé la mort, et le roi était pris...

Le déséquilibre endocrinien de Louise de Savoie était responsable d'un désastre militaire tel que la France n'en avait pas connu depuis la bataille de Poitiers.

14

FRANÇOIS Ier DOIT SA LIBERTÉ A L'AMOUR D'ÉLÉONORE

Sans la sœur de Charles-Quint, François Ier serait peut-être mort dans sa prison de Madrid.
LEROUX DE LINCY.

CONDUIT fort courtoisement sous la tente de Charles de Bourbon, François Ier fut pansé. Puis il s'installa devant une petite table et écrivit à sa mère non pas la phrase fameuse : « Madame, tout est perdu fors l'honneur », qui fut inventée au XVIIIe siècle (1), mais une lettre tendre et humble :

Madame,

Pour vous advertir comme se porte le ressort de mon infortune, de toute chose ne m'est demeuré que l'honneur et la vie sauve, *et pour ce que mes nouvelles vous seront quelque peu de réconfort, j'ay prié qu'on me laissast vous escrire. Cette grâce m'a esté accordée, vous priant vouloir prendre l'extrémité de voz fins, en usant de votre accoustumée prudence ; car j'ay espérance à la fin que Dieu ne m'abandonnera point. Vous recommandant vos petits enfants et les miens, vous suppliant faire donner sûr passage pour aller et retourner en Espagne au porteur, qui va vers l'empereur pour sçavoir comment*

(1) Par le Père Daniel, historien (1649-1728).

il veut que je sois traicté. Et sur ce, très humblement me recommande en vostre bonne grâce.

Très humble et obéissant filz,

FRANÇOIS.

Cette lettre, lorsqu'elle arriva à Lyon où se trouvait alors Louise de Savoie, causa l'émotion que l'on devine. Les belles amies du roi commencèrent par éclater en sanglots, puis elles séchèrent vite leurs larmes pour épier les réactions de deux femmes qui se trouvaient brusquement face à face : Mme d'Angoulême, que François Ier avait nommée régente avant de partir pour l'Italie, et Mme de Châteaubriant.

Celle-ci, privée de l'appui du roi, comprit qu'elle avait tout à craindre en restant à la Cour et, après une respectueuse révérence, elle annonça à la régente son intention d'aller retrouver son mari à Châteaubriant...

Le lendemain, escortée de quatre cavaliers, elle quitta Lyon en litière, et huit jours plus tard elle était en Bretagne où Jean de Laval, époux vraiment singulier, l'accueillait à bras ouverts.

Louise de Savoie se félicita de cette première victoire qui lui faisait bien augurer de l'avenir. Mais elle était moins heureuse des bruits qui couraient le royaume. En effet, sa présence à la tête de l'État n'était pas sans effrayer le menu peuple qui ne se cachait pas pour l'accuser clairement d'être responsable du désastre de Pavie et de la captivité du roi.

— C'est à cause de son amour pour le connétable, disait-on, que notre gentil sire est prisonnier des Espagnols, et aussi que nos frères et nos maris sont morts à Pavie.

Et devant le tort qu'avaient causé à l'État « certaines faiblesses attachées à son sexe », les plus hardis ne craignaient pas de dire hautement que « Mme d'Angoulême n'était qu'une putain ».

Ces propos désobligeants et ces accusations ne couraient pas seulement dans le peuple. « Il n'y avait personne à la Cour qui n'imputât la source de ces maux à la comtesse d'Angoulême », dit Dreux du Radier (1).

(1) DREUX DU RADIER, *op. cit.*

***

Tandis que Louise de Savoie commençait ainsi sa régence, François Ier était conduit en Espagne, où Charles-Quint avait décidé de le garder.

Aussitôt, les Espagnoles, qui connaissaient la réputation du roi de France, furent comme saisies d'une espèce de folie amoureuse. Lorsqu'il arriva à Valence, on n'eût pas cru un prisonnier, mais plutôt un vainqueur, tellement la population féminine l'acclama. On organisa même des spectacles en son honneur, où des danseuses s'appliquèrent à être lascives, à tout hasard.

Au cours d'une de ces fêtes, le roi dansa avec la très jolie femme d'un seigneur de Valence. Celle-ci, tout en mettant un pied devant l'autre, au rythme lent d'une suave musique, se montra douce, disponible et si caressante que, lorsque la danse fut terminée, on entendit François Ier lui dire gaillardement :

— Madame, vous m'avez fait tant d'honneur gracieux que je ne sais comment le récompenser. Toutefois, me trouverez à votre commandement.

Cette façon de dire en public : « Madame, quand vous voudrez. J'entre dans votre lit au moindre signe de vous », fit une grande impression sur l'assistance, et la dame fut jalousée.

Mais le roi de France suscita des passions plus pures. La fille du duc de l'Infantado, la belle Xiména, ressentit pour l'illustre prisonnier un amour si passionné que lorsqu'il se remaria, en 1526, elle quitta le siècle et alla s'enfermer dans un couvent.

Un tel enthousiasme, de telles démonstrations de sympathies finirent par agacer Charles-Quint, qui fit emprisonner François Ier dans une tour à Madrid.

La vie changea pour le roi de France ; mais sa popularité augmenta encore en Espagne. Cette incarcération fut même à l'origine d'une passion à laquelle il dut sa liberté.

La dame qui prit pitié de lui s'appelait Éléonore d'Autriche ; elle avait vingt-six ans. C'était la propre sœur de Charles-Quint.

Veuve du roi du Portugal, elle avait été promise, par son frère, au connétable de Bourbon, mais s'était élevée avec véhémence contre un tel projet :

— Jamais, avait-elle dit, je n'épouserai le traître qui a causé la ruine du roi François.

Et Charles-Quint avait soupçonné sa sœur de nourrir des sentiments peu orthodoxes à l'égard de son prisonnier.

Il n'avait pas tort, car Éléonore, ne pouvant plus souffrir que l'objet de sa passion fût enfermé dans une tour, alla jusqu'à écrire à Louise de Savoie : *Ah! madame, s'il estoit en mon pouvoir de délivrer le roy...*

Cette phrase donna l'idée à la régente d'un projet de paix assez original : François céderait la Bourgogne à Charles-Quint, pour que l'orgueil de l'empereur fût satisfait ; mais Éléonore recevrait cette province en dot et la rendrait au roi de France *en l'épousant...*

François Ier, en effet, était veuf depuis un an. (La douce reine Claude s'était éteinte à vingt-cinq ans, après être passée quasi inaperçue dans l'histoire de notre pays. Elle serait d'ailleurs aujourd'hui complètement oubliée si l'explorateur Pierre Belon, qui avait parcouru l'Orient et rapporté de ses voyages de nombreux arbres à fruits, n'avait eu l'idée charmante de donner son nom à une prune...)

***

Marguerite d'Angoulême, sœur de François Ier, alla elle-même en Espagne proposer le marché de paix à Charles-Quint qui le refusa, naturellement.

Il répondit en donnant ses conditions : « le roi de France devait abandonner la Bourgogne, Auxonne, Mâcon, Auxerre, Bar-sur-Seine, les bords de la Somme, Tournai, les Flandres, l'Artois. Il renoncerait en outre à tous ses droits sur Milan et Naples et à ses prétentions sur l'Aragon. Enfin il abandonnerait Henri d'Albret, roi de Navarre, Robert de la Marche et d'autres encore à la justice de l'empereur, et il amnistierait le connétable de Bourbon ».

En recevant la liste de ces extravagantes exigences, François Ier se contenta d'écrire à Charles-Quint :

Monsieur mon frère,

Connaissant que, plus honnêtement, vous ne me pouvez dire que vous me voulez toujours tenir prisonnier que de me demander chose impossible de ma part, je me suis résolu prendre la prison en gré, sûr que Dieu, qui connaît que je ne l'ai mérité longue, étant prisonnier de bonne guerre, me donnera la force de la porter patiemment...

Votre bon frère et ami,

FRANÇOIS.

Cette belle réponse ne changea rien à l'épouvantable situation où l'amour contrarié de la trop ardente Louise de Savoie avait placé le royaume ; car, si le roi n'acceptait pas la rançon qui était exigée par Charles-Quint, il risquait de demeurer dans sa cellule de Madrid jusqu'à la fin de ses jours.

En attendant que les événements voulussent bien changer sa destinée, François Ier passait son temps à composer des poèmes. Il écrivait des vers moroses à Mme de Châteaubriant, qui lui répondait des lettres passionnées, que son mari « acceptait de ne point voir »...

L'esprit est à toi. Pour le corps, pourriture
Quand, de te voir, j'ai perdu l'espérance.

écrivait le roi.

« Puisque la rigueur du temps n'a pas voulu souffrir votre tant de moi désiré retour, il faut que cette inutile lettre fasse l'office de vous remercier de tant de biens et de grâces... » répondait la favorite qui signait joliment : « Votre tant qu'il vous plaira l'aimer, heureuse amie... »

Pendant que le roi, superbement indifférent aux incommodités de la prison, marivaudait ainsi, sa sœur Marguerite avait, avec l'empereur, des conversations pleines de chausse-trapes dont elle sortait découragée... Le souci que lui causait la captivité

(1) On possède dix-sept admirables lettres d'amour de Françoise à François. Bibl. Nat. ancien fonds Baluze 7688 ; ms. fr. 6622.

de François faillit d'ailleurs la faire tomber dans un piège préparé par Charles-Quint. Elle avait obtenu, pour venir en Espagne, un sauf-conduit d'une durée de trois mois. Or ces trois mois étaient presque arrivés à leur terme et elle ne semblait pas s'en apercevoir. Distraction qui pouvait permettre à l'empereur de la retenir prisonnière.

Heureusement, le connétable de Bourbon, qui avait naguère aimé Marguerite, ne put se résoudre à la voir condamnée à une dure captivité. Après beaucoup d'hésitation, il envoya un mot secret à François pour lui faire savoir que, si la princesse n'avait pas quitté l'Espagne avant la fin de décembre, l'empereur la ferait certainement jeter en prison...

Marguerite partit immédiatement, navrée d'abandonner son frère, mais certaine qu'Éléonore parviendrait à fléchir Charles-Quint...

L'amour venait, encore une fois, de faire dévier le cours de l'Histoire...

***

Marguerite avait raison d'avoir confiance en Éléonore. Le désir qu'avait celle-ci d'épouser François était si grand qu'elle parvint finalement à obtenir que l'empereur adoucisse ses conditions et accepte l'idée du mariage projeté par Louise de Savoie.

Alors Éléonore et François, qui, jusque-là, communiquaient « par gentilshommes sages et secrets qui bien savaient faire les ambassades en toute discrétion », furent autorisés à se rencontrer. Le roi prisonnier, sous bonne garde, fut conduit dans les appartements de sa fiancée. Lorsqu'elle vit celui qu'elle aimait depuis si longtemps sans le connaître, Éléonore fut prise d'un grand trouble qui l'empêcha de parler. Elle voulut baiser la main de François, mais celui-ci la releva.

— Ce n'est pas la main que je voudrois, dit le roi, en connaisseur, c'est la bouche.

Et, la relevant, il l'embrassa d'une façon que certains trouvèrent bien impudique pour une première fois.

Alors, nous dit un historien du temps, « ils mangèrent des confitures et se lavèrent les mains d'eau odoriférante, sentant comme baume à la coutume des princes ».

Les derniers jours de la captivité du roi de France furent illuminés par ces rencontres.

Et le 15 mars 1526, un an et vingt-deux jours après Pavie, François Ier rentrait en France, après avoir signé le traité de Madrid qui lui prenait une partie de son royaume (la Bourgogne, la Flandre et l'Artois), mais qui lui donnait une charmante fiancée...

15

FRANÇOIS Ier PARALYSÉ PAR DEUX FAVORITES

La polygamie est la mère de l'esclavage.
PORTALIS.

CHARLES QUINT avait exigé, en attendant l'exécution du traité de Madrid, que les fils de François Ier lui fussent remis en otages. L'échange s'était déroulé à la frontière, et le roi de France avait à peine eu le temps d'embrasser les deux petits princes, âgés de sept et huit ans, qui s'en allaient, tremblants de peur, vers une prison espagnole.

Il s'en était fort affligé, car, ainsi que nous le dit un historien en termes savoureux : « Par suite d'une amabilité de la nature, l'amour des siens se montre aussi vif chez les grands que chez les hommes du commun... »

Pourtant, dès qu'il s'était senti libre, les pieds foulant la terre de son royaume, François Ier avait oublié son chagrin. Sautant sur un cheval, il s'était écrié joyeusement :

— Je suis encore roi!

Puis il était parti en direction de Bayonne, où la régente et sa cour l'attendaient.

L'après-midi, il entrait dans la ville en fête. Louise de Savoie, pour mieux l'accueillir, avait réuni autour d'elle un essaim de jolies filles qui frétillaient de l'as de pique dans l'espoir que ce mouvement attirerait le regard du roi.

François Ier, après avoir embrassé sa mère, les considéra toutes d'un œil gourmand. Soudain, sa pupille sembla se dilater. Il venait de reconnaître une jeune personne blonde qu'il avait remarquée avant de partir se battre à Pavie. Elle se prénommait Anne et était la fille de Guillaume de Pisseleu, seigneur de Heilly et capitaine de mille hommes de pied de la région de Picardie.

François Ier la regarda en souriant. Il se souvenait d'une adolescente un peu acide dont il avait soupesé quelquefois les charmes naissants d'une main experte, ainsi qu'il avait coutume de le faire aux filles d'honneur de sa mère, et il restait ébahi de la transformation. Pendant la captivité du roi, en effet, Anne de Pisseleu s'était épanouie, et il ne lui manquait plus rien pour faire le bonheur d'un honnête homme.

« Qu'on se figure, nous dit Dreux du Radier, une jeune personne d'environ dix-sept à dix-huit ans, parfaitement bien faite, qui joignoit à l'éclat de la jeunesse celui du plus beau teint, des yeux vifs pleins de feu qui annonçoient tout l'esprit imaginable, c'étoit mademoiselle de Heilly du côté de la figure. »

Et il ajoute : « Pour son esprit, il étoit non seulement agréable, fin et amusant, mais solide, étendu et sensible aux beautés des bons ouvrages. On lui a même donné dans la suite l'éloge de *la plus savante des belles et la plus belle des savantes*... (1). »

La rusée Mme d'Angoulême avait bien fait son choix. Car ce n'était pas par hasard que Mlle de Heilly se trouvait à Bayonne pour accueillir le jeune souverain. Louise, qui avait bien souvent fourni des maîtresses à son fils, pensait que cette jolie fille, dont elle connaissait l'esprit intrigant, parviendrait peut-être à évincer définitivement Mme de Châteaubriant.

Aussi, quand François s'approcha d'Anne et lui prit la main en murmurant de ces aimables gaillardises dont il avait le secret, la régente comprit que son fils ne serait pas seul pour passer sa première nuit

(1) Dreux du Radier, *op. cit.*

rance et que les affaires de la favorite n'allaient tarder, de ce fait, à péricliter.

***

Pendant ce temps, Françoise, confiante, faisait bâtir, en compagnie de son mari, un logis neuf à Châteaubriant. Le cœur battant à l'idée que François était enfin libre et qu'il allait sans doute lui envoyer un mot, un appel, elle faisait semblant d'être calme et de s'intéresser aux travaux des maçons.

Mais les jours passèrent sans rien apporter ; et, un matin, le bruit que toute la France, toute l'Europe déjà connaissait, et qui passionnait bien plus le peuple que les tractations de Louise de Savoie avec l'Angleterre, parvint jusqu'au château de Françoise. Elle apprit ainsi que le roi avait une nouvelle maîtresse en titre...

Le lendemain, elle quittait son mari et partait pour Fontainebleau, froidement résolue à faire chasser par tous les moyens sa remplaçante.

François Ier l'accueillit fort gentiment. Il sembla même ravi de la revoir et profita d'un moment où Anne de Pisseleu se trouvait en promenade pour lui prouver sur un coffre « qu'il était toujours sensible à ses mérites »...

Françoise apprécia l'attention du roi et sut se montrer l'aimable partenaire qu'il aimait ; pourtant, lorsque tout fut rentré dans l'ordre, elle lui signifia nettement qu'elle n'était pas venue à Fontainebleau pour y batifoler à la sauvette entre deux portes, mais pour reprendre sa place...

— Vous aurez toujours la meilleure, madame, celle de la femme qu'on regrette ! dit le roi, voulant être aimable.

Or c'était précisément cette place-là dont ne voulait pas Mme de Châteaubriant...

Et une lutte à mort commença entre les deux favorites — ceci pour la plus grande joie de toute la Cour, qui comptait les points et savait apprécier les coups bas...

Ce duel dura des mois, et le roi, qui adorait Anne de Pisseleu, mais qui aimait encore Françoise, était bien ennuyé. Obligé sans cesse de réconforter l'une et de calmer l'autre, il n'avait plus le temps de s'occuper des affaires de l'État et s'en désolait. Alors que l'Europe entière avait les yeux fixés sur la France, il devait composer des petits vers pour apaiser à tour de rôle les deux harpies et les empêcher de mettre tout à feu et à sang.

Finalement, Charles-Quint donnant des signes d'impatience, il laissa à sa mère le titre de régente et le soin de ne point respecter le traité de Madrid qu'il avait dû signer pour être libre...

Louise de Savoie s'acquitta d'ailleurs consciencieusement de cette tâche délicate. Tandis que François Ier épuisait toute sa diplomatie avec ses favorites, elle annonçait à Charles-Quint, éberlué, que la Bourgogne ne lui serait jamais donnée et nouait une alliance avec Henry VIII d'Angleterre. Puis elle organisa la Sainte Ligue avec le pape, Milan, Venise et les Suisses, ce qui acheva de déconcerter l'empereur.

Furieux, celui-ci passa sa colère sur Charles de Bourbon. Le pauvre connétable, repoussé par tout le monde, chercha alors un suicide glorieux et s'en alla commettre une action extravagante : avec son armée, qui se transformait de jour en jour en une bande de pillards, il mit le siège devant Rome...

Il mourut sur un rempart pendant l'assaut, le 6 mai 1527, et ses hommes, fous de rage, se vengèrent en faisant régner la terreur sur la ville éternelle pendant huit jours (1)...

La nouvelle de la mort de Charles de Bourbon, qu'elle avait tant aimé et tant haï, ne dut pas laisser indifférente Louise de Savoie. Elle n'en dit rien cependant. Il est permis toutefois de penser que son cœur battit un peu plus vite lorsqu'on vint lui apprendre que, sur le corps du connétable, on avait retrouvé la bague qu'elle lui avait donnée jadis...

***

En 1528, devant l'arrogance d'Anne de Pisseleu et l'inconstance du roi, Françoise, fort dépitée, re-

(1) Benvenuto Cellini, qui était parmi les défenseurs de Rome, se vanta plus tard d'avoir tué le connétable.

tourna à Châteaubriant où son mari la reçut gentiment, comme d'habitude. Mais l'éloignement ne devait point lui permettre de trouver le calme qu'elle désirait. La hargne de la nouvelle favorite allait en effet la poursuivre jusqu'en Bretagne.

Un jour, Anne de Pisseleu demanda à François Ier de réclamer à Françoise les bijoux qu'il lui avait donnés. « Non pour le prix et la valeur, nous dit Brantôme qui nous conte l'histoire, car, pour lors, les perles et pierreries n'avoient pas la vogue qu'elles ont eue depuis, mais pour l'amour des belles devises qui estoient mises, engravées et empreintes, lesquelles la reine de Navarre, sa sœur, avoit faites et composées : car elle en estoit très bonne maîtresse. Le roy François lui accorda sa prière et luy promit qu'il le ferait : ce qu'il fit ; et, pour ce, ayant envoyé un gentilhomme vers elle pour les lui demander, elle fit la malade sur le coup et remit le gentilhomme dans trois jours à venir, et qu'il auroit ce qu'il demandoit. Cependant, de dépit, elle envoya quérir un orfèvre et luy fit fondre tous ces joyaux, sans avoir acception ni respect des belles devises qui y estoit engravées ; et emprès, le gentilhomme tourné, elle lui donna tous les joyaux convertis et contournée en lingots d'or.

» — Allez-y! dit-elle, portez cela au roy et dites-luy que, puisqu'il luy a plu me révoquer ce qu'il m'avoit donné si libéralement, que je le luy rends et renvoie en lingots d'or. Pour quant aux devises, je les ay si bien empreintes et colloquées en ma pensée, et les y tiens si chères, que je n'ai pu permettre que personne en disposât, en jouît et en eût le plaisir que moi-même.

» Quand le roy eut reçu le tout, et lingots et propos de cette dame, il ne dit autre chose, sinon :

» — Retournez-luy le tout. Ce que j'en faisois, ce n'estoit pas pour la valeur, car je luy eusse rendu deux fois plus, mais pour l'amour des devises ; et, puisqu'elle les a faites ainsi perdre, je ne veux point de l'or, et le luy renvoie : elle a montré en cela plus de générosité, de courage, que je n'eusse pensé pouvoir provenir d'une femme... »

Le geste de Mme de Châteaubriant fut admiré par toute la Cour ; c'est elle qui, finalement, avait le beau rôle dans cette affaire, et Anne de Pisseleu en tomba malade de dépit.

Mais la nouvelle favorite eut bientôt sa revanche. Une revanche qui flatta son orgueil, amusa le peuple et scandalisa l'Europe...

16

LA FRANCE ET L'ANGLETERRE UNIES GRACE A UNE FEMME

Allons ! soyez continent !...
Réponse d'une femme à un amoureux anglais.

LA guerre acharnée que se livraient Anne et Françoise pour avoir une place officielle dans le lit royal passionnait la Cour et le menu peuple qui en avait des échos par d'inévitables indiscrétions d'office.

On faisait des paris, on chansonnait les favorites, on s'amusait de l'ardeur qui les animait, et l'on finissait par oublier que la France était dans une situation dramatique, qu'une rançon énorme était due à Charles-Quint et que deux petits princes innocents souffraient depuis trois ans dans une prison espagnole.

Car François et Henri, traités durement par l'empereur, qui rageait de ne pas obtenir ce qu'il désirait, étaient fort malheureux, malgré les soins que parvenait à leur prodiguer en cachette Éléonore d'Autriche.

Et l'on raconte que Bordin, huissier de la Régente, qui, en 1529, avait pu pénétrer jusqu'à eux, « ne put retenir ses larmes en les voyant dans une chambre très obscure et nue, assis sur de petits sièges de pierre près d'une fenêtre pratiquée dans une muraille épaisse de huit à dix pieds, garnie d'un double treillis de fer, tamisant avarement l'air et le jour ».

Éléonore, grâce à la complicité d'un gardien, venait

de temps à autre visiter les petits princes et s'efforçait, par une chanson ou un conte, de les sortir de leur tristesse.

Elle y avait grand mérite, car son cœur à elle aussi était dolent. Seule, dans un lugubre château de Madrid, elle se répétait les galantes paroles de François, ses serments et ses jolis compliments.

Un soir, il lui avait dit :

— Dès que je serai libre, je vous épouserai, car vous êtes plus belle qu'un ibis.

Elle n'avait jamais vu d'ibis, mais s'était sentie flattée. Et puis il lui avait promis des lettres en vers, un rondeau sur ses mains et une chanson sur ses yeux ; or il y avait trente-six mois qu'il était rentré en France et elle attendait encore un mot de lui...

Son désespoir était d'autant plus grand qu'elle n'ignorait pas que le roi l'oubliait à longueur de nuits avec l'ardente Anne de Pisseleu, et à longueur de journées avec Mme de Châteaubriant. Les nouvelles de ce genre ont toujours circulé très vite, et la pauvre Éléonore connaissait par le détail toutes les mauvaises raisons qui empêchaient son « fiancé » de penser à elle...

Au début de l'été 1529, Louise de Savoie ayant signé avec Marguerite d'Autriche, à Cambrai — et non sans mal (1) — la fameuse Paix des Dames, on reparla du mariage de François Ier et d'Éléonore. Celle-ci fut folle de joie.

— Vous voyez bien qu'il m'aime, disait-elle à ses dames de compagnie.

La pauvre ne se doutait pas des raisons qui poussaient le roi de France à s'intéresser de nouveau à elle. L'amour ne jouait aucun rôle dans ce revirement ; l'attitude du roi n'était, en effet, dictée que par un sordide intérêt.

Il avait été décidé à Cambrai que les deux petits princes seraient rachetés moyennant une rançon de deux millions d'écus d'or, et François Ier, sachant que le Trésor était à sec, s'était demandé avec angoisse où il pourrait bien trouver une somme aussi considérable.

(1) « Elles cuidèrent se prendre au poil », écrit un contemporain. (Il est vrai que Marguerite d'Autriche avait toujours sur le cœur l'affront que lui avait fait Charles VIII en la répudiant.)

C'est alors que Louise de Savoie lui avait rappelé qu'il était fiancé à la sœur de Charles-Quint et que celle-ci apportait en mariage une dot fort importante. Pour faire sortir de prison les deux petits princes, sans avoir à verser de rançon, il suffisait donc d'épouser Éléonore. François Ier, poète mais réaliste, s'y était résigné.

— La douce Éléonore sera mon épouse! avait-il dit bien haut.

Mais, comme il avait cru bon d'accompagner cette phrase d'un clin d'œil à l'adresse d'Anne de Pisseleu, les familiers de la Cour s'étaient permis d'avoir quelques doutes sur la sincérité de ses sentiments...

L'annonce de la prochaine union de François et d'Éléonore déplut beaucoup à Henry VIII, qui avait offert en mariage au roi de France la princesse royale d'Angleterre, alors âgée de douze ans (1). Mais, comme il était alors en conflit avec le pape à cause d'une femme, et qu'il avait besoin de l'appui de François Ier, il ne laissa pas apparaître sa colère.

Cette femme, grâce à qui la France et l'Angleterre allaient se trouver liées pendant quelque temps, s'appelait Anne Boleyn. Bien qu'Anglaise, elle avait été au service de la reine Claude, et François Ier s'était permis, disent les auteurs, « de lui faire une petite politesse à l'endroit de son honneur » (2)...

En 1525, après Pavie, elle avait retraversé la

(1) La future Marie Tudor.

(2) Citons à ce propos ce que dit, dans un style direct et un peu étonnant pour un jésuite, le père Garasse : « Il échut que Henry VIII ayant, par malheur, fait divorce avec Catherine d'Autriche, pour l'amour qu'il portait à une prostituée qu'on appelait *la haquenée de France*, d'autant qu'elle avait couru et rôti le balai dans la cour du roi François Ier, et commencé dans Paris l'apprentissage de son iniquité, pour aller faire son chef-d'œuvre dans Londres ; ce prince, aveuglé de ses passions, se laissa transporter jusqu'à désirer la fille après la mère, comme toute l'histoire d'Angleterre dépose ; et étant en aveugle confusion de ses amours, il demanda à François Briand quel péché ce serait d'épouser la fille après avoir épousé la mère, et s'il en devoit faire scrupule, Briand répondit en bouffonnant : « Que c'étoit le même péché que d'avoir mangé le poulet après avoir mangé la poule. »

Manche pour aller promener ses charmes à la Cour d'Angleterre (1).

Henry VIII, grand amateur de jolies filles, n'était pas resté indifférent à tant de « promesses rebondies » et avait essayé de suivre la voie où son ami François Ier s'était engagé en hardi pionnier. Mais les choses n'avaient point réussi comme il l'espérait. Anne Boleyn s'était montrée moins facile qu'il eût pu le croire.

Priée de se rendre dans la chambre du roi, elle avait refusé poliment.

Henry VIII était naïf. Il avait cru que la demoiselle était pure, et il avait conçu pour elle un amour de collégien. En réalité, Anne Boleyn était rouée et ambitieuse. Le côté furtif de l'affaire qu'on lui proposait lui avait déplu ; elle voulait bien dormir dans la couche du roi d'Angleterre, mais avec la bénédiction de l'archevêque de Canterbury.

Alors, devant la résistance hautaine de l'ancienne demoiselle d'honneur de la reine Claude, Henry VIII avait envisagé d'en faire sa femme légitime, après avoir répudié la reine Catherine, son épouse.

Toutefois, en homme pratique et prudent, il n'avait pas voulu engager une procédure difficile avec le Vatican, sans être certain qu'Anne Boleyn avait bien toutes les qualités qu'il aimait trouver chez une femme. Et, renouvelant son attaque, il avait essayé de la séduire par des moyens éprouvés :

— Vous êtes unique au monde! lui avait-il assuré sur le ton hypocrite qui lui permettait de réussir habituellement.

Anne, en souriant, s'était récriée :

— Oh! non, sire! J'ai une sœur qui a, paraît-il, toutes mes qualités et tous mes défauts.

Alors, Henry VIII ayant fait venir la sœur, Marie Boleyn, qui était une jeune personne à la cuisse légère, s'était livré sur elle à un petit essai qui lui avait paru fort satisfaisant. Et, aussitôt, il s'était adressé au

(1) Ces charmes étaient d'ailleurs abondants s'il faut en croire certains historiens qui nous assurent qu'Anne Boleyn était pourvue de six seins...

pape pour lui présenter deux singulières pétitions : il demandait, d'une part, la permission d'avoir plusieurs femmes en même temps, *en considération de ses mérites exceptionnels dans la lutte contre le protestantisme*, et, d'autre part, une dispense de « l'empêchement d'affinité au premier degré » qu'il avait contracté à l'égard d'Anne Boleyn par suite de ses relations avec sa sœur.

Naturellement, Clément VII adressa une fin de non-recevoir au roi d'Angleterre.

Alors Wolsey, ministre de Henry VIII, qui connaissait la passion de son souverain pour Anne Boleyn, comprit que tout cela allait très mal tourner et dit au légat du pape :

— Attention, si le divorce n'est pas concédé, c'en est fait de l'autorité du Siège apostolique dans ce royaume.

Affolé, le légat alla trouver la reine Catherine et tenta de la persuader d'entrer dans un couvent, lui montrant le mérite qu'elle aurait devant Dieu et les maux qu'elle épargnerait à tous. Mais la reine ne voulut rien entendre, protestant qu'elle « voulait vivre dans la vocation du mariage, dût-on la couper en morceaux ».

Tout le monde resta ainsi sur ses positions, pendant des mois. Puis la situation empira brusquement. Henry VIII et Clément VII, qui se chicanaient par l'intermédiaire d'ecclésiastiques roublards et ambitieux dont le but était de brouiller saintement les cartes, se considérèrent bientôt comme des ennemis. Il y eut même un échange de propos entre le pape et le roi qui eût gagné à être fait en latin...

C'est alors que François Ier, qui était toujours indulgent lorsqu'il s'agissait d'une affaire galante, et qui était ravi de voir le roi d'Angleterre se séparer de Catherine (laquelle était la propre sœur de Charles Quint), prit ouvertement le parti de Henry VIII.

Il envoya au Souverain Pontife la lettre suivante : *Votre Sainteté fera à mon frère Henry et à moi très singulière grâce et plaisir, remontrant bien à icelle que l'amitié entre nous est telle que j'estime les affaires de mon dit frère avec les miennes n'être qu'une même chose et que le tort et injure que l'on voudroit faire en cet endroit, je l'estimerai être fait à moi-même.*

Finalement, Henry VIII, poussé par l'évêque anglais Cranmer, excité par son ministre Thomas Cromwell, et encouragé par le roi de France, épousa secrètement Anne Boleyn (qui était enceinte) et se sépara du Vatican.

Un schisme naissait à cause d'une femme... (1).

***

Le roi d'Angleterre, sachant qu'il pouvait avoir besoin de l'appui de son « bon frère » François, ne protesta donc point, finalement, contre le mariage que celui-ci projetait avec Éléonore.

Il n'y avait plus qu'à préparer l'église, le festin et un bon lit.

A la fin de juin 1530, la sœur de Charles Quint quitta Madrid avec les petits princes français et se dirigea vers la France.

En apprenant que sa fiancée était en route, François Ier lui envoya un mot fort galant qui la fit se pâmer de bonheur : *A cette heure que nous partons pour sûrement nous approcher, me semble ne vous devoir celer ne m'être moins d'aise l'espérance de tôt vous voir que la liberté de mes enfants.*

Le 1er juillet, deux barques se détachaient de la rive espagnole de la Bidassoa. Dans l'une se trouvait Éléonore, et dans l'autre « Messieurs les enfants de France. » Au même instant, de la rive française, un bateau contenant la rançon et les pièces du traité qui donnait à Charles Quint la Flandre, l'Artois et les possessions italiennes (il avait dû finalement renoncer à la Bourgogne) partait en direction de l'Espagne.

Au milieu du fleuve, un ponton avait été construit pour que l'échange pût s'effectuer sans incident.

Deux heures plus tard, Éléonore et les jeunes princes entraient à Saint-Jean-de-Luz, où le peuple les recevait triomphalement. Aussitôt averti, le roi,

(1) On sait que cette femme, qu'il avait eu tant de mal à épouser, Henry VIII la fit décapiter trois ans plus tard...

accompagné de sa Cour, quitta Bordeaux et la rencontre des fiancés eut lieu à Mont-de-Marsan. François Ier n'avait pas cru devoir écarter sa maîtresse de cette petite fête de famille, et Anne de Pisseleu put constater en voyant la douce Éléonore que la nouvelle reine ne serait jamais pour elle une rivale bien dangereuse...

François et Henri embrassèrent leur père et leur grand-mère avec la joie que l'on devine. Puis toute la Cour vint les caresser. Or, parmi les belles dames qui se pressaient autour d'eux, il y avait Mme la Grande Sénéchale de Normandie, épouse de Louis de Brézé, comte de Maulévrier ; titre que l'Histoire oubliera peu à peu pour ne lui garder que son nom de jeune fille : Diane de Poitiers.

Elle avait alors trente et un ans, et sa beauté rayonnait. Henri, qui en avait onze, fut ébloui et tomba amoureux incontinent de cette femme qui resplendissait comme un soleil aux portes de sa prison.

Le futur Henri II venait de rencontrer celle qui devait rester, pendant vingt-neuf ans, sa savoureuse et fidèle maîtresse (1)...

***

Le 7 juillet, enfin, après quatre ans d'attente, Éléonore, énervée par la longueur des offices religieux qui venaient de faire d'elle l'épouse du roi de France, revêtit un élégant déshabillé et entra, tremblante d'émotion, dans le lit de son bien-aimé.

Au bout d'un instant, nous dit un historien du temps, « François Ier vint la retrouver et se montra plaisant et gentil compagnon. »

Éléonore, qui avait fait tant de démarches, tant d'intrigues pour connaître ce moment, oublia bientôt le monde pour sombrer dans l'extase.

(1) Diane de Poitiers était la femme de Louis de Brézé, je viens de le dire. Or Louis de Brézé (dont la mère avait été assassinée à cause d'un adultère, v. page 31) était le petit-fils naturel de Charles VII et d'Agnès Sorel ; car tout s'enchaîne admirablement dans l'histoire galante de la France. Plus tard, on verra la fille de Marie Touchet, maîtresse de Charles IX, devenir la favorite de Henri IV...

Le roi, lui, conservait la tête froide. Il œuvrait consciencieusement, animé par un tendre sentiment de reconnaissance à l'égard de cette charmante femme qui avait tant fait pour lui et dont il soupçonnait le drame sexuel. Et, profondément pénétré de son importance, il pensait avec satisfaction qu'en apaisant ainsi les sens de la sœur de Charles-Quint il apportait du même coup la paix à la France.

D'ailleurs, le lendemain, à Mont-de-Marsan, le peuple, dont l'intuition touchant ce genre de choses est souvent extraordinaire, manifesta sa joie en voyant que la reine avait « les yeux battus et heureux ».

— Notre reine était fort désireuse de se faire ramoner la cheminée par le roi, disait-on avec une saine verdeur qui n'excluait pas le respect. La voilà satisfaite!

Et l'on attribuait avec raison à cette femme détendue et comblée « l'honneur de la paix et celui d'être médiatrice de la conservation d'icelle » (1).

***

De Mont-de-Marsan à Fontainebleau, en passant par Bordeaux, Angoulême, Cognac, où le roi était né, Blois et Saint-Germain-en-Laye, ce ne furent que fêtes et réjouissances en l'honneur des souverains. Éléonore croyait rêver. François Ier continuait à se montrer empressé et galant, elle passait des nuits qui l'obligeaient à rester le lendemain couchée dans sa litière, et c'est à peine si elle apercevait, de loin en loin, le visage inquiétant de Mlle de Pisseleu. Pourtant, la favorite n'était pas en disgrâce. Habile, elle faisait mine de s'effacer devant la reine ; mais son pouvoir sur le roi était de plus en plus grand, ainsi qu'on allait bientôt en avoir publiquement la preuve.

(1) Théodore de Bèze exprima ce sentiment dans une épigramme en latin que l'on peut traduire ainsi

D'Hélène on chante les attraits ;
Auguste Éléonore, vous n'êtes pas moins belle.
Mais bien plus estimable qu'elle,
Elle causa la guerre, et vous causez la paix.

Le 5 mars 1531, Éléonore fut couronnée à Saint-Denis. Dix jours plus tard, elle faisait son entrée solennelle dans « sa bonne ville de Paris ».

Cette cérémonie aurait dû avoir lieu le 8 ; mais on avait dû y renoncer à cause de giboulées fantastiques qui balayaient la capitale. Le 9, le vent et la pluie n'ayant pas cessé, d'ardentes oraisons avaient été adressées en toute hâte par le clergé à sainte Geneviève, patronne de Paris.

Or sainte Geneviève s'était, si j'ose dire, fait prier, et le mauvais temps avait continué pendant une semaine. Enfin, le 15, le soleil s'était montré, et le peuple avait pu s'amasser le long des rues.

La reine, précédée des archers, des hautbois, des trompettes, des cent Suisses de la garde du roi, des ambassadeurs et du légat du pape, était portée dans une litière parée d'un drap d'or frisé et à découvert. « Elle était vêtue d'un corsage couvert de perles et d'un surcot fourré d'hermine et enrichi de pierreries. Sur sa tête était une couronne garnie de rubis et de diamants. »

A ses côtés se tenaient, à cheval, le Dauphin et le duc d'Orléans. Ensuite venait, dans une litière, Louise de Savoie, mère du roi, suivie par des princes et des princesses, des seigneurs et des pages, les hommes à cheval et les dames sur des haquenées richement harnachées.

Toutes les rues parcourues par le cortège étaient tendues de tapisseries et de draps piqués de fleurs. A tous les carrefours, des jeunes filles chantaient des hymnes composés pour la circonstance, en essayant — avec plus ou moins de bonheur — d'imiter les chœurs célestes.

L'extraordinaire défilé, parti de Saint-Lazare, parvint quatre heures plus tard à Notre-Dame, où la reine fut reçue par le doyen et les chanoines, avec toutes sortes de démonstrations de joie et de respect.

Le spectacle était magnifique. Pourtant, ce n'est point cette cavalcade fastueuse qui frappa le plus l'imagination des Parisiens. Devant Notre-Dame, au premier étage d'une maison, on pouvait voir, en effet, dans l'embrasure d'une fenêtre, le roi et Anne de Pisseleu serrés l'un contre l'autre amoureusement et sans pudeur. La favorite avait obtenu que François Ier montrât ainsi publiquement l'attachement qu'il avait pour elle.

Il y avait longtemps qu'un roi de France ne s'était pas tenu aussi mal au couronnement de son épouse, et le peuple restait bouche bée de stupéfaction sous la fenêtre où les amants se faisaient des agaceries...

Il en oubliait de regarder les bateleurs et les montreurs de bêtes savantes qui donnaient un spectacle sur le côté de la cathédrale.

Quant à l'ambassadeur d'Angleterre, pourtant habitué aux mœurs scandaleuses de la Cour de Henry VIII, il se déclara vivement choqué par cette attitude qui révélait, nous dit un historien, « une assez grande intimité entre les deux personnes ».

Le soir la reine pleura ; sa lune de miel était terminée.

S'il faut en croire certains auteurs du temps, sa vie conjugale l'était aussi...

Anne de Pisseleu triomphait. Elle n'avait pas complètement évincé Mme de Châteaubriant, puisque le roi écrivait encore à celle-ci régulièrement ; mais elle était devenue favorite officielle, fonction qu'elle allait conserver pendant seize ans, pour le plus grand malheur de la France.

Les fêtes de l'Entrée se terminèrent, selon l'usage, par un tournoi donné non loin de l'hôtel Saint-Pol, dans la rue Saint-Antoine. Le roi, le dauphin et le petit Henri y prirent part, devant une assemblée brillante où l'on remarquait, outre la reine et Anne de Pisseleu en bonnes places, Louise de Savoie et la grande sénéchale, Diane de Poitiers.

Les jeunes princes, qui faisaient, ce jour-là, leurs premières armes, avaient revêtu des cuirasses qui étincelaient sous le soleil de printemps. Empanachés, précédés de pages qui portaient leurs bannières, ils allèrent s'incliner, avant le combat, devant les dames pour l'amour desquelles ils s'apprêtaient à entrer en lice.

Henri, à l'étonnement général, abaissa son étendard devant Diane de Poitiers. La grande sénéchale ignorait, bien entendu, la passion qu'elle avait suscitée chez l'adolescent ; elle sourit, stupéfaite et flattée. Elle allait avoir une autre raison d'être satisfaite...

A l'issue du tournoi, un concours fut organisé dans le but de désigner la plus jolie femme de l'assemblée et, par conséquent, de la Cour. Après que les seigneurs eurent voté secrètement, on annonça que les résultats allaient être proclamés. Un silence religieux se fit dans les tribunes, et tous les regards se tournèrent vers Anne de Pisseleu, que l'on tenait pour seule gagnante possible de ce concours.

Mais, tandis que le héraut parlait, on vit une lueur de malice s'allumer dans bien des yeux. Car, si la moitié des seigneurs avait désigné la favorite, l'autre moitié s'était déclarée en faveur de Diane de Poitiers.

Bouche pincée, Anne de Pisseleu se leva et quitta sa tribune. Qu'on ait osé lui opposer une femme de onze ans son aînée la mortifiait cruellement, et l'étonnait bien davantage.

— Ces gens sont fols, dit-elle en riant nerveusement. Peut-on me comparer à cette vieille femme de trente-deux ans ?

Et, sur cette perfidie, elle regagna, furieuse, l'hôtel que lui avait offert le roi.

La favorite venait de concevoir à l'égard de la grande sénéchale une haine farouche dont la France devait un jour supporter les funestes conséquences...

17

... Enfin, il y a le cocu toujours prêt à rendre service.

CHARLES FOURIER
(*Hiérarchie du cocuage*).

UN MARI BERNÉ AIDE FRANÇOIS Ier A RÉUNIR LA BRETAGNE ET LA FRANCE

DANS la nuit du 6 au 7 juin 1531, les Parisiens furent réveillés par une grande lueur qui illuminait le ciel.

Affolés, ils se précipitèrent vers leurs fenêtres. Le spectacle qu'ils virent alors les fit tomber à genoux.

— Sire Dieu, criaient-ils, c'est la fin du monde!

« Un dragon, ou serpent, flamboyant en feu qui estoit moult grand et long, ayant grande queue à merveille », nous dit un témoin (1), semblait flotter au-dessus de la ville.

A demi vêtus, hommes, femmes, enfants se précipitèrent dehors ; et les rues furent bientôt remplies d'une foule mal réveillée qui considérait le prodige, en tremblant de peur.

— C'est l'ange du ciel! disait-on en faisant des signes de croix.

Exaltées, quelques personnes douées pour les choses de l'au-delà prêtaient l'oreille, croyant entendre déjà les trompettes du Jugement Dernier, quand un bruit courut toute la ville.

(1) *Journal d'un Bourgeois de Paris*, sous le règne de François Ier.

— Ce n'est pas un dragon, c'est une comète.

Loin de rassurer les Parisiens, cette information les accabla. Les comètes, en effet, étaient alors considérées par le peuple comme un signe certain de catastrophe. On racontait qu'elles apparaissaient chaque fois que le royaume était sur le point de perdre son roi, et l'on citait des exemples frappants.

Or des cas de peste étaient signalés, depuis plusieurs jours, aux environs de Paris. Le signe était donc des plus clairs...

Et, au petit matin, tout Paris se répétait, en donnant des détails, que la comète était venue annoncer la mort prochaine de messire François, premier du nom...

Le peuple, dans sa hâte, commettait une erreur sur la personne. Le roi n'était pas en danger. C'était Louise de Savoie, la régente, celle qui avait alors en main les rênes du royaume et dont l'Europe entière redoutait les décisions, qui se mourait en cette fin d'été 1531.

Si le peuple se trompait, la comète, elle, ne se trompait pas. En la personne de Louise de Savoie, c'était bien un « roi » qui s'apprêtait à rendre l'âme...

Terrassée par la maladie, Madame Mère haletait dans son lit, à Fontainebleau. Comme on la savait superstitieuse, on lui avait, bien entendu, caché l'apparition de la comète. Pendant plusieurs nuits, on tint soigneusement clos ses volets, et l'on tira de lourds rideaux devant ses fenêtres, pour qu'elle ne s'aperçût de rien (1). Mais, un soir, la négligence d'une servante, qui avait omis de fermer le contrevent, compromit toutes ces précautions. Écoutons Brantôme nous conter la chose : « Elle vit, la nuit, sa chambre toute en clarté, qui estoit transpercée par la vitre. Elle se courrouça à ses femmes de chambre qui la veilloyent, pourquoy elles faisoyent un feu si ardent et esclairant. Elles luy respondirent qu'il n'y avoit qu'un peu de feu, et que c'estoit la lune qui, ainsi, esclairoit et donnoit telle lueur.

(1) La comète fut visible pendant un mois, du 6 août au 7 septembre, (*Cometarum omnium fere catalogus a Christo nato ad annum*, 1556, Bâle, même année.)

» — Comment ! dit-elle, nous en sommes au bas ; elle n'a garde d'esclairer à cette heure.

» Et, soudain, faisant ouvrir son rideau, elle vit une comète qui esclairoit ainsi droit sur son lit.

» — Ha ! dit-elle, voilà un signe qui ne paroist pas pour personnes de basse qualité. Dieu le fait paroistre pour nous autres, grands et grandes. Refermez la fenestre : c'est une comète qui m'annonce la mort ; il faut donc se préparer.

» Et, le lendemain, au matin, ayant envoyé quérir son confesseur, fit tout le devoir de bonne chrestienne, encore que les médecins l'assurassent qu'elle n'en n'estoit pas là.

» — Si je n'avois vu, dit-elle, le signe de la mort, je ne le croirois, car je ne me sens point si bas.

» Et elle leur conta à tous l'apparition de sa comète. Et puis, au bout de trois jours, quittant les songes du monde, trespassa (1). »

Ainsi disparaissait, à cinquante-quatre ans, après avoir réparé tant bien que mal la plupart des torts que son extravagant amour pour Charles de Bourbon avait causés à la France, celle que l'on appelait « Madame sans queue » (2), c'est à dire « Madame » tout court.

***

François Ier pleura sa mère, qu'il adorait, et lui fit faire des obsèques grandioses, dont on a pu dire « qu'elles étaient un peu comme l'enterrement de sa propre jeunesse ». La vie insouciante qu'il avait menée jusqu'alors était, en effet, terminée. Désormais, il lui fallait gouverner. Et gouverner seul.

Sans doute, dès cet instant, Anne de Pisseleu espéra-t-elle profiter de son influence sur le roi pour jouer un rôle politique, placer sa famille et doter ses protégés. Mais François, ivre de liberté, repoussa ses

(1) Brantôme se trompe, d'ailleurs, car c'est au bout de trois semaines que la régente mourut, à Grez-en-Gâtinais, alors qu'on tentait de l'emmener dans son château de Romorantin.

(2) Lettre de Mercurio de Gattinara, chef du Conseil privé des Pays-d'En-Bas, à Marguerite d'Autriche.

conseils et commença son véritable règne en faisant un cadeau généreux à Françoise de Châteaubriant. Il donna à l'ex-favorite, que haïssait tant Louise de Savoie, le revenu de la seigneurie de Suèves, dans le Blésois.

Un renouveau d'intérêt pour la belle Françoise s'était déjà manifesté quelques mois auparavant, lorsque le roi avait nommé Jean de Laval, seigneur de Châteaubriant, gouverneur de Bretagne.

Ces fonctions, fort importantes, s'accompagnaient, naturellement, de revenus considérables, que François avait été heureux d'offrir à Françoise et à son mari. Aimait-il donc encore sa « mye » ? Celle à qui il écrivait naguère :

Assez de gens prennent leur passe-temps
En divers cas et se tiennent contents ;
Mais toi seule, es, en mon endroit, élue
Pour réconfort de cœur, corps et de vue...

Peut-être.

Quoi qu'il en soit, au début de 1532, laissant Anne de Pisseleu à Fontainebleau et la reine Éléonore à Blois, il s'en alla, accompagné des quinze mille personnes qui le suivaient habituellement dans ses déplacements, jusqu'à Châteaubriant, pour se faire inviter par Jean de Laval, mari étrangement complaisant.

La joie de Françoise en voyant le roi chez elle fut immense ; et pendant six semaines, du 14 mai au 22 juin, des fêtes magnifiques se déroulèrent en l'honneur de l'hôte royal. Sans paraître se soucier de la présence de l'époux qui, d'ailleurs, ne faisait point mauvaise figure, les deux amants renouèrent publiquement une liaison que l'arrivée d'Anne de Pisseleu avait interrompue. On les vit chasser, courir les bois à cheval, présider des banquets, ouvrir des bals et se tenir fort tendrement la main en écoutant de la musique...

La politique n'en était pas pour autant oubliée. En effet, ce n'était point uniquement pour batifoler avec la belle Françoise que le roi se trouvait à

Châteaubriant. Il voulait obtenir l'aide de Jean de Laval dans un différend très délicat qui l'opposait à quelques grands seigneurs bretons. Ceux-ci contestaient au roi de France ses droits sur la succession de la reine Claude, héritière du duché breton, sous prétexte qu'il s'était remarié avec Éléonore ; et François avait besoin de l'appui du gouverneur de Bretagne.

On pourra peut-être s'étonner de l'attitude désinvolte du roi à l'égard d'un mari dont il attendait un service important. Jean de Laval allait-il se montrer obligeant envers l'homme qui lui avait pris sa femme pendant dix ans et qui poussait l'outrecuidance jusqu'à venir le berner dans son propre château ?

Oui. Le seigneur de Châteaubriant connaissait les usages et ne voulait pas, en manifestant sa jalousie, qu'on pût dire de lui qu'il était un « mari mal élevé »...

Sur la tendre pression de sa femme qui assistait aux délibérations, Jean de Laval assura donc le roi de tout son appui dans cette affaire, et il fut décidé que les États de Bretagne couronneraient suivant leur loi, leur droit et leur coutume le dauphin François comme duc, consacrant ainsi définitivement le rattachement de la Bretagne à la France.

Françoise fut fort heureuse de voir le roi satisfait, et elle pensa qu'il viendrait sans doute célébrer sa réussite avec elle sur l'herbe douce de la Saint-Jean. Ils partirent, en effet, le jour même faire une promenade dans la campagne. Mais le destin est plein de malice, et c'est avec une petite paysanne de rencontre que le roi se montra galant.

Voici comment les choses nous sont contées par un historien du temps : alors que les amants passaient dans un hameau, une jeune fille vint vers le roi et lui présenta un bouquet de roses. François, charmé, arrêta son cheval et tendit les mains pour prendre les fleurs. Or sa monture fit à ce moment un brusque écart, et la jeune paysanne fut brutalement renversée. D'un bond, François Ier sauta à terre, imité immédiatement par Mme de Châteaubriant.

— Es-tu blessée ? dit le roi.

— J'ai mal au pied.
— Comment t'appelles-tu ?
— Françoise Jochaud.

François Ier, fort peiné de l'incident, considérait la petite paysanne. Elle était fort jolie, étendue ainsi parmi les marguerites de la prairie. Si jolie et si désirable qu'il se sentit soudain animé à son endroit de tendres sentiments qui activèrent sa circulation et rendirent son souffle plus court.

Mme de Châteaubriant connaissait bien le roi. En voyant le brillant de son regard, elle comprit qu'elle ne serait point l'héroïne de cette journée.

En effet, François Ier, nous dit un chroniqueur, « voulut porter lui-même dans ses bras la jeune fille jusque dans son humble maison, où il la soigna de bonne et ardente façon ». Puis il ordonna qu'une partie de sa suite vînt camper auprès de la chaumière afin qu'il pût « continuer à donner à la blessée certains soins fort propres à lui faire oublier le mal au pied »...

En conséquence de quoi, Mme de Châteaubriant repartit toute seule vers la ville...

Quand au roi, il ne rentra que le surlendemain...

Selon son habitude, Françoise accueillit l'infidèle sans récriminations, et tout le monde oublia la jolie petite paysanne. Pourtant le souvenir de cette aventure demeura gravé dans la mémoire des habitants de la région. C'est ainsi que l'endroit où se trouvait la chaumière de Françoise Jochaud, à Rougé, dans la forêt de Teilly, s'appelle, encore aujourd'hui, « La Cour au Roy ... ».

***

Le 22 juin, à l'aube, tous les habitants de Châteaubriant étaient aux fenêtres pour voir François Ier et les quinze mille personnes de sa suite quitter la ville « en grand arria ».

Le roi, vêtu d'un costume blanc brodé d'or, chevauchait en tête des troupes. A ses côtés se tenait Jean de Laval, en habit rouge et jaune. Les deux hommes qui partaient « en voyage d'affaires », répondaient avec gentillesse aux acclamations. Trompettes, hautbois, tambours, vivats, chevaux pétaradants formaient un vacarme qui faisaient fuir les chats au fond des caves. Le défilé dura deux heures ; puis les derniers bruits de sabots retentirent sur les pavés, et la petite ville redevint silencieuse.

Alors Françoise, seule dans son château, éclata en sanglots. La dernière belle aventure de sa vie venait de se terminer. Sans doute le roi était-il parti en l'assurant de son amour, sans doute lui avait-il fait don, en manière de remerciement pour les six exquises semaines qu'il venait de passer chez elle, de la « châtellenie, terre et seigneurie de Sucinio de Bretagne », l'un des domaines les plus riches de tout le duché, sans doute lui avait-il promis de revenir, sans doute en avait-il même l'intention... Mais elle savait bien qu'Anne de Pisseleu, dont la jalousie était féroce, allait chercher à se venger, et que l'inconstant François oublierait encore une fois ses promesses.

Et Mme de Châteaubriant pleurait.

Elle aurait pleuré bien davantage si elle avait su qu'elle ne reverrait plus jamais le roi de France...

***

François Ier et Jean de Laval, qui voulaient « préparer les esprits » avant les États de Bretagne dont la séance d'ouverture était prévue pour le début d'août, parcoururent le duché pendant plus d'un mois, festoyant et chassant gaiement comme deux bons compères, ce qui inspira d'ailleurs quelques chansons malicieuses.

A Vannes, grâce à l'appui du seigneur de Châteaubriant, les droits du roi furent naturellement reconnus par les Grands et l'on décida que le couronnement du dauphin, comme duc de Bretagne, aurait lieu à Rennes quelques semaines plus tard. Cette cérémonie, qui mettait un terme à cinquante ans de chicane, se déroula le 16 août avec un faste qui éblouit les Bretons.

Huits jours après, le dauphin de France faisait

une rentrée solennelle à Nantes, sous le nom de François III de Bretagne. François Ier avait obtenu ce qu'il voulait.

Reconnaissant, il fit quelques riches cadeaux à son ami, M. de Châteaubriant, puis, quittant ce mari parfait, il s'en retourna par petites étapes à Amboise ou, desséchée par la colère, Anne de Pisseleu l'attendait depuis près de quatre mois.

La favorite était fort habile ; lorsqu'elle apprit que le roi arrivait, elle se coucha, prit un air dolent et dit en gémissant :

— Laissez-moi mourir!

Puis elle condamna sa porte et refusa tout aliment « avec de si bruyantes larmes que d'aucuns, à la Cour, disoient qu'elle faisoit peut-être voir de son chagrin un peu plus qu'il n'y en avoit ».

Bien entendu, François Ier fut, dès son arrivée, mis au courant de l'état « fort affligeant dans lequel se trouvait pour lors Mademoiselle de Pisseleu ». Affolé, il se précipita à son chevet.

On ignore ce qu'ils se dirent. On sait seulement que le roi, qui était entré à dix heures du matin dans la chambre d'Anne, n'en sortit que le lendemain vers quatre heures de l'après-midi, « paraissant aussi fatigué que s'il était allé courre le cerf »...

Les esprits dits « mal tournés » imagineront ce qu'ils voudront...

Quoi qu'il en soit, un fait est certain : ils étaient réconciliés. Le soir, en effet, Anne de Pisseleu, souriante et épanouie, parut dans une robe magnifique et présida le dîner aux côtés du roi de France...

Françoise de Châteaubriant était-elle déjà oubliée? Non. Lorsque, après le repas, il fut seul dans son appartement, François Ier se trouva fort embarrassé en pensant aux trois femmes auxquelles il était lié désormais : Éléonore, par la reconnaissance, Françoise par l'habitude, Anne par l'amour. Et, prenant sa plume, il s'amusa à résumer en vers cette ennuyeuse situation :

D'en aimer trois, ce m'est force et contrainte.
L'une est à moi trop pour ne l'aimer point

Et l'autre m'a donné si vive atteinte
Que plus la fuis, plus sa grâce me point.
La tierce tient son cœur uni et joint
Voire attaché de si très près au mien,
Que je ne puis, ne veux n'être point sien.
Ainsi amour me tient en ses détroits,
Et me soumet à toutes vouloir bien,
Mais je sais bien à qui le plus des trois.

« A qui le plus », c'était tout de même Anne de Pisseleu...

***

Ces complications amoureuses n'empêchaient pas François Ier de continuer sa lutte contre Charles-Quint, dont la puissance croissante constituait un péril permanent pour la France.

Depuis la mort de Louise de Savoie, il avait appris à tout mener de front et à sortir d'un lit de Justice pour entrer dans celui d'Anne de Pisseleu — et vice versa sans que les affaires de l'État en souffrissent.

A ce moment, son but était de former une coalition contre l'empereur. Il s'était bien allié avec le sultan Soliman et le roi Henry VIII d'Angleterre ; mais il craignait que cette union ne parût pas, si j'ose dire, très catholique au reste de l'Europe. En effet, si l'un était Infidèle, l'autre était schismatique depuis son divorce. Il fallait donc, au plus vite, rétablir l'équilibre par un rapprochement avec une puissance bien pensante.

Or, dans ce domaine, il était apparu à François Ier que rien ne pouvait être supérieur au pape... Et il avait décidé immédiatement de marier son second fils, Henri, âgé de treize ans, avec une parente du Souverain Pontife.

Justement, Clément VII, né bâtard de Médicis, avait une cousine (1) dont il était très fier et qui avait tout juste trois mois de moins que le prince Henri.

(1) Et non une nièce, comme on le dit généralement.

Elle se prénommait Catherine et on la disait fine, adroite, intelligente.

De l'avis de François Ier, qui n'en demandait pas tant, c'était plus qu'il n'en fallait.

En réalité, c'était trop !...

Car il eût certes mieux valu, pour la tranquillité et l'honneur de notre pays, que cette petite Catherine de Médicis fût un peu moins douée intellectuellement.

Mais François Ier n'avait pas le don de double vue (1), et il était persuadé que cette union était des plus souhaitables pour la France. Sans tarder, il avait fait part de ses intentions aux membres du conseil qui avaient tous approuvé, sauf Montmorency.

— Peut-on envisager d'unir un Valois à une héritière de banquiers florentins ? s'était écrié, scandalisé le Grand Maître.

— Oui, quand la politique l'exige, avait répondu sèchement le roi.

— C'est une mésalliance, Sire, songez-y !

Alors, agacé, François Ier était allé demander son avis au grand sénéchal Louis de Brézé... et à son épouse Diane de Poitiers, qu'il savait de bon conseil.

Malicieux destin.

Car Diane, qui ne pouvait se douter qu'elle serait un jour la dure et terrible rivale de Catherine de Médicis, avait déclaré en souriant que la petite Florentine, dont elle était la cousine, avait toutes les qualités nécessaires pour faire une charmante princesse française...

Rassuré, le roi avait fait rédiger sur-le-champ une demande en mariage et un contrat que le cardinal de Gramont s'était empressé d'aller porter au pape.

Clément VII, flatté d'unir sa cousine au fils du roi de France, avait accepté.

— Je donnerai en dot à la *duchessina* cent mille écus d'or, plus trois perles d'une valeur inestimable : Gênes, Milan et Naples.

Le cardinal de Gramont était revenu enchanté.

— Sire, considérez le mariage comme fait.

(1) Il aurait pu néanmoins savoir que les astrologues réunis autour du berceau de Catherine avaient déclaré : « Qu'elle serait la cause de grandes calamités... »

Mais le pape, qui, bien que bâtard, était un pur Médicis, négociait en secret avec Charles-Quint — lequel, bien entendu, faisait tout pour empêcher le mariage projeté par François Ier.

Aussi les pourparlers avaient-ils traîné en longueur. Un an après la remise du contrat, en septembre 1532, c'est-à-dire au moment où François Ier était revenu de Bretagne, les choses n'avaient point avancé. Ce n'est qu'en août 1533, et sur l'intervention de John Stuart, duc d'Albany, tuteur de Jacques V d'Écosse, futur gendre du roi de France, que les négociations purent enfin aboutir.

Le 1er septembre, Catherine quitta Florence et s'embarqua à la Spezzia. Elle quittait son pays pour toujours.

Le 23 octobre, après un voyage mouvementé et un long arrêt à Villefranche, où elle attendit que le pape la rejoignît, la petite Florentine retrouva à Marseille celui qui devait être son mari. Il lui parut beau, bien qu'il fût, d'après Brantôme, « un peu moricaud ». Quant à Henri, il considéra avec mélancolie cette fillette « petite de stature, maigre, aux traits grossiers et aux yeux saillants », et ne put s'empêcher de faire la grimace. C'était donc là cette cousine du pape, qu'on lui promettait depuis trois ans ?...

Il lui sembla que les exigences de la politique étaient bien cruelles, qui le forçaient à épouser une petite fille laide et sans saveur, alors qu'il aimait la plus belle femme du royaume, cette grande sénéchale dont, justement, le mari venait de mourir...

***

Le mariage eut lieu le 28 octobre, en présence de toute la Cour. Clément VII lui-même bénit les jeunes époux.

— Ayez beaucoup d'enfants ! leur dit-il aimablement.

Hélas ! pendant la cérémonie, le prince Henri s'aperçut que Catherine ressemblait au pape, et cette constatation acheva de le rendre morose...

Puis il y eut un grand dîner, suivi d'un bal travesti, où seigneurs français et seigneurs florentins se tinrent on ne peut plus mal. Profitant du désordre, une des plus grandes courtisanes de l'époque, une femme que l'on avait surnommée la belle Romaine, se déshabilla complètement et s'amusa à faire boire « tous ceux qui le demandaient, en un verre où elle avait trempé la pointe de ses seins...»

La fête, qui était devenue une extraordinaire bacchanale, atteignit alors le comble de l'indécence. On vit des jeunes gens, animés par une grande exaltation intime, se ruer sur des dames, les allonger par terre et blesser leur pudeur avant qu'elles n'aient eu le temps de trouver à redire... Un grand laisser aller s'ensuivit...

Les nouveaux mariés en profitèrent pour quitter cette fête indécente dont ils avaient été — contre leur gré — les spectateurs rougissants, et ils se rendirent dans une chambre toute tapissée de brocart, où l'on avait préparé pour eux un lit « si riche qu'il était estimé à soixante mille écus ».

Si Catherine était amoureuse de son époux, Henri, lui, n'avait qu'un seul désir : dormir. Déjà, il savourait en pensée le moment où il se laisserait couler dans le sommeil, lorsque quelqu'un entra dans sa chambre :

— Allons, mon fils. Faites votre devoir. Et montrez-vous vrai galant de France !

C'était le roi qui, poussé par une étrange curiosité, venait assister à la nuit de noces des deux jouvenceaux. Le fait est attesté par un témoin : « Quand on eut fini de danser, lit-on dans une dépêche de don Antonio Sacco, ambassadeur de Milan, et que chacun fut retourné dans ses appartements, le roi voulut lui-même mettre au lit les époux, et quelques-uns disent qu'il les voulut voir jouter et que chacun d'eux fut vaillant à la joute... »

***

Le pape, pour des raisons que l'on comprendra, n'avait pas voulu assister à la nuit de noces de sa cousine. Toutefois, il vint de très bonne heure, le lendemain matin, visiter les jeunes époux dans leur chambre et leur demander si tout s'était bien passé.

Cette curiosité n'avait rien d'équivoque. Le Saint-Père, en effet, voulait simplement savoir si le mariage avait été vraiment consommé.

Minutieux, il « vérifia » lui-même, nous dit-on... Puis, satisfait, il se retira dans ses appartements.

On se doute bien qu'un pape ne se mêle pas de choses aussi étrangères à ses saintes occupations habituelles sans un motif sérieux. Seul un souci politique avait poussé Clément VII à pénétrer *ex manu* dans l'intimité d'une personne de sa famille.

Il voulait, en effet, être certain que l'union était indissoluble et que François Ier ne pouvait éventuellement invoquer la « non-consommation » pour lui retourner Catherine.

Car le pape était fourbe. Malgré ses sourires, ses bonnes paroles et ses abondantes bénédictions, il entendait bien ne pas tenir les engagements qu'il avait contractés envers la France et demeurer ainsi l'ami de Charles Quint.

Pourtant les signes du « déniaisement » de sa cousine ne lui suffisaient pas.

— Il faut un enfant! disait le Saint-Père.

Et, pour plus de sûreté, il décida de ne quitter Marseille qu'après avoir eu la preuve que Catherine portait un héritier dans son sein.

Dès lors, il multiplia ses avis. Et c'est avec un sourire que d'aucuns trouvaient un peu égrillard pour un pape qu'il souhaitait, chaque soir, « bonne nuit » à Henri et à Catherine...

***

Pendant que le Saint-Père attendait ainsi que sa cousine fût fécondée, toute la Cour se montrait ravie de passer quelque temps au bord de la Méditerranée. Et l'on voyait à longueur de journée de beaux seigneurs et de belles dames s'embarquer sur des bateaux de pêcheurs, que l'on avait pour l'occasion couverts de brocart d'or, et naviguer jusqu'au château d'If.

Un jour, en longeant la côte, certains de ces gentilshommes toujours à l'affût « d'occasions pouvant permettre le déduit » remarquèrent de tranquilles calanques, au fond desquelles s'étendaient des plages de sable fin, et l'idée leur vint aussitôt de se rendre en ces endroits isolés pour y organiser des petites fêtes intimes et peu vêtues.

Dès le lendemain, on vit tous ceux qui voulaient participer à ces « mouvements d'ensemble » quitter Marseille, par petits groupes, dans une de ces voitures légères qui venaient de faire leur apparition et que l'on nommait joliment des « chariots branlants pour dames ».

Par la suite, il y eut des départs tous les jours, à l'aube...

François Ier, on s'en doute, ne se mêlait pas à ces jeux. Il restait en permanence à Marseille où, le matin, il touchait les écrouelles, en disant, selon la formule consacrée : « Sois gari, le roi te touche », et, l'après-midi, il allait généralement, en compagnie de la reine Éléonore, se pencher sur un grand vivier installé dans le port. Armé d'un trident en vermeil, il s'efforçait de piquer les thons qui passaient à sa portée. Lorsqu'il y parvenait, les Marseillais et la Cour poussaient des clameurs enthousiastes auxquelles répondaient les ouvriers qui filaient le chanvre sur les quais (1).

Quant à Catherine de Médicis et à Henri, ils demeuraient le plus souvent dans leurs appartements. Elle, souriante, amoureuse de ce prince qu'on venait de lui donner pour mari ; lui, morose, taciturne, penché sur des romans de chevalerie, cachant à peine l'ennui que lui causait un mariage imposé par la politique.

Alors qu'elle chantonnait, véritablement éblouie par ce que le mariage lui avait révélé, il soupirait, en pensant aux objurgations du pape.

— Allons, allons, disait le Saint-Père, le Seigneur a dit : « Croissez et multipliez. »

Hélas! Henri avait beau multiplier ses efforts, seules les craintes de Clément VII ne faisaient que croître...

Enfin, après trente-quatre jours d'attente vaine,

(1) Rappelons que ces chenevières ont laissé un impérissable souvenir puisqu'en provençal elles se nommaient des canebières...

le souverain Pontife, la mort dans l'âme, décida de quitter la France.

Avant de s'embarquer sur la galère qui devait le ramener à Civita Vecchia, il rendit visite à Catherine et lui donna ce dernier conseil :

— *A figlia d'inganno non mania mai la figli nolenza.* (A fille d'esprit, jamais postérité ne manque.)

Puis, ayant fait ses adieux à tout le monde, « il s'en alla sur la mer jolie »...

***

Aussitôt, François Ier donna l'ordre du départ et la Cour interrompit ses ébats agrestes pour remonter vers le Val-de-Loire.

Le roi était fort satisfait du mariage de son fils. Croyant en la bonne foi du pape, il espérait que l'appui de Rome l'aiderait à réaliser ce fameux « rêve italien » que formaient les rois de France depuis plus de soixante ans.

En effet, des articles secrets, qui avaient été ajoutés au contrat signé en 1531, stipulaient que Clément VII aiderait le dauphin à recouvrer l'État et le duché de Milan, ainsi que le duché d'Urbin.

C'est donc avec le sourire aux lèvres que François Ier considérait les deux jouvenceaux en quittant Marseille.

Hélas! quelques mois plus tard, Clément VII mourait et sa disparition rendait inutile le mariage de Henri et de Catherine. Celle-ci, en effet, n'étant plus « cousine de Rome », ne pouvait plus jouer — du moins le croyait-on — de rôle politique.

En apprenant la fin de ses espérances, François Ier, qui n'avait touché qu'une partie infime de la dot promise, soupira :

— J'ai eu la fille comme toute nue.

Quant à Henri, désolé de voir que son mariage avec la Florentine à la peau flasque ne servait même pas les desseins de son père, il se détourna d'elle, au dire de Michelet, « comme d'un ver né du tombeau de l'Italie ».

Ce qui n'était guère poli.

18

LE ROI DONNE UN MARI A SA MAITRESSE

> Le travail que l'on fait en équipe est généralement plus « fini ».
>
> CHARLES BEDAUX.

APRÈS un voyage lent et fatigant, sur les routes boueuses de l'automne, la Cour arriva à Blois pour Noël.

C'était l'époque où François Ier faisait des cadeaux à ses amis, à ses maîtresses et même à la reine. Il commanda des robes pour toutes les dames de la « petite bande », prépara une liste de dons (seigneuries, terres, châteaux) pour ses compagnons préférés et fit dessiner par un artiste italien des bijoux pour Éléonore.

Restait Anne de Pisseleu. Longtemps, le roi chercha ce qui pourrait faire plaisir à celle dont il avait déjà comblé tous les vœux.

Enfin, il trouva, et son choix peut paraître surprenant : à sa maîtresse, en effet, il décida d'offrir un mari...

Cet étrange cadeau ne signifiait point que le roi eût l'intention de se séparer d'Anne. Au contraire. Il voulait « l'agrandir ». C'est-à-dire lui donner un rang et un titre. susceptibles de l'établir honorablement à la Cour.

Il choisit donc un homme de haute naissance,

effacé et point trop jaloux, capable de tenir, avec autant de grâce que M. de Châteaubriant, l'office de « mari complaisant » ; et le soir de Noël, regardant sa favorite dans les yeux, il lui dit :

— Madame, je songe à de grandes choses pour vous... Je vais vous marier.

Anne était ambitieuse et jalouse d'acquérir un nom. Elle rougit, mais fit mine de protester :

— Je ne veux point d'autre homme que vous, Sire !

— Ceci, madame, est pour votre bien.

Alors, elle murmura :

— Avec qui ?

— Avec Jean de Brosse, que je vais faire duc d'Étampes. Et vous serez ainsi, ma mie, duchesse d'Étampes...

Sans même montrer de fausse honte, Anne de Pisseleu, ravie, se jeta dans les bras du roi.

Jean de Brosse n'avait pas encore été pressenti, mais François Ier était sûr de son acceptation et de sa « complaisance » future. En effet, ce gentilhomme était le fils du duc de Penthièvre, qui avait suivi le parti du duc de Bourbon et était mort, dépouillé de tous ses biens. Le pauvre Jean, qui se voyait exposé à languir dans la misère, avait donc tout intérêt à faire plaisir au roi.

François Ier le fit mander dans sa chambre :

— Monsieur, voulez-vous épouser la plus belle femme du royaume ?

L'autre, interloqué, ne sut que dire.

— Répondez !

— Oui, sans doute.

— Parfait. Elle est à vous... Je pense que vous avez compris qu'il s'agissait de Mlle de Heilly (1).

Jean de Brosse, de plus en plus étonné, bredouilla des paroles confuses.

— Toutes mes félicitations, mon ami, et tous mes vœux, ajouta le roi. Ce mariage me cause tant de plaisir que je me fais un devoir de vous témoigner mon amitié en cette occasion. Tout d'abord, je vous fais

(1) C'est ainsi qu'on nommait Anne de Pisseleu.

rendre tous les biens qui avaient été confisqués au duc de Penthièvre ; ensuite, je vous fais don du duché de Chevreuse et du duché d'Étampes...

Jean de Brosse se jeta aux pieds du roi.

— Duc d'Étampes, relevez-vous, je vous prie, et courez auprès de votre fiancée.

Le gentilhomme se releva et le roi lui mit la main sur l'épaule.

— Bien entendu, dès après votre mariage, vous irez, seul, habiter le château d'Étampes.

Alors seulement Jean de Brossse comprit le rôle ingrat que François Ier voulait lui faire jouer. On lui demandait d'être le cocu officiel, appointé, fonctionnaire... Il réfléchit, pensa qu'en échange on lui rendait tous ses biens, qu'on lui donnait même la possibilité de serrer d'un peu près la plus belle femme de France... et il accepta.

Un mois plus tard, l'union d'Anne de Pisseleu et de Jean était célébrée à Nantes en grande magnificence.

Ce mariage curieux ne pouvait donner lieu qu'à des fêtes étranges. C'est ainsi qu'un historien du temps nous dit « qu'après les noces on vit de saints prêtres s'offrir en spectacle et lutter à mains plates devant les dames ».

Ce qui d'ailleurs, ne choqua personne...

***

Lorsque les fêtes furent terminées, Jean de Brosse, qui n'avait réussi à faire valoir ses droits de mari qu'une seule fois, au soir de ses noces, s'en alla tristement à Étampes, et la nouvelle duchesse rentra au Louvre pour « tenir auprès du roi le premier poste qu'elle y occupait (1) ».

La Cour avait été fortement impressionnée par ce mariage. Elle accueillit la favorite avec beaucoup d'égards, et Clément Marot composa ce dixain, dans lequel il s'amusait à jouer de façon un peu maniérée sur le nouveau titre de la dame et sur la fameuse vallée

(1) DREUX DU RADIER, *op. cit.*

antique de Tempé, en Thessalie, célébrée par Virgile :

Ce plaisant val que l'on nomme Tempé,
Dont mainte histoire est encore embellie,
Arrosé d'eau, si doux, si attrempé,
Sachez que plus il n'est en Thessalie.
Jupiter, roi qui les cœurs gagne et lie
L'a de Thessale en France remué
Et quelque peu, son nom propre mué ;
Car pour Tempé, *veut qu'*Étampes *s'appelle.*
Ainsi lui plaît ; ainsi l'a situé,
Pour y loger de France la plus belle.

François Ier, soucieux de sauvegarder les apparences, offrit à la duchesse d'Étampes un hôtel, rue de l'Hirondelle ; mais il en fit bâtir un autre tout à côté « avec portes secrètes qui permettaient de faire communiquer les deux logis ».

Ce second hôtel fut décoré de devises et de symboles galants qui témoignaient de l'amour du roi pour sa favorite. L'un d'eux représentait un cœur enflammé placé entre un *alpha* et un *oméga*, ce qui voulait dire que « pour ce cœur qui brûlerait toujours l'amour était le principe et la fin ».

Mais Mme d'Étampes n'était pas une amoureuse du genre de Mme de Châteaubriant. La bagatelle ne lui suffisait point. Elle rêvait avant tout d'obtenir des faveurs pour elle et sa famille. Or elle avait trente frères et sœurs... Courageusement, elle se mit au travail.

Habile, elle sut profiter de tous les moments de répit que le besoin de reprendre haleine lui laissait entre deux étreintes, pour arracher au roi, comblé et essouflé, les nominations ou les avancements qu'elle désirait.

Finalement, tous les Pisseleu furent pourvus de charges importantes et, généralement ecclésiastiques car la maîtresse du roi « avait de la religion »...

Antoine Seguin, son oncle maternel, devint abbé de Fleury-sur-Loire, évêque d'Orléans, cardinal, et enfin archevêque de Toulouse. Charles de Pisseleu, son second frère, eut l'abbaye de Bourgueil et l'évêché de Condom. François, son troisième frère, fut fait abbé de Saint-Corneille de Compiègne, et évêque d'Amiens ; et le quatrième, appelé Guillaume, fut nommé évêque de Pamiers. Elle eut soin également de ses sœurs : deux furent nommées abbesses, et les autres furent mariées dans les meilleures et les plus riches maisons du royaume...

***

Tandis que François Ier faisait la navette entre le Louvre et la rue de l'Hirondelle, la pauvre reine Éléonore, qui était au courant de toutes les frasques du roi, cachait son chagrin avec courage.

Pourtant, lorqu'elle se trouvait avec ses dames de compagnie, elle ne pouvait s'empêcher d'évoquer les jours merveilleux où François, captif à Madrid, venait lui faire la cour. Des larmes, alors, lui brûlaient les yeux...

Pensant retrouver l'amour du roi en le délivrant des soucis que lui causait Charles-Quint, la malheureuse essaya de réconcilier François Ier avec l'empereur, son frère.

Mais elle n'y parvint point, et cela encore la rendit amère. Finalement, voyant que son rôle se bornait à briller dans les parties de chasse, elle s'éloigna de la Cour et vécut le plus souvent dans un petit cercle de dames espagnoles.

Un jour, Frédéric II, électeur palatin, qui avait été l'amant d'Éléonore avant qu'elle n'épousât le vieux roi du Portugal (1), fut reçu à Paris. Se trouvant seul avec celle qu'il avait éperdument aimée vingt ans plus tôt, il lui rappela le temps de leurs rendez-vous secrets, et son regard brilla...

La reine était encore belle, malgré des lèvres un peu lourdes. Elle aurait, certes, pu alors se venger des infidélités du roi une fois, avec l'électeur palatin, ce que François Ier faisait quotidiennement avec la duchessse d'Étampes. Elle n'y songea probablement pas et répondit fort dignement, d'après l'historien

(1) Lorsqu'elle épousa Francois Ier, Éléonore était veuve d'Emmanuel de Portugal.

de Frédéric, que « ce qu'elle avait accueilli en ce temps n'était qu'un badinage, car, dès lors, elle voulait être reine (1) ».

Puis elle ajouta :

— J'ai été heureuse au Portugal. Mais, pour cette Cour de France, Dieu sait comment j'y suis traitée et la manière dont le roi en use avec moi!

Ce fut sa seule plainte, son seul moment de faiblesse.

Comme pour lui donner raison, le roi, quelque temps après, faisait brusquement repasser les Pyrénées à toutes les dames espagnoles qui se trouvaient à la Cour, privant ainsi Éléonore des seules personnes amies qui l'entouraient.

Fort chagrinée, la malheureuse souveraine vécut désormais dans une espèce de retraite, entièrement consacrée à des exercices de piété...

François Ier ne s'aperçut même pas de l'effacement de la reine. Il était d'ailleurs fort occupé pour lors à se réjouir d'une nouvelle qui le ravissait et le remplissait d'orgueil. Le dauphin François, âgé de dix-sept ans, avait une maîtresse depuis plus d'un an. Pris par ses propres aventures, le roi ne s'était douté de rien, et voilà qu'on lui apprenait d'un coup que son fils n'était pas aussi niais qu'il en avait l'air et qu'il avait été déniaisé...

La jeune partenaire du dauphin était Mlle de l'Estrange, fille d'honneur de la reine. Elle était fort jolie, à en croire Clément Marot, qui dit dans ses *Étrennes* :

A la beauté de l'Estrange,
Face d'ange,
Il donne longue vigueur,
Pourvu que son gentil cueur
Ne se change.

Le dauphin l'avait connue au cours d'un bal champêtre, en dansant le « bransle ». Deux heures plus

(1) En disant cela, Éléonore mentait. Vingt ans plus tôt, follement amoureuse de Frédéric, elle l'aurait certainement épousé, si Charles-Quint, ayant découvert leur liaison, ne l'avait pas obligée à se marier avec le roi du Portugal. Mais, sans doute, avait-elle besoin de ce mensonge pour éteindre l'ardeur de Frédéric...

tard, il était devenu son amant.

Tous ces détails ravissaient le roi, lui qui considérait avec tristesse « tous puceaux âgés de plus de quatorze ans »...

***

A la fin d'octobre de 1535, François Ier apprit que Francisque Sforza, dernier duc de Milan, venait de mourir, et il en fut satisfait.

Aussitôt, il se disposa à se saisir de ce duché qu'il convoitait depuis longtemps et pensa que l'occasion était peut-être venue de mettre également la main sur la Savoie, qu'il appelait le « portier des Alpes », et dont la position stratégique lui semblait fort importante.

Il leva une armée et, pour la première fois, cette armée fut composée d'hommes du peuple. En effet, le trésor était trop vide pour qu'on pût payer des mercenaires, et le roi, depuis la trahison du connétable de Bourbon, se méfiait de la noblesse.

A la tête de ces troupes, se trouvait l'amiral Chabot de Brion (grand protégé de la duchesse d'Étampes) ainsi que les deux fils aînés du roi : le dauphin François et le prince Henri.

Avant de quitter Paris, Henri, avec sa froideur habituelle, fit ses adieux à Catherine de Médicis, puis il se rendit chez Diane de Poitiers à seule fin de lui montrer qu'il partait à la guerre en portant ses couleurs : le blanc et le noir (1)...

Les troupes gagnèrent Lyon, puis s'élancèrent fougueusement vers les Alpes et, malgré un hiver rigoureux, s'emparèrent en quelques semaines de la Savoie et du Piémont.

Timoré, indécis, l'amiral de Brion fut un peu ébloui par sa victoire rapide et n'osa pas pousser tout de suite jusqu'au Milanais. Faute qui rendit le roi furieux.

(1) Après la mort de son mari, en effet, la grande sénéchale affectant une vive douleur, se voua pour toujours aux couleurs noire et blanche. Il est vrai, nous dit Emmanuel de Lerne, que ces nuances lui allaient à ravir...

Immédiatement tombé en disgrâce, l'infortuné amiral fut remplacé par Montmorency, qui était, lui, le protégé de Diane de Poitiers.

Ainsi, dans les coulisses de la guerre, les deux dames de beauté continuaient à se battre, à coup de généraux...

***

Montmorency, sachant que Charles Quint se préparait à attaquer la France par Nice et le Var, avec une armée de 50 000 hommes, se porta rapidement en Provence, détruisit tout ce qui pouvait servir à ravitailler les troupes de l'empereur, rasa des villes et des villages, brûla les moulins, empoisonna les puits et donna l'ordre aux paysans de fuir vers Avignon, où il s'installa avec le roi dans un camp admirablement défendu.

L'Empereur s'avançait déjà sur cette « terre brûlée », quand François Ier apprit que le dauphin, qui, quelques jours plus tôt, à Lyon, avait bu un verre d'eau glacée après une partie de paume, venait de mourir subitement à Tournon.

Aussitôt, il accusa Charles Quint d'avoir fait empoisonner son fils. Le valet qui avait tendu le verre d'eau fut arrêté, jugé, condamné à avoir les membres disloqués comme régicide et exécuté. En réalité, il semble bien prouvé maintenant que le dauphin ait succombé à une pleuro-pneumonie. A moins que le chroniqueur Beaucaire n'ait raison quand il nous dit, à l'abri du latin, que l'héritier du trône est mort des suites d'une trop fatigante nuit d'amour avec Mlle de l'Estrange (1)...

(1) *Delphinum nonnulli, ex parvæ pilæ udo multo sudore madentem, aqua frigida intemperantius hausta, alii ex nimia venere cum Lestrangia, aulica matrona, mortem sibi consevisse existimarunt.* (BELCARIUS, *Commentari rerum gallicarum*, XXI.)

19

DIANE AVAIT QUARANTE ANS, LE DAUPHIN DIX-NEUF...

On a souvent besoin d'un plus petit que soi...
LA FONTAINE

TANDIS que la France pleurait son dauphin, la guerre continuait. Charles-Quint, au prix d'efforts fantastiques, était parvenu jusqu'aux portes de Marseille, laissant sur les routes de Provence plus de vingt mille cadavres.

La tactique de Montmorency avait réussi. Décimées par la faim et la dysenterie, les armées impériales se trouvaient hors d'état de se battre avant même d'avoir eu un combat à livrer...

Après les obsèques de son fils, François Ier revint au camp d'Avignon avec Henri, nouveau dauphin de France, et retrouva sa sœur, Marguerite d'Angoulême, venue à la tête du contingent de la Gascogne et du Béarn.

Le roi la remercia.

— Je ne suis qu'une femme, et je le regrette, dit-elle, mais je promets de rassembler une si grande bataille de priants devant Dieu, que Celui entre les mains duquel est la victoire devra la donner à mon frère.

Les semaines passèrent.

Cette curieuse guerre, qui consistait à attendre

dans un camp que l'ennemi mourût de faim ou s'empoisonnât en buvant l'eau polluée des puits, coûtait fort cher, car les troupes ne pouvaient se livrer aux pillages sur lesquels comptait habituellement l'Intendance pour assurer l'ordinaire. (Le pillage, en effet, est un procédé de ravitaillement courant et valable en campagne, mais inconcevable dans un camp fermé.)

Or il arriva qu'un jour le Trésor fut à sec, et les soldats, dont les repas devenaient de plus en plus minces, commencèrent à maugréer ; certains parlèrent même clairement de laisser le roi se débrouiller seul et de rentrer chez eux...

Le manque d'argent risquait fort de compromettre la victoire.

François Ier allait-il perdre ses hommes au moment où l'armée de Charles-Quint, lasse d'errer à la recherche de nourriture, commençait à songer à la retraite? Montmorency se le demandait avec angoisse, quand une riche dame d'Avignon, Madeleine Lartessuti, mise au courant de ces difficultés, fit porter au roi une somme considérable qui permit d'attendre l'épuisement complet de l'empereur.

Quinze jours plus tard, le 14 septembre, Charles-Quint se repliait sur le Var et s'embarquait pour l'Espagne. Il avait perdu la moitié de son armée dans cette désastreuse campagne, et « laissait son honneur enterré en France »...

« Depuis Aix jusqu'à Fréjus, dit Martin du Bellay, tous les chemins étaient jonchés de morts et de malades, de harnois, lances, piques, arquebuses et autres armes, et de chevaux abandonnés qui ne pouvaient se soutenir. Là vous eussiez vu hommes et chevaux, tous amassés en un tas, les uns parmi les autres, et tant de côté que de travers, les mourants pêle-mêle parmi les morts, rendant un spectacle si horrible et piteux qu'il était misérable (1) jusqu'aux obstinés et *pertinax* ennemis ; et quiconque a vu la désolation ne la peut estimer moindre que celle que décrivent Josèphe en la destruction de Jérusalem, et Thucydide en la guerre du Péloponnèse. »

(1) C'est-à-dire qu'il *incitait à la pitié...*

François Ier respira. Le royaume des lys était sauvé.

Mais qui sait si, sans Madeleine Lartessuti, les choses n'eussent point tourné autrement et si la lamentable description que vient de nous faire Martin du Bellay ne se fût point appliquée aux armées de François Ier ?

***

Dès que Charles-Quint eut quitté la Provence, le roi alla rejoindre la Cour à Lyon et annonça son désir de remonter bientôt vers Paris.

Si la guerre était terminée dans le Midi, elle continuait, en effet, dans le Nord, où les armées de l'empereur attaquaient la Flandre et la Picardie. Marguerite d'Angoulême, à la tête de ses Gascons se transporta rapidement à Péronne et à Saint-Riquier.

— Il serait temps, dit-elle, que les femmes devinssent hommes, afin de rabaisser l'orgueil de ces téméraires ennemis.

Il semble, d'ailleurs, qu'elle communiqua son courage aux Flamandes, puisque, au siège de Saint-Riquier, les femmes jetèrent de la poix et de l'eau bouillante du haut des murs sur l'assaillant, et que plusieurs, déguisées en hommes, allèrent jusqu'à ceinturer des soldats impériaux pour leur prendre leurs enseignes.

Tandis que Marguerite se battait ainsi avec le courage et l'adresse d'un grand capitaine, la Cour, qui n'avait pas quitté Lyon, oubliait avec quelque légèreté ses craintes récentes et organisait des fêtes, des bals et des parties de campagne...

Catherine de Médicis, devenue dauphine, était, bien entendu, le point de mire de toute la « petite bande ». Souriante, douce, habile, elle avait su se faire de nombreuses amies et se gagner la sympathie du roi. François Ier admirait beaucoup cette jeune personne de dix-sept ans qui apprenait le grec et le latin, s'intéressait à l'astronomie, étudiait les mathématiques, le suivait à la chasse et ne rougissait point en écoutant les lestes histoires qu'il aimait à raconter.

Bien sûr, Catherine n'était pas aussi jolie que les autres demoiselles de la petite bande, mais la finaude avait trouvé le moyen de faire oublier son visage lunaire et ses grosses lèvres en montrant ce qu'elle avait de mieux : ses jambes.

Pour cela, elle inventa une façon audacieuse de monter à cheval. Alors que, à cette époque, les femmes s'asseyaient sur leurs haquenées, de côté, les pieds appuyés sur une planchette, la dauphine monta « le pied gauche à l'étrier et la jambe droite fixée sur la corne de l'arçon ». C'est-à-dire « en amazone ».

Aussi, pendant les parties de chasse, les princes n'avaient-ils d'yeux que pour les mollets de Catherine... Bien entendu, toutes les dames de la Cour, même celles qui eussent dû faire au public la charité de lui cacher leurs jambes, imitèrent la dauphine.

Cet engouement allait avoir une singulière conséquence.

En effet, la nouvelle façon de monter à cheval, qui faisait parfois flotter haut la jupe, obligea les grandes dames françaises à ajouter à leur trousseau une pièce qu'elles ne possédaient point jusqu'alors et dont elles n'avaient pas encore éprouvé le besoin : une culotte.

Ce sous-vêtement nouveau, que l'on nomma tout d'abord *calçon*, fit jaser bien des moralistes. A les entendre, il s'agissait là d'un attribut du diable. « Il est bon, disaient-ils, que les femmes aient la fesse nue sous la jupe. Elles n'ont point à s'approprier un vêtement viril, dérivé des hauts-de-chausses réservés à l'homme. Qu'elles renonçent donc aux vertugales (1) ouvertes, ainsi qu'à certaines façons de monter à cheval, et se laissent les fesses libres comme il convient à leur sexe. »

D'autres, au contraire, comme Henri Estienne, prenaient la défense de l'objet : « Ces calçons sont utiles aux femmes pour ce qu'elles ont l'honnesteté en grande recommandation. Car, outre que ces cal-

(1) Ou « vertugadin », ces bourrelets que les femmes plaçaient sous les robes pour faire bouffer leur jupe.

çons les tiennent plus nettes, les gardant de la poudre et du froid, ils empeschent qu'en tombant de cheval ou autrement, elles ne montrent plus qu'il ne convient. »

Plus loin, il précisait :

« Ces calçons les assurent aussi contre les quelques jeunes gens dissolus, car, venant mettre la main sous la cotte, ils ne peuvent toucher aucunement leur chair. »

Tout ceci était fort bien, pourtant Henri Estienne, qui connaissait les femmes, ajoutait : « Mais comme l'abus vient en toute chose encore que l'invention ne soit pas abusive, quelques-unes de celles qui au lieu de faire lesdits calçons de toile simple, les font de quelque estoffe bien riche, pourroient sembler ne regarder pas aux choses que nous avons dictes ; mais en se mettant en chausses, vouloir plustost attirer les dissolus que de se défendre contre leur impudence... (1) »

***

Cette polémique entre les détracteurs et les défenseurs du pantalon féminin passionna la Cour pendant des mois, et peut-être aurait-on vu princes et princesses se battre pour « la chatière de dame », comme certains disaient alors, si une aventure assez curieuse n'était venue, tout à coup, vers la fin de l'été 1536, éclipser le débat « sous-vestimentaire »...

L'héroïne en fut Madeleine de France, la plus jolie fille de François Ier.

Un jour, cette princesse, qui se promenait à cheval avec trois ou quatre amies, s'arrêta au bord d'une rivière.

— Baignons-nous, dit-elle.

Naturellement, cette époque, qui en était encore à inventer le pantalon féminin, ignorait le maillot de bain. Aussi, est-ce seulement parées de leur candeur et d'un léger duvet que les jeunes filles entrèrent dans l'eau.

(1) Henri Estienne, *Dialogues entre les courtisans de ce temps.*

Tout à coup, l'une d'elles poussa un cri et désigna aux autres un groupe d'hommes inconnus, cachés dans les arbres, et qui les contemplaient. En un éclair, elles disparurent, se rhabillèrent en hâte, remontèrent sur leurs chevaux et regagnèrent Lyon en pensant bien que personne ne connaîtrait jamais leur aventure.

Or l'un des indiscrets était le roi d'Écosse, Jacques V...

Celui-ci, qui avait quitté son pays avec quelques gentilshommes de ses amis pour venir combattre Charles-Quint aux côtés du roi de France, arrivait trop tard et s'en désolait. Il avait appris la retraite de l'empereur en traversant Paris, mais il était parti tout de même pour Lyon, car il voulait demander à François Ier la main de Marie de Bourbon, fille du duc de Vendôme.

C'est en voulant faire une dernière halte avant Lyon qu'il s'était arrêté auprès de la rivière où Madeleine et ses compagnes s'ébattaient en toute innocence.

Attiré par les rires de ces demoiselles, Jacques V avait jeté un coup d'œil à travers les branches, et une nymphe lui était apparue, dont il avait pu contempler le corps parfait pendant quelques secondes.

Après la fuite des baigneuses, le roi d'Écosse remonta à cheval et continua sa route, fort troublé par la radieuse beauté entrevue et fort malheureux à la pensée que, sans doute, il ne la retrouverait jamais...

Une heure plus tard, il arriva à Lyon, où François Ier le reçut avec beaucoup de grâce.

— Je veux que, ce soir même, une fête soit donnée en l'honneur de mon ami le roi d'Écosse, dit-il.

Le soir, avant le bal, François présenta les princes et les princesses de sa Cour à Jacques V, et, soudain, celui-ci pâlit : devant lui, dans une somptueuse robe de brocart, se tenait, écarlate de confusion, la nymphe de la rivière.

Deux secondes plus tard, il savait que cette demoiselle, dont il avait admiré les jambes magnifiquement dessinées et les petits seins pointus et fermes, était la princesse Madeleine.

Fort exalté, il demanda, dès le lendemain, à François Ier la main de sa fille ; ce qui lui fut accordé aussitôt.

Les fiançailles donnèrent lieu à des fêtes qui durèrent tout l'automne, et le mariage fut célébré à Notre-Dame de Paris le 1er janvier 1537. Madeleine, qui avait toujours désiré être reine et qui adorait son mari, était follement heureuse.

Au mois de mai, le jeune couple, accompagné d'un petit page nommé Pierre de Ronsard, qui commençait à versifier, s'embarqua pour l'Écosse.

Hélas! deux mois après son arrivée dans les brumes de Linlithgow, la petite reine mourut tuberculeuse.

Elle avait dix-sept ans.

***

Tandis que Catherine de Médicis exhibait gaillardement ses jambes à la chasse et lançait des modes nouvelles, Henri — à qui son nouveau titre avait donné quelque assurance — faisait une cour assidue à Diane de Poitiers.

La grande sénéchale, loin de sourire, comme autrefois, aux déclarations enflammées du jeune prince, se montrait plus attentive et commençait à s'émouvoir devant tant de constance.

La fidélité du dauphin était, en effet, extraordinaire. Malgré son mariage avec Catherine, il continuait à porter les couleurs de Diane, appelait celle-ci sa « dame » et lui envoyait des poèmes délirants et laborieux, sur lesquels le malheureux, qui n'était point doué comme son père, avait peiné toute une nuit...

Brusquement, cette veuve austère, qui portait des vêtements de deuil depuis six ans et posait les yeux sur les hommes sans avoir jamais d'arrière-pensées, fut troublée et, nous dit un chroniqueur, « se sentit grande chaleur et fortes démangeaisons au corbillon, ainsi que grande envie de se faire mignoter le tétin... »

Ce qui la mit en d'heureuses dispositions pour reprendre le dialogue sur de nouvelles bases. Habilement, au milieu de cette Cour préoccupée de ses intrigues et de ses fêtes, elle se rapprocha du dauphin, le considéra avec un intérêt sans cesse accru et acheva de l'affoler en se montrant à la fois coquette et maternelle, provocante et affectueuse...

Le pauvre garçon, qui n'était déjà pas ce que l'on appelle un bon vivant, perdit le sommeil, le boire et le manger. Triste et mélancolique, il vivait les yeux fixés sur Diane.

Il avait dix-neuf ans ; elle en avait près de quarante. Mais son éclatante beauté dépassait celle de toutes les jeunes filles de la Cour. A une époque où les femmes étaient vieilles à trente ans, une telle fraîcheur paraissait étonnante, voire insolite, et l'on prétendait qu'elle usait de philtres. Or son secret était simple : levée à six heures chaque matin, elle prenait un bain d'eau froide, puis montait à cheval et faisait une promenade dans la campagne, jusqu'à huit heures. Ensuite, elle rentrait se coucher, prenait un petit déjeuner léger et, jusqu'à midi, lisait au lit. Les poudres et les pommades lui étaient inconnues, et elle dédaignait même le fard, qui eût terni sa fraîcheur.

Toute la Cour — sauf Mme d'Étampes, bien entendu — était d'accord pour la trouver adorablement belle. On copiait sa démarche, ses gestes, ses coiffures. Elle servit, d'ailleurs, à établir les canons de la beauté, dont toutes les femmes, pendant cent ans, cherchèrent furieusement à se rapprocher :

Trois choses blanches : la peau, les dents, les mains.
Trois noires : les yeux, les sourcils, les paupières.
Trois rouges : les lèvres, les joues, les ongles.
Trois longues : le corps, les cheveux, les mains.
Trois courtes : les dents, les oreilles, les pieds.
Trois étroites : la bouche, la taille, l'entrée du pied.
Trois grosses : les bras, les cuisses, le gros de la jambe.
Trois petites : le tétin, le nez, la tête.

***

Un jour qu'elle était légèrement souffrante, Diane reçut une lettre passionnée du dauphin :

Madame,

Je vous supplye de me mander de vostre santé, afin que, selon cela, je me gouverne. Car si vous contynuyez à vous trouver mal, je ne vouldrois faillir vous aller trouver pour vous faire servyce, selon que j'y suis tenu, et aussi qu'il ne me seroit possible de vivre si longtemps sans vous voir... Estant éloigné de celle de qui dépent tout mon bien, il est malaisé que je puisse avoir joie...

Cependant, je vous supplie d'avoir souvenance de celui qui n'a jamais connu qu'un Dieu et une amie, et vous assure que n'aurez point de honte de m'avoir donné le nom de serviteur, lequel je vous supplie de me conserver pour jamais...

HENRY.

Diane pensa dès lors que les choses ne pouvaient pas rester longtemps à ce stade, le jeune prince risquant de mourir d'un coup de sang avant d'avoir ceint la couronne de France.

Allait-elle devenir la maîtresse du dauphin, après trente-neuf années de vie irréprochable? La grande sénéchale se posa brusquement la question qu'elle écartait de son esprit depuis longtemps et fut prise de vertige. Une existence nouvelle, extraordinaire, s'offrait à elle : maîtresse de Henri, elle pouvait, un jour, devenir la favorite du roi de France, l'adversaire triomphante de Mme d'Étampes, et l'égérie toute puissante d'un souverain faible et peu au fait de la politique.

Effarouchée et ravie, elle chercha à calmer sa conscience. La chose fut assez facile, car, avec cette charmante hypocrisie que possèdent les femmes, elle se trouva une admirable excuse : « Le dauphin est jeune, timide, gauche et sans expérience. Il est de mon devoir de l'aider à devenir un homme et un grand roi... »

Pénétrée de l'importance du rôle qu'elle avait à jouer, elle attendit désormais l'occasion.

Celle-ci se présenta quelques semaines plus tard à Ecouen où le Grand Maître Anne de Montmorency avait invité Diane et Henri dans son fameux « château obscène », dont chaque fenêtre était garnie de vitraux tellement licencieux que « la lumière rougissait en les traversant ».

L'endroit était idéal pour ce que préméditait la grande sénéchale. Et, un matin, après une promenade à deux dans le jardin, Diane et Henri allèrent s'enfermer dans une chambre...

Le soir, le dauphin, l'air presque guilleret, rentra à Paris, où Catherine de Médicis le félicita pour sa bonne mine et s'extasia sur les qualités de l'air qu'on respirait en Parisis.

— Vous devriez y retourner souvent, dit-elle, vous y gagneriez des couleurs...

Henri ne se le fit pas dire deux fois, on s'en doute, et prit l'habitude de rencontrer la grande sénéchale chez Montmorency.

Pendant des mois, personne ne se douta de rien.

Or, tandis que la Cour continuait à admirer la vertu de Diane, celle-ci, pourtant si discrète habituellement, se laissait attendrir comme une midinette par sa propre aventure et ne pouvait résister au besoin d'écrire quelques vers en souvenir de sa délectable chute :

Voici vraiment qu'Amour un beau matin,
S'en vint m'offrir fleurette très gentille,
Là se prit-il, à orner vostre teint
Et vestement violiers et jonquille
Me rejettait à tant, que ma mantille
En était pleine... et mon cœur s'en pâmait.
(Car voyez-vous fleurette si gentille
Estoit garçon frais, dispos et jeunet.)
Ainsi tremblante et détournant les yeux
« — Nenni », disois-je. « Ah! ne serez déçue »,
Reprit Amour; et soudain à ma vue
Va présentant un laurier merveilleux
— « Mieux vaut, lui dis-je, être sage que reine »
Ains (1) *me sentis et frémir et trembler.*
DIANE FAILLIT, *et comprendrez sans peine*
Duquel matin je prétends reparler...

(1) Mais.

Dès la première rencontre, Diane, éblouie par la fougue du dauphin, était tombée amoureuse...

Quant à Henri, transformé par cette liaison, il montrait une exaltation de collégien. C'est d'ailleurs à ce moment qu'il se dessina, par jeu puéril, un monogramme où se trouvaient l'H de son nom et deux fois le D de Diane entrelacés de telle façon qu'on pût croire qu'il s'agissait là de l'initiale de Catherine mêlée à la sienne (1) :

Ce monogramme orna bientôt ses armes, en attendant de se trouver, un jour, sur tous ses châteaux et même sur sa robe de sacre.

Bref, le jeune Henri, absolument subjugué par cette maîtresse intelligente et expérimentée, ne tarda pas à être entièrement sous sa domination...

*
* *

Avant de montrer les conséquences politiques de cette liaison, il convient, je crois, de détruire une légende absurde et tenace qui veut que le dauphin, en devenant l'amant de la grande sénéchale, ait pris la place de son père...

Voyons d'abord quels faits authentiques ont donné naissance à ce bruit. En 1523, le seigneur de Saint-Vallier, père de Diane, avait été arrêté comme complice du connétable de Bourbon et condamné à mort. Alors que le glaive du bourreau tournoyait déjà au-dessus de sa tête, un cavalier lancé au galop apporta une lettre du roi : il était gracié. François Ier avait fini par se rendre aux prières de la grande sénéchale qui venait plusieurs fois par jour implorer le pardon pour son père.

(1) Sur certaines tapisseries, ce sont des croissants qui forment l'arrondi des D. Le monogramme est alors plus clair encore puisque le croissant de lune est le signe de la déesse Diane.

Cette grâce, accordée *in extremis*, frappa l'esprit du bon peuple qui chercha, comme toujours, à embellir l'histoire, et l'on murmura que Diane avait eu quelques bontés pour le souverain...

Rumeur qui fut reprise et amplifiée, quelques années plus tard, par les protestants, lorsque ceux-ci eurent à lutter contre la grande sénéchale ; et Régnier de la Planche, dans son livre *De l'estat de la France sous François Ier*, écrivit sans sourciller : « En son jeune âge, Diane racheta de son pucelage la vie du sieur Saint-Vallier, son père. »

Or, en 1523, Diane était mariée depuis huit ans. il y avait beau temps que son pucelage ne la gênait plus.

Mais c'est Brantôme, soixante-sept ans plus tard, qui donna, bien entendu, le plus de détails sur cette histoire issue de l'imagination populaire. Écoutons-le : « J'ai entendu parler, dit-il, d'un grand seigneur qui, ayant été jugé d'avoir la tête tranchée, si qu'étant déjà sur l'échafaud sa grâce survint que sa fille qui était des plus belles avait obtenue et il ne dit autre chose, sinon : « Dieu sauve le bon c... de ma fille qui m'a si bien sauvé... »

Ce mot extraordinaire n'est cité par aucun contemporain ; or il eût frappé, je crois, ceux qui entouraient l'échafaud...

Il faut donc tenir l'anecdote pour indiscutablement fausse. Mais les légendes ont la vie dure, et, pour pouvoir prétendre que François Ier avait été l'amant de Diane, des historiens ont présenté pendant bien longtemps des lettres passionnées écrites au roi par une femme...

— Cette femme, disaient-ils, c'est Diane! Les experts en écriture sont formels.

Ils avaient tort d'être aussi catégoriques, car il s'agissait d'une grossière erreur ; et Guiffrey a démontré par simple comparaison de graphies que l'auteur des lettres était Mme de Châteaubriant...

Il ne reste donc plus le moindre doute, et tous les historiens sont d'accord aujourd'hui pour affirmer que Diane de Poitiers n'a jamais été la maîtresse de François Ier.

C'est donc en femme honnête, si j'ose dire, qu'elle entra dans le lit du dauphin...

***

La duchesse d'Étampes fut la première à soupçonner ce qui se passait entre le dauphin et la grande sénéchale. Elle se livra à une enquête discrète et acquit bientôt la certitude que la vertueuse chasseresse, ayant, si j'ose dire, plus d'une corde à son arc, faisait les belles nuits de l'héritier du trône. Elle en fut stupéfaite, ulcérée et inquiète.

Ainsi donc, Diane, qu'elle haïssait en silence depuis le fameux concours de beauté qui les avait na guère opposées, devenait brusquement sa future remplaçante — autant dire sa rivale.

Le dauphin lui importait peu, et elle eût accepté de voir n'importe quelle maîtresse dans le lit du prince Henri ; mais que le destin eût choisi précisément la femme à qui elle devait le plus cuisant affront de son existence, la mit dans un état de grande nervosité dont s'alarma François Ier.

Enfermée dans sa chambre, elle rumina sa colère, cherchant un moyen de se débarrasser à tout jamais de la grande sénéchale. La satire lui parut être une bonne arme et elle décida de faire fuir son ennemie sous les quolibets et les sarcasmes de la Cour...

Dès le lendemain, Anne avait préparé son plan. Elle convoqua un de ses protégés, le poète champenois Jean Voulté, et lui demanda de composer des vers ironiques et cruels contre la maîtresse du dauphin.

Certain d'être bien payé, le poète se mit aussitôt au travail et rima en latin des épigrammes fort injurieuses qui furent rapidement connues de toute la Cour. Dans ces vers, Jean Voulté accusait grossièrement — et faussement — Diane de Poitiers de farder son visage de blanc et de rouge, de porter des dents artificielles et même des cheveux d'emprunt.

La grande sénéchale riposta sans tarder, en faisant sournoisement courir des bruits fâcheux sur la fidélité de la favorite.

La guerre entre les deux dames était déclarée.

Se voyant découverte, la duchesse d'Étampes mit bas le masque et attaqua ouvertement sa rivale, la traitant en public de *vieille édentée*, de *vieille ridée*, et racontant, en riant très fort, « qu'elle était née le jour du mariage de la grande sénéchale ». Ce qui était faux, car les deux femmes n'avaient que neuf ans de différence.

Alors, Diane lança de nouvelles accusations beaucoup plus précises cette fois, avec l'espoir que le roi en serait ému. Et l'on murmura que l'ardente favorite « avait souventes fois compté les solives en compagnie du sire de Dampierre, du comte de la Mirandole, de Clément Marot et de quelques autres seigneurs ; oultre ceux-ci, ils estoient bien dix et plus à la Cour qui eussent pu affirmer, sans pécher, lui avoir touché le brimborion »...

Or, si Mme d'Étampes mentait lorsqu'elle traitait Diane de vieille ridée, celle-ci n'avait pas tout à fait tort en prétendant que la favorite trompait le roi.

Mais François Ier était trop attaché à la blonde duchessse pour qu'une rupture fût possible, même sous l'empire de la jalousie. Une anecdote le prouvera Un jour que le souverain était à la chasse, la favorite posta la demoiselle Renée des Colliers à l'œil de bœuf du corridor.

— Dès que le roi entrera dans la cour, lui dit Mme d'Étampes, venez frapper à la porte de ma chambre.

Bien entendu, la demoiselle s'endormit, et François Ier, pénétrant chez sa maîtresse, trouva celle-ci couchée avec le jeune Christian de Nançay. Les accusations de la grande sénéchale se trouvaient donc brusquement vérifiées.

Durant quelques secondes, la duchesse d'Étampes se crut perdue.

Le roi comprit qu'un scandale l'obligeait à chasser l'infidèle. Il préféra faire semblant de ne pas la reconnaître.

— Que cette femme se lève ! dit-il simplement. Et vous, Monsieur, qui osez entretenir ici des intrigues avec *une suivante de Mme d'Étampes*, allez réfléchir en prison sur l'inconvenance d'une pareille conduite...

Puis il sortit, très pâle.

Diane de Poitiers n'avait donc aucune chance de séparer le roi de sa maîtresse. D'ailleurs, pour montrer qu'il ne faisait aucun cas des accusations lancées par la grande sénéchale, François Ier, à quelque temps de là, se fit accompagner de Mme d'Étampes pour aller rendre visite au pape...

***

La lutte entre les favorites devint si farouche que deux camps se formèrent bientôt à la Cour. On oublia la guerre contre l'empereur pour se ranger derrière la fringante duchesse d'Étampes ou aux côtés de l'altière grande sénéchale.

Il y eut le parti du dauphin et celui du roi. François Ier et son fils se trouvèrent donc divisés à cause de leurs maîtresses au moment précis où Charles-Quint regroupait de nouvelles forces contre la France...

Autour du roi et de Mme d'Etampes, il y avait Marguerite d'Angoulême, sœur de François Ier, du Bellay, l'amiral de Brion et quelques seigneurs favorables aux idées lancées par Luther. Autour du dauphin et de Diane de Poitiers, il y avait la reine Éléonore, le Grand Maître Anne de Montmorency, les princes de Lorraine et, aussi étrange que cela puisse paraître, la dauphine Catherine de Médicis, qui se montrait douce, gentille et prévenante pour la maîtresse de son mari.

La Florentine cachant, avec une force peu commune, la jalousie qui la torturait, souriait à Diane et à ses amis. Mais, déjà, des idées de vengeance commençaient à lui venir... Et, peu à peu, l'amertume et la haine lui façonnèrent l'une des âmes les plus noires qui aient jamais habité un corps humain...

Une étrange histoire allait, d'ailleurs, lui fournir un exemple dont elle ne manquerait pas de s'inspirer un jour.

Au mois d'octobre 1537, alors que la Cour vivait dans une atmosphère de guerre froide, une nouvelle vint surprendre tout le monde : Mme de Châteaubriant était morte.

L'ex-favorite disparaissait à quarante-trois ans ayant conservé jusqu'au dernier jour son éclatante beauté. Le roi fut bouleversé. Montant à cheval, il fila d'une traite jusqu'à Châteaubriant pour s'incliner devant la tombe fraîchement close de son ancienne « mye ».

Rentré à Fontainebleau, il se désintéressa un moment de la querelle des « dames » et « se consacra à sa peine, » nous dit un historien du temps. Il composa même un poème fort mélancolique qui se terminait par :

L'âme est en haut, du beau corps c'en est fait
Icy dessous.

Pendant ce temps, Clément Marot rimait pour la belle Françoise une épitaphe dont le dernier vers mériterait d'être inscrit sur le tombeau de toutes les favorites du monde :

Ci gît un rien, là où tout triompha.

Ce vers fut commenté comme il se doit, puis la cour oublia Mme de Châteaubriant pour reprendre ses intrigues. C'est à peine si quelques facétieux clignèrent de l'œil lorsque le sire de Châteaubriant, dix jours après la mort de sa femme, réussit à se faire donner par le roi les lettres lui concédant « la jouissance des revenus des terres et seigneuries de Rhuys et Sucinio, pour en user comme en jouissait Mme de Châteaubriant, sa femme, récemment décédée ».

Tout le monde, en effet, trouva normal que le gouverneur de Bretagne profitât des cadeaux reçus par sa femme « pour ce que le roi accointait icelle et le faisoit cocu »...

Or, trois mois plus tard, en janvier 1538, un bruit colporté par des Bretons stupéfia la Cour : Mme de Châteaubriant n'était pas morte de mort naturelle, elle avait été assassinée par son mari...

Ces braves gens racontaient une histoire horrible. A les entendre, Jean de Laval avait dissimulé sa jalousie pendant des années, feignant l'indifférence ou la cupidité : puis, au début de 1538, sachant que le roi, pris définitivement par Mme d'Étampes, ne pouvait plus protéger Françoise, il avait résolu de se venger.

Après avoir annoncé que sa femme était souffrante, il avait enfermé la malheureuse dans une chambre tendue de noir comme un cercueil. Elle y était restée six mois entiers sans voir personne. Et, le 16 octobre, il avait fait entrer six hommes masqués et deux chirurgiens. Ceux-ci étaient armés de longs couteaux effilés. Sans prononcer une parole, ils avaient bondi sur Françoise qui hurlait de terreur et l'avaient saignée aux bras et aux jambes. Après quoi, la pauvre était morte aux pieds du comte de Châteaubriant. En effet, tandis que le sang de l'ex-favorite se répandait en nappe tiède dans la chambre, le comte se tenait droit contre la tapisserie.

— Et, ajoutaient les braves Bretons, il étoit fort pâle...

On comprend cela.

Cette lugubre histoire était-elle fondée sur des faits exacts ? Le roi, fort ému, chargea le Grand Maître Anne de Montmorency d'aller enquêter sur place. L'enquête ne donna aucun résultat et l'affaire fut classée.

Mais, quelque temps après, on devait apprendre que M. de Châteaubriant déshéritait ses neveux et léguait tous ses biens « par don irrévocable entre vifs »... au Grand Maître Anne de Montmorency...

Est-il besoin de conclure ?

***

Toute cette affaire n'avait pas interrompu une seconde la « guerre des dames », et François Ier, dans l'impossibilité d'intervenir lui-même, se plaisait à prouver que la duchesse d'Étampes conservait sa confiance et son estime en la couvrant de cadeaux somptueux.

Mais, à ce jeu, le Trésor, déjà mal en point, fut rapidement à sec ; et le roi dut se séparer de 1 200 hommes de troupe qu'il ne pouvait plus payer. Acte regrettable qui lui valut une critique curieusement formulée des basochiens. Écoutons le chroniqueur François de Bonnivard nous conter la chose : « Luy mesme (François Ier), il était libéral, magnanime, humain, et bref en toutes vertus accompli hormis qu'il était subject à volupté, et en sa jeunesse fit maints excès à gents particuliers dommageables, car il alloit de jour et de nuit en masque riblant ça et là, frappant et battant cestuy et l'autre ; mais il se chastia en âge vieil, hormis des femmes (car il y fut subject depuys le berceau jusqu'à la mort), auxquelles il donnoit tout ce qu'il avoit, en sorte que par ses dons successifs du commencement de son règne, force luy fut de casser 1 200 hommes d'armes pour ce que l'on ne trouvoit de quoi les payer, ce dont la basoche de Paris fut émue de jouer une telle farce.

» Ils firent tailler un gros membre d'homme qu'ils corouèrent, mirent sus une charette et alloient luy donnant du fouet par tous les carrefours et avaient aposté des gens qui leur disoient : — Mes amis, à qui est ce pauvre v... que vous allez ainsi fouettant, et en quoi a-t-il mesfaict ? Ils répondirent : — C'est le v... du roy qui a bien mérité le fouet et pis.

— Comment, disoient les autres, a-t-il chevauché sa cousine ?

— Il a bien faict pis, répondoient-ils (les clercs de la basoche).

— Comment, a-t-il chevauché sa sœur ? — Pis ! — Par aventure, sa mère ? — Encore pis ! — Est-il par hasard bougre ? — Encore pis ! — Quel crime a-t-il donc commis ? — Il a chevauché douze cents hommes d'armes, disoit-on par conclusion. »

Cette procession déplut beaucoup au roi...

20

LES FEMMES ET LA RÉFORME

> Sans Mme d'Étampes, il n'y aurait peut-être pas eu de guerres de religion.
>
> GRAND-CARTERET.

A PLUSIEURS reprises, j'ai fait allusion, dans les chapitres précédents, à la lutte qui opposait depuis le début du XVIe siècle catholiques et protestants. Je crois que le moment est venu de montrer le rôle que les femmes ont joué dans la naissance de la crise religieuse qui secoua la chrétienté pendant plus de cent ans. Car c'est à cause de quelques jolies filles trop séduisantes que l'Europe occidentale fut ensanglantée par les guerres de religion...

De nombreux ecclésiastiques, en effet, ne vivaient pas dans l'état de chasteté désiré par les membres du Concile général de Latran. Ils partageaient leur couche avec de sémillantes demoiselles, grâce auxquelles ils avaient bonne année, bonne santé, le paradis avant la fin de leurs jours...

Ce comportement un peu osé pour des ministres du Seigneur commença par faire rire, car en France le lit amuse. Seules, quelques vieilles filles amères se répandirent en critiques féroces, vouant à tous les tourments de l'enfer les moines amateurs de dames.

Mais ces saints hommes commirent une imprudence qui fit soudain changer l'opinion à leur égard.

Non contents d'entretenir chez eux des concubines ou de recevoir dans leur chambre quelques filles de joie expertes aux jeux d'alcôve, ils firent, entre deux bréviaires, subir de délectables outrages à certaines de leurs paroissiennes. Alors, les hommes qui riaient en clignant de l'œil devinrent furieux, car il n'était pas rare que de dignes épouses revinssent de chez M. le Curé avec un « petit enfant de chœur dans le bénitier ».

Aussitôt, ces braves gens, qui ne songeaient à discuter ni des dogmes ni de la liturgie, que la transsubstantiation, la virginité de Marie ou que l'intérêt qu'il pouvait y avoir à dire la messe en latin laissaient indifférents, désirèrent que l'Église procédât à d'indispensables réformes... Et ils commencèrent à déclarer hautement que les prêtres, au lieu d'en être réduits à détourner des épouses, devraient pouvoir trouver un apaisement à leurs ardeurs dans le saint sacrement du mariage.

Des discussions passionnées s'engagèrent alors, et certains érudits rappelèrent l'autorité regrettable des femmes d'évêques, les fameuses *episcopæ* au VIe siècle, et les honteux trafics auxquels donnait lieu l'arrivisme de ces dames.

— Combien de femmes de chanoines, disaient-ils, entraient dans le lit d'un cardinal pour faire avoir de « l'avancement » à leurs maris...

D'autres allaient jusqu'à citer l'exemple navrant de Badégésile, femme de l'évêque du Mans, « qui excitait continuellement son mari à commettre des crimes ». Névrosée, hystérique, maniaque, elle organisait des parties fines à l'issue desquelles « elle coupait aux hommes les parties naturelles et la peau du ventre, et faisait brûler aux femmes, avec des fers ardents, les parties secrètes de leur corps (1) ». Désordres qui plaçaient son époux dans un climat peu propice à la prière, on s'en doute.

Mais ces anecdotes ne parvenaient pas à convaincre tout le monde, et de nombreux catholiques réclamant le mariage des prêtres se trouvaient, sans le

(1) Grégoire DE TOURS, *Chroniques.*

savoir, dans un état d'esprit qui rendait possible n'importe quelle tentative de schisme.

Quelques âmes simples s'étonnaient pourtant de l'indulgence dont faisait preuve le pape et pensaient que des peines terribles allaient un jour s'abattre sur les coupables.

Les pauvres devaient être bientôt cruellement détrompées. Un ouvrage tenu secret fut soudain rendu public par certains clercs qui réclamaient depuis longtemps une réforme de l'Église. Il s'agissait du *Livre des taxes de la Cour de Rome*, qui révélait de curieux trafics d'indulgences. En effet, le pape, comprenant qu'il ne parviendrait jamais à corriger les mœurs du clergé, avait trouvé habile de profiter de la vigueur des saints prêtres pour boucler son budget. Il autorisait donc certains actes de luxure aux ecclésiastiques moyennant une petite somme d'argent...

Et le peuple, ébahi, put lire : *L'absolution et pardon de tous actes de paillardise commis par un clerc en quelque sorte que ce soit, et fût-ce avec une nonnain, dedans ou dehors le pourpris de son monastère, ou avec ses parentes ou alliées, ou avec sa filleule ou avec une autre femme quelle qu'elle soit ; soit aussi que ladite absolution se fasse au nom du clerc simple, ou de lui et de ses putains, avec dispense de pouvoir prendre les ordres, et tenir bénéfices ecclésiastiques, avec aussi la clausule inhibitoire, coûte* 36 *tournois et* 9 *ducats, ou* 3 *ducats. Et si, outre ce que dessus, il y a absolution de bougrerie, et péché contre nature, et fût-il fait avec des bêtes brutes, et que la dispense que dessus, et la clausule inhibitoire y soit, il faut* 90 *tournois* 12 *ducats* 6 *carlins. Mais s'il y a simple absolution du péché de bougrerie, ou du péché commis contre nature, avec les bêtes brutes, avec dispense et la clausule inhibitoire, il faut* 36 *tournois et* 9 *ducats. Une nonnain, ayant paillardé plusieurs fois dedans ou dehors le pourpris de son monastère, sera absoute et réhabilitée à pouvoir tenir toutes les dignités de son ordre, voire la dignité abbatiale, moyennant* 36 *tournois et* 9 *ducats. L'absolution pour un qui tiendrait à pot et à feu une concubine, avec dispense de pouvoir prendre ses ordres et tenir bénéfice ecclésiastique, coûte* 21 *tournois*, 5 *ducats*, 6 *carlins* (1).

Cette fois les braves gens furent scandalisés. On commença à dire du pape Jules II « qu'il s'était fait marchand », et les fidèles se divisèrent en papistes et en antipapistes...

***

C'est alors qu'on commença à parler, en France, d'un moine allemand, nommé Martin Luther, qui prêchait la réforme de l'Église.

Bon vivant, fort en gueule, véritable tribun populaire, Luther n'était pas du tout le personnage que les manuels d'histoire ont tendance à nous présenter. Il aimait les femmes, le bon vin, les chansons, et ses discours, pleins d'humour, étaient truffés d'expressions savoureuses, grossières parfois, voire scatologiques, qui réjouissaient le peuple.

C'était une espèce de Rabelais allemand, ainsi que nous le prouve l'histoire suivante : un dominicain essayant de le réfuter dans un mémoire, et ne pouvant en venir à bout, lui avait proposé, finalement, la double épreuve du feu et de l'eau.

Luther, d'une plume alerte et joyeuse, répondit au dominicain : *Je me moque de tes cris comme des braiements de l'âne. Au lieu d'eau, je te conseille du jus de vigne; au lieu de feu, hume appétissante d'une oie rôtie; viens à Wittemberg si le cœur t'en dit. Moi, docteur Martin Luther, à tout inquisiteur de la foi, à tout mangeur de fer rouge, à tout pourfendeur de rochers, savoir faisons qu'on trouve ici bonne hospitalité, porte ouverte, table garnie, soins empressés, grâce à notre duc et prince l'électeur de Saxe.*

Il critiquait avec la même verve certains articles de foi, ironisait sur les Mystères et raillait les sacrements...

Mais, pour le peuple, les questions théologiques

(1) Publié à Rome en 1514 sous le titre de : *Regule, constitutiones reservationes concellaries. Domini nostri Leonis pape decimi, noviter edite et publicate*. Les protestants l'éditèrent par la suite sous le titre : *Taxe des parties casuelles de la boutique du pape...*

semblaient secondaires. L'important était de savoir si le clergé allait continuer à manquer de chasteté avec les paroissiennes. Un partisan de la Réforme ramena d'ailleurs, et à la satisfaction générale, le débat à son origine. « Quant aux prêtres, dit-il, je leur donnerais des femmes pour les forcer à quitter leurs concubines ; je donnerais des concubines aux moines pour les empêcher d'être les maris de toutes les femmes et les femmes de tous les maris (1). »

Ainsi, de nouveau, le problème essentiel était posé et, comme toujours, c'était un problème sexuel.

***

En 1525, Luther, qui s'était défroqué, rencontra une petite nonne nommée Catherine de Bora. Elle était si jolie qu'il en tomba amoureux, l'enleva et l'épousa.

Cette aventure étonna les antipapistes, et certains allèrent jusqu'à prétendre que, si le joyeux moine allemand prêchait tant en faveur du mariage des prêtres, c'était pour vivre en toute sécurité avec un joli tendron. Naturellement, les papistes en profitèrent pour essayer de discréditer Luther, qu'ils présentèrent comme un gros paillard.

Une telle réputation n'était pas pour lui faire tort en France. Au contraire. Et de nombreux catholiques commencèrent à considérer avec sympathie la doctrine de ce moine qui vitupérait le concubinage des prêtres tout en aimant goûter les douceurs du déduit.

A cette époque où le bon ton voulait qu'on fût un peu obscène dans sa façon de vivre, toute entreprise libertine suscitait l'enthousiasme ; aussi l'enlèvement de la jeune nonne avait-il rendu extrêmement populaire le moine d'Erfurt.

De nombreux princes et familiers de la Cour furent séduits par ce gaillard dont la virilité, disait-on, dépassait celle de l'évêque de Blois... Et deux grandes dames qui touchaient de très près le roi : Marguerite de Valois, sa sœur. et la duchesse d'Étampes, sa

(1) PASQUIN.

maîtresse, n'hésitèrent pas à se déclarer folles de Luther, malgré les supplices que l'on commençait à faire subir aux partisans du « novateur ».

Bientôt, avec le zèle des néophytes, elles tentèrent de convertir le roi à la religion luthérienne.

Car il s'agissait, maintenant, d'une véritable religion. Les diatribes contre le concubinage des prêtres étaient dépassées, et les réformateurs s'attaquaient aux dogmes, aux symboles et même, dans leur frénésie, à des rites plus anciens que le christianisme...

***

François Ier fut donc conduit par Mme d'Étampes à Saint-Eustache pour y entendre un luthérien nommé Le Coq. La favorite avait soufflé à l'orateur quelques arguments propres à jeter le trouble dans l'âme de son amant. Hélas! Le Coq eut un trou de mémoire, chercha en vain les phrases qu'il avait apprises et, furieux contre lui-même, s'emporta, frappa la chaire à coups de poings en criant : « *Sursum corda. Sursum corda.* »

Le roi, très fâché, demanda pourquoi on l'avait fait se déranger pour entendre un énergumène, et il rentra chez lui.

C'était raté.

Mais Marguerite et Mme d'Étampes, avec l'ardeur qui anime toujours les prosélytes, ne se tinrent pas pour battues. Quelques semaines plus tard, elles amenèrent dans la chambre du roi un de leurs amis, Landri, qui passait pour un grand théologien. Par amour pour sa maîtresse, François Ier consentit à le recevoir. Tout en caressant les cheveux de Mme d'Étampes, il écouta Landri parler du purgatoire, du culte des saints et de la messe en sept points. Puis il discuta, fit quelques objections, et le pauvre protestant, qui avait tout juste assez de théologie pour briller devant la maîtresse du roi et quelques dames, « bafouilla et dit de si pitoyables choses qu'on dut l'éconduire poliment ».

Quelques jours plus tard, troublé peut-être par la conversation qu'il avait eue avec Francois Ier, il revenait d'ailleurs au catholicisme...

C'était raté encore une fois, et la favorite en fut navrée. Désespérant de convertir le roi, elle décida d'user simplement de son influence pour protéger les luthériens et aider de toutes ses forces à la propagation de leur doctrine.

Mais elle allait se trouver face à face avec son ennemie Diane de Poitiers qui, elle, se dévouait pour le parti catholique.

C'est ainsi que la lutte entre papistes et antipapistes allait s'envenimer à cause d'une bataille de femmes...

***

Lorsqu'elle avait appris que la duchesse d'Étampes était favorable aux protestants (1), Diane de Poitiers, en effet, s'était sentie fortifiée dans ses convictions catholiques...

Sans perdre un instant, elle avait convoqué chez elle le Grand Maître Montmorency pour lui faire admettre la nécessité de démontrer au roi les dangers d'un schisme qui pouvait rapidement diviser la France et rendre périlleuse la situation du trône...

Ces nobles sentiments, bien insolites chez la grande sénéchale, « qui n'était pas portée sur la religion », cachaient une habile manœuvre. Son but, en poussant François Ier à considérer les luthériens comme des trublions dangereux et des ennemis de la couronne, était de provoquer la disgrâce de Mme d'Étampes...

Montmorency se rendit chez le roi, qui écouta attentivement et promit de réfléchir à ce grave problème.

Alors le Grand Maître insista :

— Il faut faire brûler ces hérétiques, dit-il.

— Jamais, répliqua simplement François Ier.

C'était raté aussi de ce côté-là!

***

Naturellement, la favorite fut mise au courant de cette démarche. Elle devina aisément quelle pou-

(1) On les appelait ainsi à partir de 1530, à cause des « protestations » ou « confessions » d'Augsbourg.

vait en être l'instigatrice et comprit que tout était dirigé contre elle. Furieuse, elle décida de se venger encore une fois en faisant circuler des pamphlets sur son ennemie, et elle s'adressa à Clément Marot, qui se fit un plaisir d'attaquer la grande sénéchale « pour ce qu'elle lui rappelait une cuisante défaite amoureuse ».

Il avait, en effet, quelques années auparavant, fait la cour à Diane, lui envoyant des vers enflammés et des invites à partir dans les étoiles. La veuve du comte de Brézé ne s'était pas fâchée, flattée sans doute de ces hommages poétiques. Mais, un jour, Marot, redescendant sur terre, avait fait comprendre qu'entre deux voyages sur un rayon de lune il n'était pas contre une petite halte dans un lit confortable... Alors, elle l'avait éconduit.

Depuis, il la haïssait.

La duchesse d'Étampes avait donc parfaitement choisi son homme.

Il commença par insulter grossièrement Diane en la comparant à une déesse libertine, et, nous dit Lénient : « L'univers dut apprendre les perfidies de l'altière *Luna* et les désordres de l'impudique *Isabeau*, pseudonymes offensants qui n'étaient un secret pour personne (1). »

Alors la maîtresse du dauphin eut une idée de génie : elle affecta de croire que ces injures s'adressaient à Dieu.

— Ce poète est un hérétique et un blasphémateur, dit-elle.

Double accusation très grave pour l'époque. Et, un matin, Marot reçut la visite de trois personnages qui l'invitèrent à les suivre chez le sieur Bouchart, docteur en théologie et grand inquisiteur pour la foi. Là, il apprit qu'on l'accusait d'avoir mangé du lard en carême, c'est-à-dire d'être luthérien.

Marot, qui était resté jusqu'à ce moment absolument indifférent aux luttes religieuses, fut extrêmement surpris de ce reproche et jura ses grands dieux qu'il croyait à « la sainte, vraie et catholique Église ».

(1) LÉNIENT, *La satire en France au XVIe siècle.*

On le mit néanmoins en prison, ce qui lui donna le loisir de composer une jolie ballade à l'adresse de la grande sénéchale qu'il savait être à l'origine de son arrestation :

Un jour j'écrivis à ma mie
Son inconstance, seulement,
Mais elle ne fut endormie
A me le rendre chaudement.
Car dès l'heure, tint parlement
A je ne sais quel papelard
Et lui dit tout bellement :
Prenez-le, il a mangé du lard...

Libéré au bout d'un an, il mena une vie inquiète et s'intéressa aux luthériens, dont il partageait désormais les dangers... C'est ainsi que les accusations de Diane de Poitiers poussèrent malgré lui l'auteur du célèbre poème *Au beau tétin* (1) dans le camp des protestants.

***

Dépitée, la grande sénéchale chercha un moyen de faire arrêter tous les protégés de la duchesse d'Étampes. L'occasion allait lui en être donnée par les luthériens eux-mêmes.

(1) On connaît ce poème si peu conforme à la légendaire pudibonderie des réformés :

Tétin refait, plus blanc qu'un œuf,
Tétin de satin blanc tout neuf,
Tétin qui fait honte à la rose,
Tétin qui jamais ne repose
Tétin dur (non pas tétin, voire,
Mais petite boule d'ivoire)
Au milieu duquel est assise
Une fraise ou une cerise...

Tétin gauche, tétin mignon
Toujours loin de ton compagnon...
Quand on te voit, il vient à moins
Une envie dedans les mains
De te tâter, de te tenir ;
Mais il se faut bien contenir
D'en approcher, bon gré ma vie,
Car il viendrait une autre envie...

Le 18 octobre 1534, presque toutes les villes de France furent couvertes d'affiches portant une attaque très violente contre les dogmes et particulièrement contre l'eucharistie. Un de ces « placards » fut même collé sur les portes de la chambre du roi à Blois.

Maladresse qui allait être exploitée, comme bien on pense, par Diane de Poitiers ; car celle-ci accusa naturellement la duchesse d'Étampes d'avoir participé au complot, et posé elle-même l'affiche destinée à François Ier.

La duchesse savait comment se faire entendre de son amant. Tendre, caressante, enjôleuse, elle plaida, entre deux étreintes, la cause de ses amis luthériens, et le roi promit de n'ordonner aucune répression.

Il tint parole.

Mais le Parlement, où la grande sénéchale comptait des amis, fit, *de son propre chef, dresser des bûchers, et six protestants — les premiers — furent brûlés...*

C'est alors que Clément Marot, peu rassuré, décida de quitter la France. Avant de partir, il eut l'idée amusante de « laisser un pétard » et publia un poème intitulé *Adieu aux dames de Paris*, où il mettait en cause fort clairement, et avec de nombreux détails libertins, toutes les femmes « avec lesquelles il s'était donné du plaisir... ».

Ce poème causa, on s'en doute, un grand scandale et provoqua des drames épouvantables dans de nombreux ménages...

Aussi n'eut-il que le temps de s'enfuir à Venise, où il se mit à composer des cantiques fort édifiants qui sont toujours chantés dans les temples...

***

Diane, ulcérée à la pensée que le poète de son ennemie avait échappé aux flammes du bûcher, essaya de prendre sa revanche en faisant courir le bruit que Mme d'Étampes trompait le roi avec des réformés.

Cette calomnie arriva rapidement aux oreilles de François Ier. Mais elle n'eut pas l'effet escompté par la grande sénéchale. Au contraire, le souverain, pour montrer à la favorite qu'il lui conservait toute sa confiance, prit les protestants sous sa protection.

Le lendemain, Mme d'Étampes, ravie de pouvoir montrer sa force à Diane de Poitiers, faisait détruire quelques statues de saints à la porte des églises. Geste qui vexa la maîtresse du dauphin, mais irrita bien plus encore les catholiques.

Ainsi, toute cette guerre entre deux dames de petite vertu attisait les haines et préparait doucement les massacres d'Amboise, de Vassy et de la Saint-Barthélemy...

En 1538, la duchesse d'Étampes, qui « avait le goût du fiel dans la bouche quand elle pensait à Diane », commanda à Jean Visagier un nouveau pamphlet contre la grande sénéchale. Le poète publia alors, en latin, une série d'injures extrêmement violentes, dont voici un extrait : *Toi, il te reste à peine un fragment de dent dans les joues, la puce y fait son nid en toute tranquillité... Toi qui peins ton visage de couleurs achetées, qui ornes ta bouche de dents fausses, qui caches les neiges de ta tête sous une chevelure d'emprunt dans l'espoir que les jeunes gens te suivront, tu es bien sotte...*

Et il concluait à l'adresse de cette femme qui avait tout juste quarante ans :

C'est la plus laide des dames de la Cour, la plus vieille des vieilles, la plus dégoûtante, plus usée que la croupe et les fesses d'une inepte guenon, plus sordide que ne le sont les loups ; elle n'a rien d'agréable, ni d'élégant... Des mamelles vides et pendantes, des rides innombrables peuvent-elles plaire? Que la Poitevine m'écoute et qu'elle sache ceci : les femmes ne renaissent jamais, car celles que le temps fait choir dans l'usage, celles-là, avec le temps, deviennent hors d'usage ; une fois tombées, elles ne se relèvent plus...

Naturellement, les catholiques furent outrés par ces insultes grossières, et, pour venger leur amie, tombèrent à bras raccourcis sur tous les protestants qu'ils rencontraient...

Quant à Diane, elle riposta en accusant la favorite de pratiquer la sorcellerie et « d'épuiser la force des jeunes garçons ». Parmi les amants qu'elle lui attribuait, se trouvait, cette fois, un écrivain protestant, Théodore de Bèze.

— Les luthériens accusent les catholiques de toutes les turpitudes, disait-elle, alors que leurs chefs se vautrent dans le vice. M. de Bèze, par exemple est le plus grand débauché du siècle.

Pour une fois, la grande sénéchale disait vrai. Le disciple de Calvin vivait, selon le mot de Grand-Carteret, « dans un concubinage universel » et passait son temps à séduire les jolies femmes qui venaient lui parler de la nouvelle religion. Certains l'accusaient même d'utiliser la Réforme pour se trouver des maîtresses...

Cette véritable obsession sexuelle était naturellement tournée en ridicule, et le chef protestant devint bientôt le héros favori — et jamais fatigué — des poètes libertins. Jodelle, par exemple, composa le huitain suivant :

De Théodore de Bèze faisant l'amour...

Bèze voulant plaisanter un petit
Disait un jour à une non sotarde :
« De vous baiser j'aurais grand appétit,
Mais votre nez qui est si long m'en garde. »
La dame alors vivement le regarde,
En lui disant : « Pour si peu, ne tenez.
Car si cela seulement vous engarde
J'ai bien pour vous un visage sans nez... »

Si la liste des maîtresses de Théodore de Bèze était longue, la duchesse d'Étampes, toutefois, n'y figurait pas. Cette calomnie avait été lancée par Diane de Poitiers, qui voulait faire passer la favorite pour l'égérie du mouvement protestant...

L'idéal eût été, bien sûr, de lui attribuer une aventure avec Calvin ; mais personne n'aurait été dupe, car il était alors de notoriété publique que le grand réformateur aimait plutôt les petits garçons..

21

LA FRANCE TRAHIE PAR UNE FAVORITE

> Ah ! combien perfides sont les femmes...
>
> *La radio d'État.*

LE roi, soucieux de prouver que les bruits lancés par Diane de Poitiers ne diminuaient aucunement l'estime qu'il portait à sa favorite, se montra de plus en plus affectueux avec elle et alla jusqu'à lui demander publiquement son avis sur les affaires de l'État.

Bientôt, elle assista au Conseil privé...

Maîtresse absolue d'un souverain affaibli avant l'âge par la luxure (1), la jolie duchesse put se croire alors vraiment la maîtresse de la France.

Tout le monde la craignait et s'abaissait devant elle. Marguerite d'Angoulême écrivait à son sujet : « Surtout, assurez-la bien de l'affection que vous sçavez et avez congneu que le roy de Navarre et moy luy portons, s'il estoit possible de luy dire autant qu'il y en a, elle en trouveroit autant que jamais créature fit à aultre. »

Elle était reçue cérémonieusement par les chefs de l'Église, et on la vit, un soir, boire, en même

(1) MICHELET a ce mot magnifique : « François Ier n'est plus qu'une cérémonie, une ombre. »

temps que le cardinal de Ferrare et que le roi, à une aiguière à trois orifices...

On s'adressait à elle pour obtenir les plus hauts postes dans l'armée, la magistrature et la finance. Tavannes, dans ses *Mémoires*, écrit, d'ailleurs, avec quelque humeur : « Dans cette Cour, les femmes faisaient tout, même les généraux et les capitaines. »

Bayle n'est pas moins indigné. « C'est un grand désordre, il faut l'avouer, écrit-il, que la destinée des gens ; leurs faveurs, leur disgrâce dépendent de la fantaisie d'une coquette qui scandalise tout le royaume par le commerce qu'elle entretient tambour battant avec le prince ; mais, si l'on s'amusait à s'écrier : *o tempora, o mores*, si l'on faisait l'étonné et le surpris, on passerait justement pour un étranger dans le monde, car on admirerait comme quelque chose d'extraordinaire ce qui a toujours été commun, et qui l'est encore, et qui, selon toutes apparences, le sera jusqu'à la fin du monde. »

Après cette prophétie, que la plupart de nos hommes politiques se font quotidiennement un plaisir de réaliser, Bayle concluait : « Ce qui console les esprits chagrins là-dessus, c'est que ces coquettes sont fort exposées aux jeux de la bascule... »

Il faut reconnaître que, pour l'heure, la duchesse d'Étampes avait une position fort stable. Sûre de sa puissance sur le roi, elle savait qu'elle pouvait absolument tout entreprendre. Alors, elle décida d'empêcher Diane de Poitiers d'être un jour sa remplaçante, c'est-à-dire la favorite du futur roi de France.

Pour cela, il fallait ou faire déshérité le dauphin, ce qui était impossible, ou bien créer tout de suite des difficultés capables de le gêner le jour de son accession au trône. La duchesse choisit cette solution et imagina de faire épouser au jeune prince Charles, âgé de seize ans, dernier fils de François Ier, une des filles de Charles Quint, avec le Milanais ou les Pays-Bas pour dot.

La guerre des dames prenait subitement un tour violent et fort dangereux pour le royaume des lys...

En effet, si elle réussissait son coup, la duchesse

d'Étampes plaçait, au jour de la mort de François Ier, le dauphin face à face avec un frère puissant qui pouvait réclamer la couronne de France et provoquer une guerre civile...

Mais la duchesse d'Étampes ne voyait que ses avantages dans l'opération, c'est-à-dire, avant tout, l'éviction de Diane et la possibilité d'une retraite confortable à Milan ou à Amsterdam après la mort du roi... (1)

Pour arriver à ses fins et rendre intéressant le jeune Charles aux yeux de l'Europe, la duchesse lui fit donner les plus brillants emplois, alors qu'elle limitait autant qu'il lui était possible la gloire du dauphin.

François Ier suivait ses conseils aveuglément.

Tourmenté par une érotomanie qui tournait à l'obsession, il ne soupçonna même pas l'existence de ces manœuvres. D'ailleurs, rien ne l'intéressait que la recherche des plaisirs pervers : un jour, il emmena les plus gracieuses coquettes de la Cour assister, dans la forêt de Saint-Germain, à l'accouplement des cerfs, se plaisant à souligner d'un mot, d'ailleurs inutile, chaque épisode de la « nuit de noces » de ces braves animaux...

Une autre fois, qu'il se trouvait en compagnie de joyeux viveurs de sa trempe, il ordonna que de très grandes dames assistassent au dîner qu'il offrait, complètement dévêtues.

Étranges distractions qui occupaient — si j'ose dire — tout son esprit.

***

Mme d'Étampes en était là de ces intrigues lorsque, en août 1538, une véritable bombe éclata au palais. On apprenait que le dauphin venait d'avoir un enfant — une fille — d'une jeune Piémontaise nommée Philippa Duc, rencontrée à l'automne précédent, pendant la campagne italienne.

(1) Cf. MICHELET : « La duchesse d'Étampes, qui gouvernait le roi, le voyant s'affaiblir et craignant la haine de Diane de Poitiers, maîtresse du dauphin, s'efforçait de procurer au duc d'Orléans un établissement indépendant où elle pût trouver un asile à la mort de François Ier. »

Cette nouvelle allait-elle changer tous les plans de la duchesse ? Elle le pensa un moment, espérant que Philippa deviendrait maîtresse en titre. Mais on apprit bientôt tous les détails sur cette aventure piémontaise, et Mme d'Étampes, comprenant que Diane de Poitiers ne risquait point d'être remplacée par une autre favorite, travailla de plus belle à l'accomplissement de ses desseins.

C'est à Montcaillier, en Piémont, que Henri avait rencontré la jeune fille. Porté à l'exubérance par la présence des soldats qui l'accompagnaient, il s'était laissé aller à la violenter et y avait pris un savoureux plaisir.

Neuf mois plus tard, en ce début d'août 1538, Philippa Duc lui faisait savoir qu'il était le père d'une jolie petite fille et le priait de s'en occuper, « pour ce que j'entre à vie dans un couvent, écrivait-elle, afin d'y expier ma faute... »

Le dauphin eut donc bientôt un bébé à dorloter devant sa femme et sa maîtresse, toutes deux fort mécontentes.

Pourtant, ni l'une ni l'autre ne lui firent de scènes. Elles savaient ce que c'était qu'un soldat en campagne...

D'ailleurs, seule, la grande sénéchale eût pu se risquer à émettre un reproche, car la dauphine était plus bouleversée que fâchée par cette nouvelle.

En effet, mariée depuis cinq ans, elle n'avait pas encore donné un héritier au dauphin, et l'on commençait à murmurer que l'un des deux époux était frappé de stérilité. Or cette naissance, qui prouvait que Henri pouvait avoir des enfants, montrait bien qu'elle était seule fautive. Elle alla cacher sa honte dans une chambre haute, tandis que Diane, ravie soudain, suggérait au dauphin de répudier sa femme.

— Puisqu'elle ne peut prolonger la dynastie, dit-elle, votre devoir est de la mettre au couvent.

Henri, séduit par ce programme, alla trouver Catherine et lui annonça qu'il entendait se séparer d'elle.

La dauphine demeura un instant accablée de douleur, puis, quittant la chambre en sanglotant, elle courut se jeter aux pieds du roi et le mit au courant des intentions du dauphin.

La duchesse d'Étampes était là, Elle blêmit, car la répudiation de Catherine pour stérilité permettait à Henri de se remarier avec Diane de Poitiers.

— Protégez la dauphine, ordonna-t-elle au roi.

— Ma fille, dit alors François Ier, puisque Dieu a voulu que vous soyez ma bru et la femme du dauphin, je ne veux pas qu'il en soit autrement.

Puis il la releva et l'embrassa affectueusement.

Rassurée, la dauphine retourna dans ses appartements et se mit sur le ventre, au-dessus du nombril, une espèce de cataplasme étrange, composé de vers de terre, de pervenche en poudre, de corne de cerf pulvérisée, de fiente de vache et de lait de jument. Cet emplâtre, que lui avait conseillé un alchimiste de ses amis, devait lui permettre de donner un héritier à son mari.

Après quoi, à tout hasard, et parce qu'on lui avait recommandé également ce second procédé propre à rendre la fécondité, elle but un grand verre d'urine de mule...

***

Tandis que la dauphine s'efforçait de procréer, Mme d'Étampes et Diane continuaient leur lutte sournoise au moyen de calomnies qui échauffaient les esprits et excitaient chaque jour davantage catholiques et protestants.

Ce jeu dangereux, mené par deux femmes « débordantes de haine » finit par créer dans le pays un tel climat de guerre civile que le roi prit peur et que, passant outre, pour une fois, aux jérémiades de sa maîtresse, il accorda, le 24 juin 1539, au Parlement le droit de signer un arrêt mettant l'hérésie hors la loi...

En apprenant cette nouvelle, Mme d'Étampes fit une scène épouvantable, pleura, tapa du pied et déchira son mouchoir avec ses dents ; mais le souverain demeura inflexible. De fureur, elle monta alors se coucher en hurlant à la mort...

Elle pouvait bien pousser ce cri lugubre, car dans tout le royaume les braves gens, dont elle avait — avec Diane — déchaîné les instincts sanguinaires, s'entretuaient avec une allègre sottise à cause de la messe en latin...

Les protestants, bien entendu, refusèrent d'abjurer leur religion, et les bûchers commencèrent à s'élever pour la plus grande joie de Diane de Poitiers qui caressa dès cet instant l'espoir charmant d'y voir un jour la duchesse d'Étampes se réduire en cendres...

Mais la favorite était tranquille. Elle savait que, tant que le roi vivrait, personne n'oserait lui toucher un seul cheveu, et elle continua d'intriguer pour que le prince Charles épousât une des filles de Charles-Quint.

A la fin du mois de juin, elle réussit à traîner François Ier jusqu'à Nice pour qu'il y signât une trêve avec l'empereur. Elle espérait avoir ainsi l'occasion de poser quelques jalons. Mais l'entrevue fut brève ; on y parla surtout politique, et elle ne put mettre la conversation sur le chapitre qui l'intéressait...

***

Or, cinq mois plus tard, en novembre 1539, la ville de Gand, surchargée d'impôts, se révolta contre l'empereur et s'offrit à la France.

François Ier, chevaleresque, refusa et invita fort galamment Charles-Quint à traverser son royaume pour aller mater les Gantois.

L'empereur accepta l'invitation. Il entra le 20 novembre en France et reçut partout un accueil enthousiaste. Sur l'ordre de François Ier, les villes étaient ornées, décorées, et le menu peuple, toujours prêt à s'esjouir, applaudissait à tout rompre l'ennemi d'hier.

Charles-Quint, pourtant, n'était pas très rassuré. Il se demandait si toutes ces fêtes ne cachaient pas quelques noirs desseins et si François Ier n'allait pas le garder prisonnier, en souvenir de Madrid...

A plusieurs reprises, d'ailleurs, il crut même qu'on en voulait à sa vie ; car, par une malchance singulière, toute une série de malheurs lui arriva pendant son voyage. A Bordeaux, il faillit être asphyxié; à Amboise, un garde mit le feu dans la tour Hurtault, au moment où il s'y trouvait ; ailleurs, une bûche lui tomba sur la tête...

Le roi et la duchesse d'Étampes étaient furieux de ces incidents, car ils espéraient bien demander à leur hôte la main de sa fille — avec le Milanais — pour le jeune Charles. Mais ils n'osaient point le faire au moment où l'empereur était agité par des quintes de toux ou à moitié assommé...

Et les choses traînaient... Charles-Quint, fort courtoisement, il est vrai, cachait son inquiétude. Au bout de quelques jours sans catastrophes, il fit même de gracieux compliments à la jolie favorite. Et celle-ci reprit espoir.

Hélas! un après-midi, à Fontainebleau, le jeune prince Charles eut une étrange inspiration qui faillit rendre inutiles toutes les intrigues de la duchesse d'Étampes. Alors que l'empereur était à cheval, l'adolescent s'élança brusquement en croupe derrière lui, et, l'entourant de ses bras, lui cria :

— Sire, vous êtes mon prisonnier!

Charles-Quint pâlit. Puis il comprit que c'était une plaisanterie et esquissa un sourire.

Mais, dès cet instant, il n'eut plus qu'une idée : quitter ce pays vraiment trop léger et regagner l'Espagne...

Mme d'Étampes le devina. Affolée à l'idée que Charles-Quint pouvait s'en aller avant qu'elle n'ait eu le temps de négocier le mariage qui devait aider à la ruine de la grande sénéchale, elle décida de séduire l'empereur et de se l'attacher par tous les moyens, y compris la trahison.

La guerre des dames allait, cette fois, mettre la France en péril...

***

Avant d'engager les pourparlers, Mme d'Étampes

pensa qu'il convenait de montrer à l'empereur qu'elle était toute puissante à la Cour et que le roi lui obéissait sans discuter.

Un soir, sur la demande de sa favorite, François Ier dit en souriant à Charles-Quint :

— Mon frère, cette belle dame me conseille de ne point vous laisser sortir de Paris que vous n'ayez révoqué le traité de Madrid. Qu'en pensez-vous ?

L'empereur était toujours et en toutes occasions maître de lui :

— Si ce conseil est bon, il faut le suivre, se contenta-t-il de dire froidement.

On s'en tint là.

Mais l'alerte était donnée et, dès ce moment, Charles-Quint, très inquiet, chercha à mettre Mme d'Étampes de son côté.

Le lendemain, alors qu'il rentrait de la chasse en compagnie du roi, il demanda à se laver les mains. Un serviteur vint aussitôt lui verser sur les doigts l'eau pure d'une aiguière et la duchesse d'Étampes, qui s'efforçait d'être constamment auprès de l'empereur, apporta une serviette.

Tout en parlant à François Ier, Charles-Quint retira de son doigt une bague ornée d'un énorme diamant et la laissa tomber comme par mégarde.

La favorite se précipita, ramassa le bijou et le tendit à l'empereur.

C'est tout ce que désirait l'habile souverain.

— Je vous prie, madame, de le garder, dit-il. Il est en de trop belles mains pour que j'ose le reprendre.

La favorite remercia en rougissant un peu et mit la bague à son doigt.

Quant à François Ier, habitué à combler lui-même les jolies femmes de la Cour, il ne soupçonna pas que le geste de son hôte pût être autre chose qu'une galanterie...

Le soir même, la duchesse, qui savait maintenant que l'empereur désirait l'avoir pour alliée, parla du mariage projeté.

Charles-Quint ne voulait rien refuser à cette jolie femme qui pouvait lui être utile : Il accepta d'accorder la main d'une de ses filles au prince Charles et de donner à celui-ci l'investiture du Milanais.

Les jolis yeux de Mme d'Étampes durent briller un peu plus à ce moment, car elle obtenait — du moins le croyait-elle — le moyen de nuire à son ennemie, la grande sénéchale.

Quelques jours plus tard, l'empereur quittait François Ier après des embrassades publiques qui mirent des larmes dans les yeux du menu peuple.

Puis il fila vers la frontière des Pays-Bas, tandis que la duchesse considérait Diane de Poitiers avec un air triomphant. Hélas! dès qu'il eut un pied chez lui, Charles-Quint fit savoir qu'il n'avait pas du tout l'intention de donner le Milanais en dot à sa fille et que, d'ailleurs, le projet de mariage devait être revu de plus près.

Cette nouvelle abattit un moment Mme d'Étampes. Puis elle se ressaisit et imagina un plan pour se débarrasser du dauphin. Ce plan était machiavélique : déclarer la guerre à Charles-Quint, sous n'importe quel prétexte, et envoyer le prince Henri en un endroit exposé avec une armée insuffisante. Ensuite, communiquer des renseignements militaires à l'empereur pour faire anéantir par surprise la place gardée par le dauphin...

Cette trahison risquait d'entraîner la France dans une catastrophe sans précédent, mais la favorite s'en souciait peu. Une seule chose comptait pour elle : abattre le protecteur de la femme qu'elle exécrait...

La réalisation de la première partie du plan traîna un peu, car la France n'avait aucune raison de déclarer la guerre à Charles-Quint, et Mme d'Étampes dut ronger son frein, tandis que la grande sénéchale, à son tour, affichait un sourire victorieux et méprisant.

Un moment, la favorite crut tenir un bon prétexte lorsque Charles-Quint, à la Diète d'Augsbourg, accusa François Ier d'avoir prêté à Soliman un serment par lequel il s'engageait à nier la divinité du Christ et la virginité de Marie, à tuer un porc sur les fonts de baptême et à paillarder sur l'autel.

Mais cette accusation était si ridicule dans son exagération que le roi refusa d'y prêter attention.

Enfin, l'occasion rêvée par la duchesse se présenta quelques mois plus tard, lorsque deux ambassadeurs de François Ier, Frégosse et Rincon, furent assassinés en Italie sur l'ordre de l'empereur.

En d'autres temps, le roi se fût probablement contenté d'écrire à « son frère » pour lui exprimer son mécontentement ; mais, poussé par la favorite, François Ier déclara la guerre à Charles-Quint.

Aussitôt deux armées furent mises sur pied ; l'une commandée par le dauphin en personne, l'autre par le duc d'Orléans. Le premier devait assiéger Perpignan et le second le Luxembourg.

Tout de suite, il apparut que la fortune des deux frères était bien différente. Si le prince Charles remporta des succès éclatants, Henri, lui, se trouva en difficulté devant Perpignan. Le pauvre ne pouvait pas se douter que l'ennemi, prévenu par Mme d'Étampes, avait jeté dix mille hommes dans la place...

Pendant des jours, il tenta courageusement de monter à l'assaut ; mais chacun de ses efforts était annihilé par une trahison. Dreux du Radier nous dit que le maréchal d'Annebaut, attaché à la duchesse d'Étampes, « alla jusqu'à déranger une batterie postée avantageusement par un des premiers officiers pour la placer de manière qu'elle ne produisit aucun effet... » (1).

Finalement, le dauphin fut contraint de lever le siège. Tête basse, il quitta Perpignan et rejoignit à Montpellier François Ier qui l'accueillit froidement...

Le pauvre Henri était honteux, sans doute, mais il était vivant, et Mme d'Étampes, ulcérée, pensa qu'il fallait tout recommencer.

***

La chose paraissait bien difficile, car le dauphin, dégoûté de la guerre, était allé retrouver ses deux femmes.

Aimé de l'une, adoré de l'autre, il se retrempait

(1) DREUX DU RADIER, *op. cit.*

près d'elles dans une atmosphère douce, tiède et, pour tout dire, familiale.

Il est vrai qu'il s'agissait de plus en plus d'un ménage à trois puisque Guiffrey nous dit que « Diane pénétra si avant dans l'intimité de l'auguste couple qu'elle forma, en quelque sorte, le sommet du triangle conjugal et vint en compléter l'harmonie... »

Sans doute, Catherine de Médicis se fût-elle aisément passée de cette troisième dimension que la grande sénéchale donnait à son ménage. Mais elle cachait sa jalousie sous un sourire aimable, affectant de ne point s'apercevoir de l'étrange comportement du dauphin. Celui-ci, pourtant, ne se gênait pas avec elle. Après la visite de Charles-Quint, il lui avait ordonné, en effet, de ne pas adresser la parole à Mme. d'Étampes :

— Je veux, madame, que vous fassiez affront à cette femme qui veut nuire à notre amie la grande sénéchale!

Alors, cachant la haine qui la brûlait, Catherine avait pris docilement le parti de la maîtresse de son mari.

Diane, de son côté, il est vrai, se montrait généreuse.

Certains soirs, tandis que le dauphin commençait à se déshabiller dans sa chambre, elle prenait un air sérieux et disait :

— Non, ce soir, Henri, faites-moi le plaisir d'aller coucher avec votre femme (1).

Le dauphin essayait bien de remettre à plus tard cette pénible obligation, mais la grande sénéchale se montrait inflexible.

— Il le faut, Henri! Songez à votre descendance. Vous devez avoir un héritier.

Le dauphin remettait alors ses chausses, s'en allait d'un air sinistre vers l'appartement de sa femme, se jetait sur elle et tentait rageusement de lui donner l'enfant que la France attendait.

(1) Cf. MICHELET : « Quand Henri II couchait chez sa femme, c'est que Diane l'avait exigé et voulu. »

Hélas! tous ses efforts étaient vains, et Catherine se désolait.

Finalement elle demanda au médecin Fernel de venir l'ausculter. Celui-ci, ayant mis l'œil où il fallait, décela chez la dauphine un vice de conformation qui empêchait le prince Henri de mener à bien ses entreprises.

On me comprendra lorsque j'aurai dit que le pauvre devait éprouver les mêmes difficultés en essayant d'enfoncer une épingle dans un trou de ver tortueux.

La dauphine fut accablée.

Heureusement, Fernel était un bon médecin. Il prit le dauphin à part, et, nous dit Dionis, dans son *Traité sur les accouchements* (1), lui enseigna un stratagème un peu acrobatique, mais fort efficace puisque Catherine de Médicis eut dix enfants...

Mais, malgré l'examen de Fernel, une légende, qui voulait que le dauphin fût responsable de la stérilité de Catherine de Médicis, continuait à courir parmi les familiers de la Cour. On prétendait qu'il était « tordu dans sa nature », et ce défaut imaginaire fournissait le prétexte à de nombreuses plaisanteries comme il se doit.

Brantôme nous en conte une qui fit rire au moment de la naissance du premier enfant de la dauphine :

« Une dame de la Cour, qui étoit de bonne compagnie et disoit bien le mot, vint présenter un placet à monsieur le dauphin par lequel elle le prioit de lui faire don *l'abbaye de Saint-Victor, qu'il avoit rendue vacante.* Dont il fut très étonné de tel mot. Mais on disoit alors à la Cour qu'il ne tenoit pas tant à madame la dauphine comme à monsieur le dauphin pourquoi ils n'avoient pas d'enfants, parce qu'on disoit que mondit sieur le dauphin avoit son « fait » tort, et qu'il n'étoit pas bien droit, et que pour ce, la semence n'alloit pas bien droit, dans la matrice, ce qui empêchoit fort à concevoir. Mais, après que cet enfant fut né, on dit qu'il ne tenoit plus à monsieur le dauphin, et qu'il avoit fait dire qu'il n'avoit pas son v... tort. Et par ainsi, cette dame,

(1) *De la génération de l'homme ou tableau de l'amour conjugal* (1696).

ayant expliqué son placet à monsieur le dauphin, tout fut tourné en risée et dit qu'il avoit *rendu l'abbaye de Saint-Victor vacante*, faisant allusion d'un mot à l'autre, que je laisse imaginer au lecteur, sans que j'en fasse plus ample explication... »

***

Ce premier enfant (le futur François II) naquit le 19 janvier 1544.

On n'eut pas le temps de se réjouir, car la guerre déclenchée par Mme d'Étampes, trois ans auparavant, venait de prendre brusquement une tournure tragique. Charles-Quint, ayant réussi à entraîner dans son alliance le roi d'Angleterre, se disposait à envahir la France par trois points en même temps : le Piémont, la Champagne et Calais. Le but étant, naturellement, Paris, où l'empereur avait donné rendez-vous à Henry VIII...

Le comte d'Enghien commença par gagner la bataille de Cérisole, en Piémont ; puis la victoire changea de camp et, dans le Nord de la France, où les Impériaux attaquaient avec des forces considérables, la situation devint soudain catastrophique. Charles-Quint, ayant pris Château-Thierry et Saint-Dizier, arriva sur la Marne. Paris fut saisi d'une panique épouvantable. Les habitants entassèrent leurs affaires dans des barques et, à toutes rames, filèrent sur la Seine en direction de Mantes...

François Ier, navré, vint, en personne, arrêter cet exode.

— Que je vous défende au moins de la peur, leur dit-il, sinon du danger.

De retour au Louvre, il réunit son Conseil :

— Ah ! s'écria-t-il, je croyais que Dieu m'avait donné généreusement mon royaume. Aujourd'hui, il me le fait bien cher payer.

Peut-être aurait-il pu demander quelques comptes à Mme d'Étampes : car, si Charles-Quint entrait avec autant de facilité en Champagne, c'était tout simplement parce que le dauphin, chargé de défendre cette région, était victime de trahisons quotidiennes.

L'empereur recevait, de la favorite, des rapports détaillés qui lui permettaient d'avancer à coup sûr. Instruit de tout ce qui se passait au Conseil du roi, il prenait de préférence les villes où se trouvaient des provisions abondantes et des stocks d'armes. La duchesse allait même jusqu'à empêcher la destruction des ponts qui étaient nécessaires à l'avance des armées impériales...

Voici d'ailleurs ce qu'écrit à ce sujet L. Prudhomme:

« Fidèle à ses engagements avec l'empereur, la duchesse trahissoit tous les projets de la Cour de France, elle avoit même communiqué à ce prince les chiffres des généraux et des ministres, et en un mot, elle fut une des principales causes des désastres de la guerre. Elle avoit un agent qui la servoit à la Cour de Charles-Quint, c'étoit le comte de Bossie ; et il est prouvé que cet homme, qu'on croit avoir obtenu d'elle des faveurs très particulières, vendit plus d'une fois la France à sa majesté impériale, entre autres, lors de la prise d'Épernay. Il est certain que Charles fut parfaitement instruit du moment où il falloit attaquer cette ville remplie de provisions pour les subsistances de l'armée. Cette perte, funeste pour l'État, fut suivie de la perte de Château-Thierry, également pourvue de farine et de blé, et livrée par la même trahison. Les troupes impériales vinrent faire des courses jusqu'à Meaux. Paris en fut si épouvanté que les habitants ne pensèrent qu'à se sauver, comme s'ils n'eussent eu ni emplois, ni dignité, ni biens, ni maisons, ni roi ni patrie.

» On admira beaucoup la générosité du souverain, qui, tout malade qu'il étoit, se fit transporter à Paris pour y remettre la paix. Cet acte de vertu étoit vraiment héroïque ; *mais il auroit fallu commencer par ne pas laisser continuellement à des femmes le maniement des affaires* (1)... »

Charles-Quint fut bientôt à Meaux. Il allait bondir sur le dauphin et l'anéantir lorsqu'un différend s'éleva dans son armée entre les Espagnols et les

(1) L. PRUDHOMME, *Les Crimes des reines de France*, 1791.

Allemands. Le dauphin pensa, avec raison, qu'il fallait profiter de cette occasion pour repousser l'empereur. Heureux à la pensée qu'il pourrait un jour se flatter du titre de libérateur du territoire, il s'apprêta à attaquer. Mais Mme d'Étampes vit le danger : si l'amant de Diane était victorieux, tous ses espoirs s'écroulaient.

Mieux valait arrêter la guerre.

Elle fit alors valoir au roi qu'il n'était pas prudent d'exposer sa couronne au sort d'un combat, et qu'il convenait de faire la paix.

Une fois encore, François Ier se rangea à l'avis de sa favorite et, le 18 septembre, signa le désastreux traité de Crépy-en-Valois par lequel l'empereur gagna plus de vingt places et qui ne donna au roi que l'espérance incertaine d'un mariage avantageux pour le duc d'Orléans...

C'était suffisant pour que Mme d'Étampes fût satisfaite. Aussi, lorsque Charles Quint annonça qu'il retournait dans ses États, décida-t-elle de lui organiser une espèce de conduite triomphale.

Idée effarante, puisqu'il venait de nous prendre d'importants territoires, mais que la Cour accepta sans murmurer, toute heureuse de faire un petit voyage.

Le 25 septembre, Éléonore, le duc d'Orléans, quatre-vingts personnes de la suite ordinaire du roi et Mme d'Étampes, qui partageait la litière de la reine, partirent avec l'empereur.

A Bruxelles, où l'on se sépara, eut lieu une scène amusante qui nous est rapportée par un témoin, Annibal Garo, dans une lettre adressée au duc de Parme : « La cérémonie du baise-main de ces dames fut vraiment curieuse : je crois y voir l'enlèvement des Sabines. Non seulement les seigneurs, mais toutes sortes de gens prirent chacun la sienne, les Espagnols et Napolitains les premiers... On vit arriver au galop le duc Ottavio. Il descendit de cheval, et Sa Majesté Impériale, par une faveur très remarquée, lui commanda de s'approcher de la litière de la reine... Le duc baisa la main de la reine et, comme il remontait à cheval, l'Empereur le rappela en lui disant :

« Venez encore baiser la main de Mme d'Étampes » qui occupait l'autre côté de la litière. Et le duc, en bon Français, dépassant son ordre, lui baisa la bouche... »

Après quoi, on se sépara en se faisant de grands serments d'amitié.

Or, l'année suivante, le duc d'Orléans mourut brusquement.

Toutes ces courbettes, toute cette guerre, toutes ces ruines, tous ces morts avaient donc été inutiles.

Mme d'Étampes en fut vivement contrariée.

22

Mme D'ÉTAMPES VEUT FAIRE PENDRE BENVENUTO CELLINI

Elle ne m'aimait guère et je m'en méfiais...
Benvenuto CELLINI.

APRÈS la paix de Crépy, le menu peuple montra une grande affliction :

— Le dauphin a été trahi! disaient les braves gens.

Et certains ajoutaient en baissant la voix que « ceux qui avaient commis ce crime touchaient le roi de bien près ».

Naturellement, Diane de Poitiers n'était pas étrangère à la diffusion de ce bruit. La grande sénéchale espérait créer ainsi dans le royaume un mouvement de révolte et d'indignation contre sa rivale et obliger le roi à chasser celle-ci honteusement.

Mais Mme d'Étampes était habile. Pour faire croire à son innocence, elle cria plus fort que tout le monde à la trahison et réclama un châtiment exemplaire pour les coupables.

Cette fière attitude rassura le roi.

— Nous allons les chercher, dit-il.

Et il ordonna une enquête.

— Je me charge de tout, dit la favorite, qui confia l'affaire à quelques-uns de ses amis.

Cinq jours plus tard, une dizaine de pauvres diables complètement ahuris étaient conduits en prison sous l'inculpation de haute trahison.

Un détail rend d'ailleurs cette histoire presque burlesque. Dans le lot, les policiers avaient arrêté par erreur un homme dont Mme d'Étampes s'était réellement servi pour faire parvenir des messages à Charles-Quint. Affolée en le reconnaissant, elle le fit rapidement libérer et sermonna les enquêteurs, qui s'excusèrent...

Les autres furent condamnés à la détention perpétuelle, ce qui causa une grande satisfaction au bon peuple, toujours épris de justice...

***

Ces emprisonnements scandaleux furent d'ailleurs à l'origine d'une très curieuse histoire d'amour.

Parmi les victimes de la favorite se trouvait un garçon, nommé Enguerrand de Lagny, dont la jeune femme, Louise, était une des beautés de la Cour.

Lorsqu'elle apprit que son mari était accusé d'avoir livré une forteresse à l'empereur, la pauvre fut d'abord accablée. Puis elle pensa que la libération d'Enguerrand — dont elle ne mettait pas en doute la loyauté — ne pouvait venir que d'elle-même et elle se jura de l'aider à prouver son innocence...

La réussite du plan, qu'elle conçut alors était entièrement fondée sur la puissance de son charme. Elle se mit aussitôt au travail. Au bout d'un mois, grâce à des visites répétées, de tendres prières et des regards soumis, elle avait réussi à rendre amoureux d'elle le gardien du cachot où moisissait Enguerrand. Et, un soir qu'elle lui accordait gentiment ce qu'il désirait, Louise murmura :

— Si vous m'aimez, gardez-moi près de vous. Mettez-moi à la place de mon mari.

Cette proposition stupéfia le brave fonctionnaire.

— Et s'il me dénonce ?

— Impossible, puisqu'on le remettrait en prison.

Et, le lendemain, la blonde Louise était dans le

cachot du roi, tandis que son époux courait vers le Nord, où des combats avaient lieu.

En effet, si la paix avait été signée avec Charles-Quint, la guerre continuait contre Henry VIII, et l'on avait grand besoin de chevaliers sachant se servir d'une épée.

Enguerrand, ayant changé de nom, se joignit à l'armée et se battit avec une telle fougue que son courage fut signalé au roi. A quelque temps de là, François Ier vint visiter ses troupes et félicita Enguerrand.

— Voici l'un des plus valeureux chevaliers de mon royaume, dit-il. As-tu quelque chose à me demander ?

— Oui, sire : la liberté de ma femme qui se trouve dans un cachot.

Le roi parut fort étonné.

— Qu'a-t-elle fait ?

— Elle a pris ma place...

Et il conta toute son histoire à François Ier un peu ébahi, disant pour conclusion :

— J'ai simplement voulu prouver à Votre Majesté que j'étais son loyal serviteur, incapable d'une trahison, et que ma condamnation était injuste.

Le roi ne répondit rien, mais l'embrassa. Et un courrier partit aussitôt pour Paris.

Le lendemain, Louise était libérée après trois mois de cachot et de rencontres amoureuses où elle s'était efforcée de ne point prendre de plaisir. Son geôlier la vit partir le cœur gros, sachant par expérience que de telles aventures n'arrivent pas deux fois dans la vie d'un gardien de prison.

Quant à Enguerrand, qui ne pouvait décemment reprocher à sa femme de s'être un peu déshonorée en voulant lui rendre son honneur, il ferma les yeux et, nous dit un chroniqueur, « oublia bien vitement de sa mémoire le temps où la belle Loyse, par amour, le faisoit loger en l'hôtel du Croissant (1) ».

(1) C'est-à-dire : le faisait cocu...

***

Au début de 1545, toute la Cour se passionna pour une étrange affaire.

François Ier, qui faisait alors, sous l'influence italienne, rebâtir et décorer de nombreux châteaux, s'était entouré de grands artistes venus de la Péninsule sur sa demande. A Léonard de Vinci, ramené après Marignan, et qui était mort en 1519, avaient succédé Andrea del Sarto, le Primatice, Rosso, et bien d'autres, qui travaillaient en France pour la plus grande gloire du souverain.

« Le roi, disait un ambassadeur italien, dépensait énormément, d'un bout de l'année à l'autre, en joyaux, en meubles, en constructions de châteaux et de jardins. Il était d'une telle nature que, à qui lui apportait une pierre trouvée sous terre ou quelque autre chose, il donnait de l'argent. »

Or l'un de ces artistes italiens déplaisait à Mme d'Étampes qui ne savait que faire pour le tracasser. La favorite ne se contentait pas, en effet, de rompre des lances avec Diane de Poitiers, elle s'acharnait contre tous ceux qui n'acceptaient pas de la considérer comme la maîtresse absolue du royaume. Et Benvenuto Cellini était de ceux-là.

C'était leur duel quotidien qui passionnait la Cour.

Les choses avaient commencé de façon stupide. Le sculpteur, ayant reçu une commande de statues pour le château de Fontainebleau, était venu présenter un projet au roi, mais avait omis d'aller le montrer à la favorite. Furieuse, Mme d'Étampes s'était vengée en priant François Ier de charger le Primatice du travail commandé à Benvenuto ; injustice que le faible souverain avait accepté de commettre...

Finalement, après bien des intrigues, Cellini était tout de même parvenu à faire placer dans une galerie de Fontainebleau un magnifique Jupiter qu'il venait de terminer...

La favorite avait failli en piquer une crise de nerfs.

« Mme d'Étampes, ayant appris où en étaient mes

affaires, dit Benvenuto Cellini dans ses *Mémoires*, en fut plus irritée que jamais contre moi. « Comment, se disait-elle, je gouverne le monde et ce chétif personnage ne fait pas le moindre cas de moi. »

Elle s'était alors efforcée de lui causer mille ennuis, essayant même de le faire tuer par des hommes de main. Benvenuto, heureusement, était sorti sain et sauf de l'embuscade.

Néanmoins, exédé — et on le comprend — il avait décidé de quitter la France après avoir fait subir à Mme d'Étampes l'affront qu'elle méritait. Le scandale se produisit le jour de l'inauguration, par le roi, de la galerie où se trouvait le fameux Jupiter.

François Ier et toute la Cour entouraient la statue et ne tarissaient pas d'éloges.

Soudain quelqu'un demanda :

— Que veut dire cette chemise dont Benvenuto a vêtue sa statue ?

Mme d'Étampes répondit d'un ton aigre :

— C'est apparemment pour couvrir quelques fautes !

Benvenuto n'attendait que ce moment.

— Je ne suis pas un homme à cacher mes fautes, dit-il. C'est pour l'honnêteté que j'ai mis ce voile : mais, puisque vous ne le voulez point, ne l'ayez donc point !...

D'un geste rapide, il arracha la chemise et découvrit, à deux doigts du visage de la favorite, le sexe énorme, gigantesque, phénoménal de sa statue.

— Lui trouvez-vous assez de ce qu'il faut ? s'écria-t-il (1).

Mme d'Étampes, horrifiée, recula, tandis que toute la Cour ricanait. Quant au roi, il eut grand mal à s'empêcher de rire. Alors la favorite, qui murmurait des injures, le prit par le bras et l'entraîna vers la porte.

Avant de sortir, François Ier, que cette farce vengeait de bien des ennuis, s'écria :

(1) Jules Alvarotto, ambassadeur de Ferrare en France, lettre datée de Melun, 29 janvier 1545.

— J'ai enlevé à l'Italie l'artiste le plus grand et le plus universel qui ait jamais existé...

Tout le monde applaudit, et Mme d'Étampes rentra dans ses appartements, folle de rage. Le soir, elle alla trouver le roi et lui demanda que Benvenuto fût pendu.

— Je suis d'accord, dit François Ier, pourvu que vous me trouviez auparavant un artiste de sa taille.

Malgré l'amitié du roi, Benvenuto Cellini se sentit dès lors en danger, et, par un jour de printemps 1545, il fit ses bagages et reprit la route de l'Italie.

C'est ainsi que la France perdit l'un des plus grands artistes de la Renaissance...

23

FRANÇOIS Ier EST-IL MORT DE LA BELLE FERRONNIÈRE ?

La façon de donner vaut souvent mieux que ce qu'on donne...

— *La sagesse des Nations.*

L'USAGE un peu excessif qu'il avait fait des femmes donnait à François Ier un physique nettement au-dessus de son âge. C'est ainsi qu'à cinquante-deux ans il avait l'air d'un vieillard.

Pourtant, il aimait encore se montrer galant homme lorsque l'occasion s'en présentait, et tout le monde était d'accord à la Cour pour dire qu'il savait encore tenir sa place dans un lit...

Bien entendu, il n'avait plus cette fougue qui lui permettait jadis de prouver, huit à dix fois coup sur coup, ses bons sentiments à la dame de ses pensées. Mais il s'en consolait en écoutant ou en racontant lui-même des histoires fort grivoises, ce qui faisait ressembler le palais à un corps de garde. Une anecdote nous le prouve. Un soir que le chancelier Gaillard était assis au bout d'un banc, dans la grande salle du palais, alors que le roi se trouvait assis sur sa chaise royale, on se mit à évoquer les paillardises d'un chevalier.

— Or ça, s'écria tout à coup le roi, beau sire chancelier, dites-moi, s'il vous plaît, quelle distance il y a entre gaillard et paillard ?

Le chancelier Gaillard se leva :

— La distance de mon banc à votre chaise, sire, dit-il.

Cette réplique audacieuse plut beaucoup à François Ier qui en rit longtemps.

***

L'attitude immodeste du souverain fit alors disparaître de la Cour le peu de retenue que les dames y avaient encore conservée ; et l'on entendait à Fontainebleau de bien curieuses choses. Il me suffira de donner un exemple. La chanson à la mode, celle que toutes les princesses fredonnaient à longueur de journée sans la moindre gêne, s'intitulait : *J'ai un ciron sur la motte* (1)...

Ce *ciron*, ou autre chose, les démangeait tellement qu'elles ne pensaient plus qu'à se faire « beluter », au point, nous dit un historien du temps, « que l'on auroit pu croire qu'un démon sensuel les habitoit »...

Brantôme nous donne cet exemple frappant :

« J'ay ouy parler d'une belle et honnête dame, surtout fort spirituelle, de plaisante et bonne humeur, laquelle, se faisant un jour tirer sa chausse par son valet de chambre, lui demanda s'il n'entroit point pour cela en rut, tentation et concupiscence ; — encore, dit-elle et franchit le mot tout outre. Le valet pensant bien dire, pour le respect qu'il luy portoit, lui répondit que non, elle soudain haussa la main et luy donna un grand soufflet. « — Allez, dit-elle, vous ne me » servirez jamais plus ; vous êtes un sot, je vous » donne votre congé... »

Effrontées, perverses et ardentes au plaisir, ces dames recherchaient tous les moyens propres à donner un piment nouveau aux rencontres amoureuses. C'est ainsi que Sauval nous dit qu'elles se mettaient une pommade destinée à faire pousser de façon anormalement grande les poils issus à « la nature », afin de pouvoir ensuite « les friser et les retrousser comme

(1) Elle se trouve avec ses dix-sept couplets dans le recueil de Lotrian publié en 1543.

la moustache d'un Sarrasin ». Ce qui devait être ravissant...

***

Pour la première fois de sa vie François Ier se sentit, en 1546, un impérieux besoin de solitude. Mme d'Étampes, toujours en ébullition, le fatiguait, et il lui arrivait d'aller passer quelques jours à Chambord « où deux cents personnes pouvaient vivre sans se rencontrer jamais, si elles le désiraient ». Ce château avait été construit sur les plans du roi, au cœur de la forêt, en un endroit où il était, dit-on, devenu l'amant d'une jeune Blésoise, lorsqu'il avait dix-sept ans.

Tombeau d'un amour de jeunesse, Chambord était fastueux, mais lugubre. C'est là que le roi venait composer des vers désabusés :

Où êtes-vous allées, mes belles amourettes ?
Changerez-vous donc de lieu tous les jours ?
A qui dirai-je mon tourment ?
Mon tourment et ma peine ?
Rien ne répond à ma voix :
Les arbres sont secrets, muets et sourds.
Où êtes-vous allées, mes belles amourettes ?
Changerez-vous de lieu tous les jours ?
Ah ! puisque le Ciel veut ainsi
Que mon mal je regrette,
Je m'en irai dedans les bois
Conter mes amoureux discours.
Où êtes-vous allées, mes belles amourettes ?
Changerez-vous de lieu tous les jours ?

C'est là aussi qu'un soir il grava, non point sur la vitre de sa chambre, comme on le raconte généralement, mais sur le mur, avec un tison ou un morceau de plâtre tombé du plafond, trois mots : *Toute femme varie.*

Car il n'y avait que trois mots et non un distique.

Brantôme, qui eut la chance de voir ce graffiti, nous apporte à ce sujet un témoignage indiscutable. Un ex-valet de chambre de François Ier « me voulut, dit-il, montrer tout, et, m'ayant mené à la chambre

du roi, il me montra un écrit au côté de la fenêtre :
» — Tenez, dit-il, lisez cela, monsieur ; si vous n'avez pas vu de l'écriture du roy mon maître, en voilà. » Et, l'ayant lu, en grandes lettres il y avait ces mots : *Toute femme varie.* »

Ce n'est que bien plus tard qu'on fit de cette phrase un distique en y ajoutant « Bien fol est qui s'y fie », vers provenant d'ailleurs d'une vieille chanson du troubadour Marcabrun (1) — en attendant que Victor Hugo y ajoutât une allusion coquine à la plume au vent...

En janvier 1547, Henry VIII d'Angleterre mourut, ce qui réjouit fort le roi de France. L'ambassadeur Jean de Saint-Mauris, qui était présent lorsqu'on apporta la nouvelle à François Ier, nous dit qu'on le « vit au même instant fort rire et se réjouir avec ses dames, étant pour lors au bal ».

Puis il songea que le défunt avait son âge et, nous dit Martin du Bellay, « il devint plus pensif qu'auparavant »...

Quelques jours après, François Ier attrapa un rhume dont personne ne se soucia, mais, le 11 février, il avait « trois accès de fièvre tierce », et la Cour commença à parler à voix basse d'un mal incurable.

La duchesse d'Étampes fut effondrée. La disparition du roi, elle le savait, signifiait pour elle la ruine, l'obligation de quitter le palais et, sans doute, quelques terribles vengeances de la part de Diane de Poitiers.

Le roi ne sentait pas l'approche de la mort. Il chevauchait, courait les bois et même, à l'occasion, faisait une politesse à une chambrière... Le 12 mars, alors qu'il était à Rambouillet, il subit un quatrième accès de fièvre. Il fut tellement secoué que l'ambassadeur Saint-Mauris écrivit : « Il se retrouve telle pourriture que les médecins désespèrent de la curation. »

Le 29 mars, alors que Diane de Poitiers avait peine à cacher sa joie, il fit venir le dauphin à son chevet et lui dit :

(1) Dans une des plus jolies chansons de Marcabrun, dédiée à une dame, on trouve en effet ce vers : *Va ben es fol est qui s'i fia.*

— Mon fils, je recommande la duchesse d'Étampes à votre courtoisie. C'est une dame.

Puis il ajouta :

— Ne vous soumettez pas à la volonté d'autres, comme je me suis soumis à la sienne.

Le matin, François Ier, se sentant perdu, avait ordonné à sa favorite de quitter son chevet. Mme d'Étampes s'était alors « pâmée par terre » en faisant un bruit épouvantable, criant avec une emphase comique : « Terre, engloutis-moi... » Puis elle avait gagné rapidement Limours...

Deux jours passèrent encore. Le roi s'éteignait doucement, tandis que, dans une pièce voisine, Diane et les Guise attendaient avec impatience l'avènement de Henri II.

Le 31 mai au matin, on entendit des gémissements lugubres.

— Voilà qu'il passe le galant, dit cyniquement la grande sénéchale.

C'était vrai. Quelques minutes plus tard, le roi de France avait rendu l'âme.

***

De quoi était-il mort ? On ouvrit son corps pour le savoir et « on trouva, écrivit Saint-Mauris, une apostume en son estomac, les rognons gâtés et toutes les entrailles pourries et avoit la partie du gosier échancrée, le poumon entamé ».

Pour le bon peuple de France, qui avait suivi pendant trente ans les frasques amoureuses de François Ier, la question ne se posa même pas.

— Il est puni par où il a péché, disait-on, en clignant de l'œil.

Et un couplet circula bientôt :

L'an mil cinq cent quarante sept
François mourut à Rambouillet,
De la v... qu'il avait !

Plus tard, une légende, née on ne sait où, fit de François Ier la victime d'une sombre machination. Écoutons Loys Guyon, sieur de la Nauche et médecin d'Uzerche : « Le grand roi François Ier rechercha la femme d'un avocat de Paris, très belle et de bonne grâce, que je ne veux nommer, car elle a laissé des enfants pourvus de grands États. Ce que connaissant, aucuns courtisans et maquereaux royaux dirent au roi qu'il la pouvait prendre d'autorité et par la puissance de sa royauté. Enfin, le mari dispensa sa femme de s'accommoder à la volonté du roi et, afin d'empêcher en rien cette affaire, il fit semblant d'avoir affaire aux champs pour huit ou dix jours. Cependant, il se tenait caché dans la ville de Paris, fréquentant les bourdeaux, cherchant la v... pour la donner à sa femme, afin que le roi la prît d'elle. Et trouva incontinent ce qu'il cherchait et en infecta sa femme et puis après le roi. Lequel la donna à plusieurs autres femmes qu'il entretenait, et n'en put jamais guérir, et tout le reste de sa vie, il fut mal sain, chagrin, fascheux, inaccessible. »

Cette dame dont Guyon ne veut pas donner le nom était la femme d'un avocat nommé Jean Féron, et on l'appelait la Belle Ferronnière. Elle était fine, onduleuse, élégante, avait de longs cheveux noirs, des yeux bleu foncé, les plus jolies jambes du monde et portait au milieu du front un bijou retenu par un fin lacet de soie, détail curieux qui ajoutait encore à sa séduction (1).

A-t-elle contaminé le roi de France?

Non. François Ier avait contracté depuis longtemps le mal de Naples. Louise de Savoie, en mère attentive, notait en effet dans son journal, à la date de 7 septembre 1512 : « Mon fils passa à Amboise pour aller en Guyenne... et, trois jours avant, il avait eu *mal en la part de secrète nature...* »

Il n'eut donc pas besoin de la Belle Ferronnière,

(1) Cette mode qu'elle lança a d'ailleurs une histoire qui se rapporte à sa première entrevue avec le roi : lorsque François Ier, l'ayant fait venir au palais, voulut l'entraîner — un peu trop rapidement — vers le lit, elle en conçut une telle indignation qu'une de ses veines du front se rompit. Mais ce sexe est faible... Une heure plus tard, elle était la maîtresse du roi, et le lendemain elle masquait ingénieusement le petit épanchement sanguin qu'elle avait au front au moyen du fameux bijou maintenu par un bandeau... (Cf. *Revue des Deux-Mondes*, 1883.)

ni de son mari, pour attraper cette très ennuyeuse maladie (1).

Mais en est-il mort, comme on le prétend généralement ?

Non. Toutes les recherches effectuées par les historiens modernes le prouvent. Et le docteur Cabanès a même pu établir que François Ier « avait été amené au trépas par une fistule tuberculeuse ».

Si le « galant » est mort, prématurément usé et ramolli à cause des femmes, ce n'est pas, toutefois, un coup de pied de Vénus qui l'a envoyé dans l'autre monde...

(1) La légende s'accrédita pourtant bien vite, et l'historien Mézeray écrit très sérieusement : « Désespéré d'un outrage que les gens de la Cour n'appellent qu'une galanterie, il (Jean Féron) s'avisa méchamment d'aller dans un mauvais lieu s'infester lui-même pour gâter sa femme et ainsi faire passer sa vengeance jusqu'à celui qui lui avait ôté l'honneur. »

24

UNE FEMME EST A L'ORIGINE DU DUEL DE JARNAC

Quand deux hommes ont envie de se tuer, il est bien rare qu'une femme n'y soit pas pour quelque chose...

Alfred SAVOIR.

PENDANT les jours qui suivirent la mort de François Ier, la duchesse d'Étampes, réfugiée au château de Limours, vécut des heures anxieuses. Elle s'attendait à être arrêtée sur l'ordre de Diane de Poitiers, jugée publiquement, maltraitée et conduite dans un cachot.

C'était mal connaître la grande sénéchale.

Femme prudente, Diane, en effet, ne voulait point créer un dangereux précédent dont elle pût se trouver un jour la victime.

Son indulgence, dont seuls quelques intimes devinèrent les raisons, étonna un peu les braves gens qui avaient espéré, à la mort du roi, voir la favorite dépouillée de tous ses biens et peut-être même jugée pour hérésie et brûlée en place publique.

— Quand le dauphin montera sur le trône, avaient-ils souvent murmuré, Mme d'Étampes ne restera pas longtemps en vie.

Ils s'étaient trompés, comme toujours.

Car Diane de Poitiers, trop contente de voir son ennemie abattue, se considéra comme vengée par le destin et renonça à la faire poursuivre pour hérésie.

Mme d'Étampes, enfermée dans son château de Limours, put même pratiquer sa religion sans être inquiétée...

Mais l'on sut bientôt, par une indiscrétion de valets, que le roi Henri II avait fait saisir les bijoux de l'ex-favorite — pour les offrir, d'ailleurs, à Diane de Poitiers — et cela réconforta le menu peuple, qui avait souffert pendant tant d'années des caprices de la belle Anne.

Une chanson courut Paris :

Qu'est devenu le temps que j'estois estimée?
Des princes comme du roy j'estois la mieux aimée.
Mais si à aulcun je fais tort
C'est à la reine Éléonore.
La reine Éléonore eut grande patience
D'avoir tant enduré de Madame d'Étampes.
Elle a eu grand honneur,
Et moy j'en ai le déshonneur.
Las! le noble roy Henri, vous me faictes grand grâce
De me laisser jouir de mes chasteaulx et places
Que le noble roy m'a donnés ;
Je ne l'avois pas mérité.
Hélas! vray Dieu, où sont mes bagues et mes pierres,
Que je voulois porter par grande pompiere?
Maintenant, il me les faut laisser,
J'en ay au cœur un grand regret.
Mesdames de la Cour, prenez à moy exemple ;
Ne montez pas si haut qu'il vous faille descendre.
Par trop montrer, je suis bien mise en bas.
Et déboutée de tous estats... (1)

Elle allait être mise plus bas encore...

Jean de Brosse, duc d'Étampes, son mari, qui vivait en Bretagne (2), arriva à Limours un beau matin, décidé à faire valoir ses droits d'époux et à réclamer les pensions que, depuis quinze ans, l'ex-favorite omettait de lui faire parvenir...

(1) Chanson citée par Leroux de Lincy dans son *Recueil de Chants historiques français du XIIe au XVIIIe siècle*, 1842.

(2) Car François Ier l'avait nommé gouverneur de Bretagne, en remplacement de M. de Châteaubriant, le mari de sa première favorite! Un cocu chasse l'autre...

Mme d'Étampes fut très fâchée de cette visite et trouva la première prétention de son mari effarante.

— ... Il y a si longtemps! dit-elle.

— Oui, il y a vingt ans, répliqua sèchement Jean de Brosse, et, depuis lors, vous m'avez, sans discontinuer, cocufié avec le roi. Aujourd'hui, le roi est mort et rien au monde ne peut m'empêcher d'entrer dans votre lit.

Mme d'Étampes pensa que, dans sa situation, il était des sacrifices nécessaires et que, d'ailleurs, la vie était une vallée de larmes.

Elle consentit.

Jean de Brosse, animé par un désir qui, depuis vingt ans, le rendait légèrement apoplectique, faillit bien, nous dit un chroniqueur, « ne se poinct montrer le beau jouteur que les dames et damoiselles bretonnes connaissaient, tant l'émotion luy nouait la nature et le rendait mol »... Mais il se « ravisa » et Mme d'Étampes oublia pendant un instant qu'elle était avec son mari...

Quand elle revint à elle, la réalité l'accabla, car Jean de Brosse, qui s'était rhabillé rapidement, lui présentait, l'œil sévère, des papiers à signer.

Elle essaya de lui faire admettre que le moment était mal choisi pour parler d'affaires, mais il se fâcha :

— Vous êtes mon épouse, vous devez m'obéir!

Et la pauvre, encore « mal sortie des douceurs de l'extase », signa un papier par lequel elle donnait à son mari les domaines de Chevreuse, Dourdan et Limours... Alors, il lui ordonna de se vêtir :

— Vous partirez bientôt pour la Bretagne, où vous vivrez désormais.

Quelques heures plus tard, une litière escortée d'hommes en armes emmenait la duchesse vers le sombre et lugubre château de la Hardouinaye, où elle devait rester dix-huit ans séquestrée...

***

A peine arrivée en Bretagne, et malgré l'étroite

surveillance dont elle était l'objet, l'ex-favorite chargea quelques hommes sûrs d'établir une liaison suivie et discrète avec la Cour, afin d'être tenue au courant de ce qui s'y passait.

Or c'était le moment où tout le monde se passionnait à Saint-Germain pour une très curieuse affaire qui mettait en cause l'honneur du jeune seigneur Guy Chabot de Jarnac, beau-frère de la duchesse d'Étampes. Ce gentilhomme, que l'on savait désargenté, se faisait remarquer depuis longtemps par une élégance raffinée et un train de vie des plus brillants.

Un jour de 1546, le dauphin, poussé par Diane de Poitiers qui cherchait toutes les occasions de salir la famille de sa rivale, avait demandé au jeune homme comment il pouvait « mener un tel état ».

Jarnac s'était contenté de rappeler en souriant que son père venait d'épouser en secondes noces la très riche Madeleine de Puy-Guyon.

— Elle *m'entretient*, avait-il ajouté en employant, imprudemment, un terme ambigu.

Aussitôt, le dauphin, ravi, était allé raconter à qui voulait l'entendre que Guy Chabot était l'amant de sa belle-mère. Ce bruit, colporté par toutes les mauvaises langues de la Cour, n'avait pas tardé à venir, on s'en doute, aux oreilles du jeune gentilhomme. Furieux, il s'était écrié avec indignation que « meschant et lasche était celui qui avait ainsi menti, *quel qu'il fust* ».

L'insulte visait, bien entendu, l'héritier du trône. Celui-ci, ne pouvant demander réparation, car son rang lui interdisait de se mesurer avec un simple gentilhomme, avait chargé alors l'un de ses bons amis, François de Vivonne, seigneur de la Châtaigneraie, de se déclarer offensé par les paroles de Jarnac et d'être son « champion ».

La Châtaigneraie, jeune brute au grand cœur, avait accepté, racontant aussitôt que « Jarnac lui avoit dit personnellement cette vilaine parole : « Je couche avec ma belle-mère »...

Mais François Ier, sur la pression de Mme d'Étampes qui craignait pour la vie se son beau-frère, s'était opposé au duel.

Une semaine après la mort du roi chevalier, La Châtaigneraie, manœuvré par Diane de Poitiers qui voulait en finir avec la famille de Mme d'Étampes, adressa à Henri II cette étrange lettre :

Sire, au différend qui est entre Chabot et moi, j'ai, jusqu'à présent, seulement regardé à la conservation de mon honneur sans toucher à celui des dames, même de celle dont il s'agit. Mais voyant que, pour la justification, il est requis que je dise que Chabot a agi de sa belle-mère à sa volonté, et qu'il m'a dit lui-même l'avoir chevauchée en couchant avec elle, pour ce, je vous supplie très humblement me donner camp à toute outrance ; dedans lequel j'entends lui prouver par armes ce que j'ai dit.

Henri II ayant décidé que le débat serait tranché par un *duel judiciaire*, on aménagea une lice et des tribunes non loin du château de Saint-Germain (1), et, le 15 juin 1547, devant la Cour au complet, les deux hommes se présentèrent en armures.

Ils étaient très différents de silhouette ; Jarnac mince, fluet ; La Châtaigneraie, trapu, massif, athlétique. L'issue du combat ne faisait de doute pour personne, et la grande sénéchale souriait, confiante.

Soudain, le héraut d'armes lança le cri traditionnel : « Laissez-les aller, les bons combattants ! »

On vit alors les deux adversaires se précipiter l'un sur l'autre avec une fureur sauvage. Les coups d'épée résonnaient terriblement sur les boucliers, et l'on crut que le pauvre Jarnac allait être écrasé sans avoir le temps de combattre.

Tout à coup, on le vit se courber, se couvrir la tête de son bouclier, se fendre à fond et, d'un coup rapide, trancher le jarret gauche de La Châtaigneraie...

Le colosse s'écroula.

Un silence de mort régnait dans les tribunes. Diane et Henri II, les yeux écarquillés, regardaient leur « champion » allongé sur le sol. Ils étaient stupéfaits et furieux.

(1) Sur cet emplacement se trouve aujourd'hui la colonne de Néron.

Une voix leur fit redresser la tête. C'était celle de Jarnac, qui criait à sa victime :

— La Châtaigneraie, rends-moi mon honneur! A Dieu et au roi, crie merci de l'offense que tu m'as faite!

La Châtaigneraie ne répondit pas. Il se vidait de son sang comme un poulet et n'était déjà presque plus de ce monde.

Le connétable de Montmorency vint l'examiner et ne le trouva pas bien :

— Je crois qu'il le faut ôter, dit-il simplement.

Pendant qu'on transportait le mourant — qui trépassa peu après, — Jarnac demanda au roi de lui rendre publiquement son honneur.

Henri II avait l'esprit lent. Il demeura longtemps silencieux, cherchant à comprendre ce qui s'était passé. Enfin, il déclara d'une voix blanche que Jarnac était lavé des accusations qu'on avait portées contre lui ; puis il se retira précipitamment, suivi de la Cour et de Diane qui, pâle et les lèvres serrées, ne cherchait même pas à cacher sa colère...

Ainsi se termina ce duel singulier grâce au « coup de M. de Jarnac » — qui n'avait d'ailleurs rien de déloyal...

Le lendemain, à la Hardouinaye, Mme d'Étampes apprit avec la joie qu'on imagine que l'honneur de sa famille avait été sauvé et que la grande sénéchale était sur le point d'avoir une jaunisse...

25

LE MÉNAGE A TROIS DU ROI HENRI II

Les chaînes du mariage sont parfois si lourdes
qu'on n'est pas trop de trois pour les porter.
Roland MERCIER.

A L'AUBE tiède du 25 juillet 1547, la ville de Reims s'éveilla parée comme un reposoir. Dans les rues encore désertes, les maisons, décorées de riches tapisseries, de draps piqués de fleurs, de couronnes de roses et d'oriflammes endormies, se coloraient peu à peu de la clarté dorée d'un « petit jour » d'été.

Une ville étrange sortait de la nuit. Une ville de rêve et de contes de fées que les premiers promeneurs découvrirent avec émerveillement et fierté. Le visage familier de la vieille cité disparaissait sous des guirlandes, des banderoles, des arcs de triomphe, des colonnes de jaspe, des voûtes de feuillage et des fontaines de vin...

Pour quel événement Reims s'était-elle donc ainsi métamorphosée ?

Pour une fête propre à réjouir tous les braves gens du royaume : pour le couronnement du nouveau roi de France...

***

A huit heures, toutes les cloches de la ville annoncèrent l'approche de Henri II.

Précédant le groupe des princes du sang qui l'accompagnaient, le jeune souverain, monté sur un cheval blanc richement harnaché, fut reçu à la porte principale de la ville par le gouverneur, les notables et tous les habitants « en grande joie ».

A cet endroit avait été dressé un édifice étrange surmonté d'un gros soleil « en forme de pomme rayonnante ». Le gouvereur de Reims attira l'attention de Henri II sur ce détail.

Le roi, intrigué, arrêta son cheval, et tout le cortège s'immobilisa. Aussitôt le soleil s'ouvrit, libérant un énorme cœur qui descendit par un jeu de cordes jusque devant le souverain.

Avant que la foule n'ait eu le temps d'applaudir cette « merveille », le cœur se fendit par le milieu découvrant une charmante jeune fille fort peu vêtue qui présenta les clefs de la ville à Henri II.

Le roi eut l'œil pétillant devant cette apparition et le bon peuple, émerveillé, poussa des cris de joie.

La nymphe récita alors un petit compliment et rentra dans le cœur qui se referma. Puis, comme par enchantement, tout remonta dans le soleil « qui s'épanouit aussitôt en fleur de lys (1). »

Après cet intermède, le cortège se dirigea vers une place où les Rémois avaient cru bon d'édifier une espèce de mongagne recouverte de velours sur laquelle des femmes nues, aux prises avec des satyres, composaient d'audacieux tableaux vivants. Le roi contempla un instant ce spectacle vraiment inattendu avant les solennités du sacre et continua sa route en pensant que la journée commençait bien...

A la cathédrale, il n'y avait pas de femmes nues, ni de spectacles légers ; pourtant l'amour et l'adultère y furent évoqués par le roi lui-même d'une façon qui stupéfia tout le monde. Il parut dans une tunique de satin bleu azuré semé de fleurs de lis d'or et ornée d'une broderie représentant *son initiale mêlée à celle de Diane de Poitiers.*

Lorsque les évêques virent le double D dans l'H, ils se regardèrent en hochant la tête, pensant que le

(1) *Histoire des inaugurations des rois,* Dom Charles BEVY, 1776.

nouveau roi allait encore plus loin que son père dans la voie du scandale.

Diane de Poitiers était d'ailleurs là, occupant, pour la première fois en public, la place d'honneur, alors que la reine, (enceinte de trois mois, il est vrai) avait été reléguée dans une tribune écartée.

Si la plupart des prélats furent choqués par la présence de Diane aucun n'osa en parler à haute voix, pour la bonne raison que le cardinal de Lorraine, qui devait oindre le nouveau roi, était un des plus fidèles alliés de la grande sénéchale.

Les protestations auprès de ce prince de l'église n'eussent donc donné aucun résultat. Souriant, onctueux, il se serait contenté de répondre en baissant les paupières sur son regard trop brillant :

— Votre seul devoir est de prier, mon fils !

Car, s'il n'avait pas encore atteint sa vingtième année, le cardinal de Lorraine possédait beaucoup d'expérience, ayant été nommé archevêque à l'âge de neuf ans...

***

Après ce sacre mémorable, Henri, Diane et Catherine allèrent s'installer à Fontainebleau.

La grande sénéchale, qui avait fait chasser les ministres protégés par Mme d'Étampes pour les remplacer par ses amis, devint alors toute-puissante. C'est elle qui régnait sur le royaume par l'intermédiaire d'un roi amoureux et de ministres qui lui devaient tout.

Or, contrairement à la duchesse d'Étampes, elle ne chercha pas tout de suite à se mêler des affaires de l'État. Son ambition était plus sordide : elle voulait simplement accumuler titres, rentes et domaines. Animée par une cupidité sans bornes, elle rêvait de posséder la plus grosse fortune de France et, pendant les douze ans que régnera Henri II, elle n'intriguera que dans ce but, ce qui la conduira, hélas ! à s'occuper de politique...

Pour commencer, elle réussit un assez beau coup ;

à chaque changement de règne, les possesseurs des diverses charges du royaume devaient, pour être maintenus dans leurs fonctions, payer un impôt appelé « droit de confirmation » ; Diane en exigea le montant. Trois cent mille écus d'or lui furent donc versés aux dépens du Trésor...

Elle parvint encore à se faire attribuer les sommes provenant de la taxe sur les cloches, ce qui fit dire à Rabelais : « Ce roi a pendu toutes les cloches du royaume au col de sa jument... »

Enfin, sous couleur de faire la guerre aux mécréants, elle mit la main sur les biens confisqués aux protestants, ou saisis chez les Juifs...

Mais elle réussit à faire mieux encore, le jour où elle obtint que le roi lui donnât les plus beaux joyaux de la couronne.

Les historiens modernes ont évalué ce cadeau à quelque trois milliards de notre monnaie...

Connaissant l'avidité extrême de sa maîtresse, le roi utilisait tous les prétextes pour lui octroyer de nouvelles rentes. Un jour, il lui accorda « cinq mille cinq cents livres, en faveur des bons, agréables et recommandables services qu'elle a cy-devant faits à la reyne ».

Ce qui était tout de même un comble.

***

Bien entendu, l'attitude extravagante du roi ne tarda pas à être critiquée par certains hommes politiques indépendants, les ambassadeurs étrangers, par exemple. C'est ainsi que Alvarotto, le représentant à Paris du duc de Ferrare, écrivait : « Pour Sa Majesté, il ne paraît pas qu'elle pense à autre chose qu'à jouer à la balle, à aller chasser parfois et à courtiser à toute heure la sénéchale : après le déjeuner et, le soir après le dîner, ce qui fait qu'en moyenne il doit bien rester avec elle au moins huit heures. S'il arrive qu'elle soit dans la chambre de la reine, il la fait appeler. C'est au point que chacun se lamente et remarque qu'il se tient plus mal que le feu roi... D'aucuns en tirent cette conclusion que le roi ne voit pas clair et qu'il est mené, comme on dit, par le bout du nez (1). »

Mais les ambassadeurs étrangers n'étaient pas les seuls à oser critiquer l'aveuglement du roi. Lorsque Charles de Lorraine, archevêque de Reims, remplaça, sur la demande de sa protectrice, le cardinal de Tournon, une épigramme circula à la cour et même dans Paris :

Sire, si vous laissez, comme Charles désire,
Comme Diane veut, par trop vous gouverner,
Fondre, pétrir, mollir, refondre, retourner,
Sire, vous n'êtes plus, vous n'êtes plus que cire...

Ce quatrain cruel n'empêcha pas Henri II de continuer à combler sa maîtresse d'honneurs et de présents.

A l'automne 1547, il lui offrit « en considération des grands et recommandables services rendus par son feu mari, Louis de Brézé », le château de Chenonceaux qui appartenait à la couronne.

Cette fois, le roi allait trop loin, et la reine, sortant de sa réserve habituelle, lui rappela publiquement que Chenonceaux était inaliénable en vertu d'un édit royal de 1539, et qu'il n'avait pas le droit d'en disposer.

Allait-il devoir reprendre son cadeau à la grande sénéchale ? Non, car Diane fit front et, grâce à une habile procédure, parvint à conserver Chenonceaux. Ce fut son second château, — car elle avait déjà celui d'Anet, — et elle put s'estimer, dès lors, bien lotie...

***

En 1548, enfin, la grande sénéchale reçut le titre de duchesse de Valentinois (et le duché bien entendu).

Cette faveur scandalisa la Cour.

Tous les ducs de sang royal s'offusquèrent — vainement, est-il besoin de le dire — en voyant que la

(1) Modène, Archivio di Stato, Dispacci dalla Francia, Bta 25.

fille de Saint-Vallier était élevée au rang d'une dynastie souveraine.

La favorite, qui signa désormais « Diane de Poitiers, duchesse de Valentinois, comtesse d'Albon, dame de Saint-Vallier », devint plus méprisante et plus avide que jamais. Et le Florentin Ricaroli put écrire dans une lettre : « On ne peut dire à quel point est parvenue la grandeur et l'omnipotence de la duchesse de Valentinois. Et on en vient à regretter Mme d'Étampes... »

De telles faveurs rendaient officielle la liaison de Henri II. Tout le monde en parlait sans se cacher, et les hommages dus à la reine allaient vers la favorite, ainsi qu'on put le constater lorsque le roi fit son entrée solennelle à Lyon, suivi de Catherine, de Diane et de la Cour.

Tous les écussons dont la ville était ornée, portaient le chiffre qui avait fait scandale au sacre. Et, lorsque les notabilités vinrent présenter leurs hommages, ils défilèrent devant la favorite d'abord, faisant passer la reine au deuxième plan.

Enfin, pour couronner cette journée où Catherine de Médicis subit la plus grande humiliation de son existence, une jeune et belle fille vêtue en Diane chasseresse, cheveux blonds flottant au vent, croissant sur la tête et carquois à l'épaule, vint saluer le roi.

Elle portait une légère tunique en voiles blanc et noir (couleurs de la favorite), qui laissait voir d'admirables jambes, et tenait au bout d'une corde un « lion mécanique, lequel animal en bois représentait la ville de Lyon qui s'offrait au souverain ». Mais les mauvais esprits y virent un autre symbole. Et l'on chuchota que cette Diane tirant un lion monté sur roulettes représentait fort exactement la duchesse de Valentinois qui, de sa main parfumée, menait le roi en laisse...

***

Si les grands du royaume et les ambassadeurs étrangers étaient pleins de prévenances et de respect pour la maîtresse du roi, le bon peuple, lui, ne se gênait pas pour ricaner et composer sur Diane de malicieuses chansons que l'on répétait à la veillée...

En voici une que le folklore du Val de Loire nous a conservée :

Malgré son grand âge,
Diane, ce soir, à Blois,
Est en chasse, je crois,
Pour y forcer un roi,
Ah! Catin, Catin (1), *quel dommage!*
Déesse peu sage
La vieille ira de nuit (2)
Sonner un hallali
Qui aura lieu au lit.
Ah! Catin, Catin, quel dommage!

De tels couplets vengeaient un peu la pauvre Catherine de Médicis qui n'osait plus élever la voix dans son palais et se voyait réduite au rôle de « pondeuse d'enfants ».

En effet, après avoir été stérile pendant dix ans, elle mettait maintenant son petit prince au monde chaque année.

Le faible Henri II avait trouvé ce moyen pour éliminer officiellement son épouse de toutes les cérémonies. Et pendant douze ans, tandis que Diane occupait la première place auprès du roi, la reine se tint dans l'ombre, lourde d'une progéniture d'ailleurs tarée...

Catherine étant toujours « dans l'attente d'un heureux événement », Henri II pouvait vivre à sa guise, sans que personne songeât à s'en étonner.

Le soir, après le dîner qu'il prenait en compagnie de la reine et de la favorite, le souverain disait gentiment à Catherine de Médicis :

— Vous devez être lasse, Madame. Aussi, je ne vous oblige point à demeurer parmi nous. Allez vous reposer...

(1) Diminutif de Catherine.
(2) Diane de Poitiers avait alors cinquante et un ans et le roi trente

La reine, furieuse, se levait alors et regagnait ses appartements, sans prononcer un mot, mais « en donnant, nous dit un chroniqueur, de-ci de-là et comme par gaucherie ou maladresse, des coups de pieds dans les meubles »...

Dès qu'elle avait disparu, le roi se levait à son tour. Diane l'imitait, et ils partaient en compagnie de quelques intimes s'enfermer dans la chambre de la favorite.

Tout d'abord, Henri rendait compte à Diane des affaires de l'État, lui demandant son avis sur un projet d'impôt, le texte d'un traité ou la réponse à faire à un diplomate, et la discussion durait souvent près d'une heure. Puis on se délassait un peu. Voici, d'après l'ambassadeur Saint-Mauris, qui envoya bien des détails savoureux en Italie, la façon un peu cavalière dont se comportait le roi dans l'appartement de la duchesse de Valentinois : « Il s'assied au giron d'elle avec une guinterne (cithare) en main, de laquelle il joue et demande souvent au connétable et à Aumale si le dit *Silvius* (Diane) n'a pas belle garde, touchant quand et quand ses tétins et la regardant attentivement comme homme surpris de son amitié. »

Lorsque le roi avait ainsi caressé les seins de Diane, celle-ci, chatouillée et troublée, le repoussait en riant, disant « qu'elle ne voulait point être ridée », sachant par expérience sans doute que la main de l'homme n'est point bonne pour la fine peau des gorges joliment enflées.

Cette façon désinvolte de se tenir en public choque un peu notre conception moderne de la pudeur. Il n'en était pas de même au XVIe siècle, surtout à la Cour où la vie du roi n'avait de secret pour personne. Un historien du temps nous conte même une anecdote assez savoureuse. Un soir que Henri II était, comme à l'accoutumée, dans la chambre de Diane de Poitiers avec quelques amis, il fut pris soudain « d'un feu qui le brûla et le poussa à conduire la duchesse de Valentinois vers le lict ».

Les amis, bien élevés, feignirent de ne s'apercevoir de rien et restèrent auprès de la cheminée à deviser. De temps à autre, des bruits divers parvenaient du coin d'ombre où se trouvait le grand lit de la favorite, mais personne ne se permettait de dresser l'oreille.

Soudain, on entendit un craquement et un grand choc. Dans leur ardeur, les deux amants avaient détruit le lit, et la duchesse de Valentinois était tombée dans la ruelle.

Tout le monde se précipita. Diane fut retrouvée à tâtons et ramenée toute rougissante vers la lumière. Quant au roi, il n'avait pas eu le temps de réparer le désordre de ses vêtements, et son aspect manquait de majesté...

Heureusement, Diane eut le bon goût d'éclater de rire, ce qui détentit l'atmosphère (1).

L'histoire amusa la Cour pendant quelques jours et la reine l'apprit, bien entendu.

Elle en fut fâchée et se demanda, une fois de plus, par quels moyens la duchesse de Valentinois, qui avait vingt ans plus qu'elle, parvenait à retenir ainsi le roi. Car, nous dit Brantôme, « elle se sentait aussi belle et agréable que serviable, et digne d'avoir d'aussi friands morceaux »...

Intriguée, et pensant que peut-être la favorite usait d'une technique amoureuse qu'elle ignorait, elle désira s'instruire et en parla à une de ses confidentes.

Hélas! celle-ci n'avait pas non plus une grande expérience, et ses « recettes » n'apprirent rien à la reine. En désespoir de cause, les deux femmes décidèrent d'épier les amants au moment où ils se livraient à leurs ébats favoris. Catherine de Médicis fit alors percer plusieurs trous dans le plancher qui se trouvait au-dessus de la chambre de la duchesse « pour voir,

(1) Henri II et Diane avaient, semble-t-il, l'habitude de malmener les lits. Alvarotto, dans une lettre datée de Compiègne le 1er octobre 1549, écrivait : « Maisons me dit qu'un soir, comme elle (Diane) allait se coucher, Sa Majesté vint la *clidvere* (littéralement : mettre la clef dans la serrure) et qu'ils passèrent derrière le lit, qui était assez éloigné du mur, en feignant de deviser ; ils donnèrent de si grandes secousses au lit que celui-ci vacilla et qu'ils faillirent tomber par terre ; il n'y avait que deux femmes dans la chambre ; la duchesse dit à haute voix : « Sire, ne sautez pas aussi fort sur mon lit, vous finirez par le casser... »

nous dit Brantôme, le tout et la vie qu'ils démenoient tous deux ensemble ». Et elle attendit l'occasion.

***

Un après-midi, voyant le roi se diriger vers l'appartement de Diane, la reine alerta son amie et les deux femmes grimpèrent bien vite à leur poste d'observation. Allongées par terre, les yeux collés aux trous, elles regardèrent « mais n'y virent rien que de très beau, car elles y aperçurent une femme très belle, blanche, délicate et très fraîche, moitié en chemise et moitié nue, faire des caresses à son amant, des mignardises, des follastreries bien grandes, et son amant lui rendre la pareille de sorte qu'ils sortoient du lict, et tout en chemise se couchoient et s'esbattoyent sur le tapis velu qui estoit auprès du lict, afin d'éviter la chaleur du lict, et pour mieux en prendre le frais ; car c'estoit aux plus grandes chaleurs ».

Cette façon de faire, qu'elle ignorait, étonna la reine et lui donna du dépit. Elle « se mit à plorer, gémir, souspirer et attrister, luy semblant, et aussi le disant, que son mary ne luy rendoit le semblable, et ne faisoit les folies qu'elle luy avait vu faire avec l'autre ».

Comprenant qu'elle ne parviendrait jamais à connaître le secret de la séduction de Diane, la reine encore une fois, se résigna et, ainsi que l'écrivait Lorenzo Contarini, « supporta avec patience »...

Follement amoureuse du roi, et craignant à chaque instant de le perdre à tout jamais par une attitude hostile, elle se rapprocha finalement de Diane et vécut avec elle comme avec une amie.

La duchesse de Valentinois en profita, bien entendu, pour prendre plus d'importance encore. Laissant à la reine le soin de faire les enfants, elle se réserva de les élever, de les soigner et de les former.

Dès que Catherine accouchait, le nouveau-né lui était enlevé ; on allait le présenter au roi et à Diane.

Puis la favorite confiait le bébé à ses cousins, M. et Mme d'Humière, qu'elle avait fait nommer gouverneurs des enfants royaux. Il nous est parvenu des lettres qui témoignent de l'intérêt que prenait la maîtresse du roi pour la santé des enfants de Catherine.

J'ai vu, écrit-elle par exemple à Mme d'Humière, *la lettre que m'avez écrite et ce que m'avez mandé que Mme Claude s'est trouvée mal cette nuit de sa toux, dont nous sommes tous marris ; toutefois est une maladie qui n'est point dangereuse, vu que madame sa sœur aînée en a eu de cette façon. La reine vous en écrit son avis ; il me semble que vous ferez bien de prendre une bonne résolution pour ne mettre plus les choses en doute ; je me fierai plus en votre opinion que en celle des médecins, vu mêmement la quantité d'enfants que vous avez eus* (1).

Lorsqu'ils avaient atteint l'âge d'apprendre les bons usages, les princes revenaient à la Cour et Diane les formait aux « civilités de la vie ».

Les règles du savoir-vivre au XVIe siècle étaient d'ailleurs étranges. Il n'est pour s'en convaincre que de feuilleter le premier manuel de convenances, publié par Mathurin Cardier. On y lit, par exemple : *Il sied d'avancer les lèvres de temps à autre pour faire entendre une sorte de sifflement, habitude familière aux princes qui se promènent dans la foule.*

Le même auteur conseillait également de se « dandiner en marchant » et de copier les Italiens, chez qui, dit-il, « pour faire honneur à quelqu'un, on pose un pied sur l'autre, et l'on se tient à peu près sur une seule jambe, comme la cigogne ».

La mode était aux poses alanguies ; aussi trouvait-on gracieux de « tenir les yeux mi-clos et de tendre les lèvres comme pour un baiser ».

Saluer était un art difficile : « On ploie seulement le genou droit, avec un doux contournement et mouvement du corps, dit Mathurin Cardier. On ôte le bonnet de la main droite, on le tient en bas à la gauche et la main droite au bas de l'estomac avec les gants. Il y a le salut de rencontre ; s'il s'agit de l'homme, on l'embrasse par accolade ; s'il s'agit d'un rang plus élevé, on l'embrasse dessous le bras, d'autant plus bas on l'embrasse qu'il est plus grand socialement. S'il est égal, on l'embrasse d'un bras dessus l'épaule,

(1) Mme d'Humière avait eu dix-huit enfants.

l'autre dessous. Pour la femme, on la baise sur la bouche. »

La duchesse de Valentinois, rompue aux usages raffinés de la Cour, enseignait admirablement tous ces gestes curieux et faisait des enfants royaux des adolescents qui pouvaient « sortir dans le monde »...

***

La reine continuait à sourire et à jouer la comédie de l'amitié. Pourtant rien ne lui était épargné. Le jour de son sacre à Saint-Denis, Diane fut à ses côtés en surcot d'hermine, en robe de gala à l'antique tout comme elle, et l'on pouvait se demander laquelle des deux était la reine.

Un incident symbolique eut lieu d'ailleurs au cours de la cérémonie : la couronne étant trop lourde pour Catherine, une fille de Diane la lui retira et *vint la déposer aux pieds de sa mère sur un coussin...*

La reine ne broncha pas. Rien ne semblait l'atteindre...

Pourtant, un soir, excédée sans doute, elle laissa paraître quelque humeur. Elle lisait dans sa chambre, lorsque Diane entra et lui demanda :

— Que lisez-vous, Madame?

— Je lis les histoires de ce royaume, lui répondit la reine avec un sourire aimable, et j'y trouve que de tous les temps les putains ont dirigé les affaires des rois!...

Ce qui jeta un froid.

26

DIANE DE POITIERS VEUT « SA GUERRE »

C'est une noble ambition que de vouloir posséder « quelque chose à soi »...
LÉON GAMBETTA.

VERS 1549, les braves gens qui parlaient de la famille de Guise avaient coutume de dire : « Lorsqu'une femme parvient à entrer dans le lit du roi, tous ses amis veulent nager dans la rivière (1)... »

Ce qui témoignait d'un peu de malice et d'une grande clairvoyance, car cette Maison, protégée par Diane de Poitiers, avait, depuis l'avènement de Henri II, réussi à prendre, en effet, une importance considérable.

Dotée abondamment d'archevêchés, d'abbayes, de charges politiques, elle commençait à représenter, dans le royaume, une force qui allait constituer bientôt un danger pour le trône.

Mais Diane, qui ne pensait qu'à enrichir la famille à laquelle ses deux filles s'étaient unies, ne semblait pas s'en soucier. Elle ne pouvait prévoir qu'à cause de son favoritisme aveugle, un roi de France se verrait, un jour, contraint aux navrantes nécessités de l'assassinat.

L'influence sans cesse croissante des Guise dans

(1) On appelait autrefois « rivière » le milieu, toujours un peu creux, du lit.

le gouvernement ulcérait bien des gens à la Cour. Mais le plus fâché de tous était sans doute le connétable de Montmorency, qui se voyait peu à peu évincé.

En effet, la duchesse de Valentinois, sachant que le roi aimait beaucoup le connétable, s'employait à réduire autant que possible son crédit.

Tâche difficile, car Henri II considérait Montmorency presque comme un frère aîné, lui passant tout, lui permettant même d'étonnantes familiarités, ce qui n'était pas, d'ailleurs, sans chatouiller la jalousie des Guise. Je ne citerai qu'un exemple : un jour que le roi lui rendait visite avec quelques amis, le connétable demanda le plus naturellement du monde :

— Est-ce que vous permettez, sire, que je me lave les pieds ?

Henri acquiesça, sans montrer de surprise. Montmorency fit alors apporter une bassine d'eau chaude, se déchaussa et se livra tranquillement à ses ablutions devant le roi.

Si Henri II se contenta de sourire, les témoins de la scène furent très choqués ; et l'ambassadeur Alvarotto écrivit en Italie : « C'est tout juste si le connétable n'a pas uriné dans la chambre. De sorte que tout le monde en est resté stupéfait... »

Le duc de Guise, qui avait assisté lui aussi à ce bain de pieds, rentra dans ses appartements, vert de jalousie, pensant que Montmorency pénétrait plus que lui dans l'intimité du roi.

Cela demandait une compensation.

Quelques jours après, Diane, pour venger ses protégés, faisait nommer un Guise, le cardinal Charles de Lorraine, chef du Conseil privé du roi.

Cette rivalité, entretenue par la favorite, allait tout à coup se transformer en une véritable haine.

***

A la fin de novembre 1549, la chrétienté, surprise et sincèrement désolée, apprit que le pape Paul III venait de mourir. Aussitôt, Diane, qui espérait faire monter son vieil ami le cardinal Jean de Lorraine sur le trône pontifical, commença à intriguer.

Instruit des démarches de la favorite, Montmorency, sans perdre une seconde, fit savoir à tous les cardinaux français qui se rendaient au Conclave que leur devoir était d'empêcher l'élection du candidat de Diane. Il fut obéi, et le cardinal Del Monte devint pape sous le nom de Jules III.

En apprenant cette nouvelle, Jean de Lorraine mourut de chagrin et les Guise furent, pendant quelques jours, fortement indisposés par une grande colère.

Pour les consoler, Diane, une fois encore, intervint, et Charles de Guise devint le prélat le plus puissant de France. Il était à la fois évêque (ou archevêque) de Reims, de Lyon, de Narbonne, de Valence, d'Albi, d'Agen, de Luçon et de Nantes...

Alors Montmorency, pris de panique, pensa qu'il était temps d'intervenir et décida de tout tenter pour séparer Henri II de Diane de Poitiers, protectrice de cette Maison de Guise vraiment trop puissante. Pour cela, il n'y avait qu'un moyen, semblait-il : donner au roi une nouvelle maîtresse plus jeune que la favorite...

Cette femme devait être très belle, intelligente et peu farouche. Le connétable se mit à sa recherche incontinent.

Or, depuis 1548, la petite reine d'Écosse, Marie Stuart, âgée de huit ans, qu'on avait fiancée au dauphin François, vivait à la Cour de France. Elle attendait d'être nubile en apprenant le rudiment de quelques langues étrangères, sous la direction de lady Fleming, une jeune gouvernante, fort jolie, dont quelques poètes chantaient déjà les cheveux blond roux, les formes émouvantes et les yeux verts. Le connétable pensa qu'aucune femme ne ferait mieux l'affaire.

Ce choix, il est vrai, était parfait à plus d'un titre ; car Marie Stuart, fille de Louise de Lorraine, était nièce des Guise, et Montmorency pensait avec effroi que le mariage du dauphin allait encore élever la maison de Lorraine... Qu'un scandale éclatât à la suite d'une liaison entre la gouvernante et le roi, et l'union tant souhaitée par Diane était impossible.

Tout heureux, le connétable confia sans aucune gêne son projet à Catherine de Médicis qui, ravie de jouer un tour à la duchesse de Valentinois, trouva très drôle de faire entrer une nouvelle femme dans le lit de son mari, et promit son aide.

Dès lors, les choses allèrent rondement. Diane de Poitiers ayant eu, fort opportunément, un accident de cheval qui l'obligeait à rester au lit dans son château d'Anet, la reine mit, avec beaucoup d'habileté, lady Fleming et le roi en présence.

Le soir même, Henri II montrait à la belle Écossaise ce que l'on entendait alors en France par « exploiter les Pays-Bas »...

Son brio émerveilla lady Fleming.

— Revenez souvent, dit-elle lorsqu'elle le vit remettre ses vêtements.

Henri II avait trouvé bien agréable de caresser une jolie fille de vingt ans plus jeune que Diane ; il promit d'être là tous les soirs.

Et, pendant une semaine, les amoureux se retrouvèrent ainsi, protégés par le bon connétable et par la machiavélique Catherine de Médicis.

Mais les Guise avaient leurs informateurs à la Cour. Ils furent bientôt au courant des rendez-vous nocturnes du roi et alertèrent Diane, qui, très pâle, sauta dans une voiture et se fit conduire immédiatement à Saint-Germain-en-Laye.

— Je veux le surprendre à la porte de cette fille, dit-elle.

***

Aussitôt arrivée, elle courut vers l'appartement de la gouvernante et se posta derrière un rideau.

A deux heures du matin, le roi, les genoux un peu flageolants, sortit de chez la demoiselle, accompagné de son inséparable connétable.

Diane écarta brusquement le rideau qui la cachait. Elle était livide. Elle tremblait.

Le roi et le connétable parurent très étonnés de la voir surgir devant eux. Ils prirent un air penaud.

Écoutons Alvarotto nous conter la scène :

« Elle se jeta au-devant d'eux :

» — Ah! sire, s'écria-t-elle, d'où venez-vous?... Quelle trahison est-ce là et quelle injure vous êtes-vous laissé persuader de faire à messieurs de Guise, qui sont vos serviteurs si dévoués et que vous aimez tant, à la reine, à votre fils qui doit épouser la jeune fille gouvernée par cette dame. De moi, je ne dis rien parce que je vous aime, comme je l'ai toujours fait, honnêtement...

» Sa Majesté répondit :

» — Madame, il n'y a là aucun mal, je n'ai fait que bavarder...

» Alors Diane se tourna vers le connétable :

» — Et vous! êtes-vous donc assez méchant non seulement pour supporter, mais encore pour conseiller au roi de faire une chose pareille? Vous n'avez pas honte de nous faire une telle injure, à messieurs de Guise et à moi, qui vous avons tant favorisé auprès de Sa Majesté, comme vous le savez... Je vois bien que nous avons perdu notre temps et notre peine... »

Puis, incapable de se contenir plus longtemps, elle s'avança sur le roi et, les lèvres couvertes d'écume, lui lança « une montagne d'injures »...

Enfin, elle dit au connétable « qu'elle ne voulait plus lui parler et qu'il ne devait plus aller là où elle serait ».

» Le roi tenta de l'apaiser. Elle se retourna :

» — Sire, le zèle que je porte à votre honneur et à celui de messieurs de Guise me fait et me fera toujours parler avec cette hardiesse, car je suis bien sûre que Votre Majesté ne cessera jamais de me tenir pour la fidèle servante que je suis.

» Alors le roi, voyant qu'il n'avait pu leur faire la paix, pria la duchesse de la façon la plus pressante du monde de ne rien raconter de cette histoire à messieurs de Guise. »

Et Alvarotto conclut :

« La raison qui a mû le connétable, cet homme de bien, à agir de la sorte, d'après le cardinal de Lorraine, est qu'il essaiera de se servir de cette aventure contre messieurs de Guise ; il veut que le Dauphin, quand il sera en âge, puisse refuser d'épouser la jeune reine, disant qu'elle avait été élevée par une putain. »

Bien entendu, Montmorency fut le grand vaincu de l'affaire. Tout le monde se retourna contre lui et il faillit tomber en disgrâce...

Son coup avait manqué!

Quant à la belle lady Fleming, elle resta enceinte de cette aventure et s'en montra ravie. Voici ce que nous en dit Brantôme : « Elle n'en faisoit point la petite bouche, mais très hardiment disoit en son escossais francizé : « J'ay fait tant que j'ay pu, que,
» Dieu mercy, je suis enceinte du roy, dont je m'en
» sens très honorée et très heureuse ; et si je veux dire
» que le sang royal a je ne sçay quoy de plus suave
» et friande liqueur que l'autre, tant que je m'en
» trouve bien, sans compter les bons brins de présents
» que l'on en tire. »

Ces discours maladroits exaspérèrent le roi et fâchèrent la reine qui, abandonnant complètement le pauvre connétable, se ligua avec Diane contre l'Écossaise.

Les deux femmes, on s'en doute, n'eurent aucune peine à faire chasser de France cette belle fille trop bavarde.

Lady Fleming retourna donc en Écosse avec un gros garçon vagissant sur les genoux et d'exaltants souvenirs...

Son fils, nommé Henri d'Angoulême, devint grand prieur de France.

Ce qui prouve qu'on peut attendre les conséquences les plus inattendues d'un drame d'alcôve...

***

Lorsque la scène qui s'était passée dans la chambre de lady Fleming fut connue, un grand éclat de rire secoua la Cour. « La seule pensée, nous dit un historien du temps, que le roi ait osé faire coupe (1) Mme de Valentinois rendit, pendant quelques jours, la vie plus agréable à de nombreuses personnes. »

Des poètes, qui tinrent, bien entendu, à rester inconnus, firent sur l'aventure des chansons, dont cer-

(1) C'est-à-dire : cornette.

taines sont extrêmement gaillardes. Je ne citerai que ces trois couplets :

Il s'est fait écosser le jonc
Par une fillette d'Écosse,
Diane les vit sur le gazon,
Et leur joie la rendit féroce
O le joly jonc
Bon, bon, bon, mon compère.
O le joly jonc
Le joly jonc.

Et chacun vit que le croissant
Dont tous les artistes vous ornent
O déesse, depuis vingt ans,
N'était qu'une paire de cornes...

Finies les joies de l'éperon,
Finie la course à l'aiguillette,
Le roi préfère pour son jonc
Les fraîches et jeunes motelettes...

Mais les chansonniers et tous les rieurs se trompaient. Après le départ de lady Fleming, le roi, désireux de se faire pardonner son escapade, alla trouver Diane et tenta de lui prouver le plus virilement possible que rien n'était changé entre eux. Hélas! poussé par un désir (bien compréhensible) de briller en cette occasion plus qu'à l'ordinaire, il voulut renouveler ses galants outrages un trop grand nombre de fois et, nous dit un chroniqueur, « il fit tant et tant qu'au matin l'haleine lui faillit et qu'il resta court ».

La duchesse de Valentinois, touchée par l'intention, et peut-être largement comblée, fut indulgente. Redevenant subitement maternelle, elle le borda avec tendresse, se vêtit sans bruit et le laissa dormir jusqu'à une heure avancée de la matinée.

On connut tous ces détails, le lendemain, par la confidente de la reine ; car Catherine de Médicis n'avait pas abandonné son petit observatoire (1) et s'était fort réjouie de voir le roi trahi par la nature...

(1) Le trou qu'elle avait fait pratiquer dans le plancher.

***

Contrairement au désir du connétable, la liaison de Henri II avec lady Fleming n'avait donc servi qu'à renforcer la position de la duchesse de Valentinois.

Cette maladroite affaire allait avoir, en outre, d'étranges répercussions politiques.

Depuis quelque temps, de nombreux signes annonçaient la naissance prochaine d'un conflit. Or, en 1552, les princes protestants d'Allemagne, en lutte contre Charles-Quint, demandèrent à Henri II un secours financier en échange duquel ils lui reconnurent le droit d'occuper les trois évêchés de Lorraine : Metz, Toul et Verdun.

Geste habile qui obligeait le roi de France à envoyer une armée prendre possession de ces territoires, c'est-à-dire à se trouver en état de guerre contre Charles-Quint, puisque, bien entendu, celui-ci continuait à considérer les Trois Évêchés comme siens.

Les Français allaient donc se battre de nouveau.

Diane en fut ravie pour ses bons amis de Guise, dont l'esprit belliqueux souffrait de l'inaction à laquelle la paix les réduisait depuis des mois.

Mais quelques escarmouches devant les trois villes lorraines ne lui suffisaient pas ; il fallait étendre le conflit afin que ses protégés pussent, en se couvrant de gloire, assurer définitivement leur puissance — et du même coup consolider la sienne...

Froidement, elle s'occupa d'abord de faire remplacer tous les capitaines amis de Montmorency par des gens de son parti. Puis elle suggéra au roi d'envisager une campagne destinée à donner ses frontières naturelles à la France. Enfin, elle prit en main toute l'organisation de l'armée, décida des effectifs, du matériel, des munitions et dirigea personnellement les opérations.

Cette guerre devenait « sa guerre ». Il fallait à tout prix effacer des mémoires l'humiliant épisode dont lady Fleming avait été l'héroïne. Le sang généreux de quelques milliers de Français allait gentiment s'en charger...

***

Henri II, qui voulait prendre lui-même la tête des troupes, pensa qu'il devait, pendant son absence, confier la régence à la reine.

Mais Diane veillait. Elle craignit qu'à l'occasion de cette guerre Catherine ne prît, tout à coup, une importance gênante. Et elle obtint du roi que la régence fût donnée conjointement à la reine et au Garde des Sceaux, Bertrand, dont l'amitié lui était depuis longtemps acquise.

Ainsi, Henri pouvait laisser les charges de l'État à la Florentine ; Diane continuait de « régner » par personne interposée...

Les hostilités étaient commencées depuis deux mois, lorsque Catherine de Médicis, qui s'était installée au château de Joinville, en Champagne, tomba gravement malade. On vit alors une femme, bouleversée, courir au chevet de la reine et la soigner avec une grande tendresse. C'était Diane, dont l'étrange dévouement étonna le bon peuple. Or son geste n'avait rien d'admirable, car il était dicté par la peur. Cette reine sans attrait était, en effet, nécessaire à la position extraordinaire qu'elle occupait auprès du roi. Il ne fallait pas que Catherine mourût, car il ne fallait pas que Henri se remariât avec une de ces femmes jeunes et belles que les Cours d'Europe étaient toutes prêtes à lui offrir... C'était simple, mais les braves gens, qui ont le cœur pur, ne pouvaient y penser...

Et Catherine guérit.

Abandonnant aussitôt drogues et tisanes, la favorite retourna à ses occupations militaires. Dès lors, tout passa par elle. Écoutons Guiffrey : « Dans les grandes choses comme dans les plus petites, partout se manifeste l'intervention de la duchesse. Faut-il des subsides, des munitions, des renforts pour la défense de la frontière attaquée ? Les plus grands capitaines en sont réduits à solliciter de Diane les secours nécessaires... Elle emploie à leur répondre les formules les plus humbles, les protestations les plus obséquieuses ; mais il n'y a pas à s'y laisser prendre. »

A Brissac, assiégé dans Saint-Damain, elle écrit, par exemple :

Quand à ce que mandez pour avoir des forces plus que n'en avez, je vous puis assurer que le Roi ne vous veut point laisser dépourvu... — Votre plus qu'entière bonne amie, Diane.

Naturellement, elle réservait tous ses soins aux Guise (1). Et François de Lorraine lui écrivit en août 1552 :

Je ne puis garder de me souvenir encore de la particulière grâce que vous m'avez faite, et du singulier contentement que j'en ai, en mettant en peine de vous pouvoir de plus en plus servir et non moins et, ayant bon espoir d'en recueillir bon fruit et non moins pour vous que pour moi me mettant dorénavant être autre mon intérêt que le vôtre.

Cette lettre dut, malgré son style bizarre, remplir Diane de joie ; car la reconnaissance de la Maison de Lorraine était ce qu'elle recherchait le plus au monde. Elle répondit :

J'ai reçu les lettres qu'il vous a plu m'écrire et comme par icelles me remerciez de ce que j'ai fait pour vous, je vous assure, Monsieur, que, quand il sera question de vos affaires, je ne perdrai jamais la volonté de m'y employer... Votre humble à vous obéir, Diane de Poitiers.

L'effort conjugué de la favorite et des Guise fut bientôt couronné de succès. Le Ier janvier 1553, Charles-Quint, qui assiégeait Metz depuis deux mois et demi avec 60 000 hommes, dut se retirer sans avoir tenté un assaut. Il laissait aux mains de François de Lorraine une partie de son matériel et dix mille blessés.

Ses pertes s'élevaient à vingt mille hommes...

En février, François fut reçu triomphalement à la Cour et Diane partagea sa gloire. Personne ne souriait plus en la voyant. L'affaire Fleming était oubliée.

(1) Il ne faut jamais oublier, quand on observe l'attitude de Diane à l'égard de cette Maison, que l'une de ses filles avait épousé Claude de Lorraine, duc d'Aumale, frère de François, duc de Guise, et oncle de Henri..

***

Cependant la guerre se poursuivait, et les troupes de la Maison de Lorraine continuaient de bousculer les armées en déroute de l'empereur atterré.

Diane paraissait au sommet de sa puissance. Alors Catherine, torturée par la jalousie, chercha à ramener l'attention vers elle. D'accord avec le connétable, elle envoya Strozzi en Italie pour déclarer la guerre à Florence, qui était aux mains d'un ennemi des Médicis.

Ainsi, les deux femmes avaient chacune leur guerre, et les morts de l'une réjouissaient atrocement l'autre.

Mais, à ce jeu atroce, la reine eut moins de chance que sa rivale : Strozzi fut écrasé à Marciano, Sienne succomba et elle dut subir l'ironie méprisante de la favorite.

La haine qu'elle lui vouait l'habitait alors tout entière et, regrettant de n'avoir pas accepté l'offre de Tavannes qui lui avait proposé jadis de couper le nez de Diane, elle rêva de défigurer cette femme de cinquante-huit ans, dont l'énervante beauté tenait du prodige.

Elle fit appeler Jacques de Savoie, duc de Nemours, et lui demanda de préparer un mélange d'acides corrosifs « propres à être jetés avec de grands inconvénients au visage de Mme de Valentinois ».

Quelques jours plus tard, une petite bouteille d'aspect anodin se trouvait dans l'armoire secrète de la reine. Mais Catherine de Médicis ne devait pas s'en servir ; car les Guise subirent soudain, devant Thérouanne et Hesdin, de telles défaites qu'en considérant les traits tirés de Diane elle se jugea suffisamment vengée... (1).

(1) A ce propos, le Dr Cabanès retrouva une lettre de l'Aubespine, l'un des quatre secrétaires d'État. La voici : « La reine a bien ri quand elle a vu dessus la lettre de messire de Nemours ces lignes marquées, se souvenant qu'elle le voulloye employer lorsque Mme de Valentinoye la fachoyt tant, luy faire jeter par luy d'une eau forte distillée comme par manière de jeu sur le visage, de quoy elle fut toute sa vie demeurée défigurée et ainsi elle pensoy en retirer le feu roy son mari, ce qui ne fut pas faict car elle y pensa depuis. « Brûlez cette lettre après l'avoir lu, s'il vous playt. »

***

Tandis que Diane et ses amis de Lorraine continuaient à diriger une guerre dont ils attendaient gloire et profits, le connétable de Montmorency engageait secrètement des négociations avec Charles-Quint. Le vieil empereur était fatigué, malade et découragé par ses récents revers ; les pourparlers furent rapides. Et, le 20 décembre 1555, Henri II, que le connétable avait réussi à convaincre de la nécessité de faire la paix, signait la Trêve de Vaucelles.

Ce traité, qui laissait à la France toutes ses conquêtes: les Trois Évêchés, la Savoie, le Piémont, Montferrat, les places de Toscane et du Parmesan, constituait une telle victoire pour Henri II que Charles-Quint, effondré, abdiqua aussitôt et se retira au monastère de Yuste.

Toute la France fut alors saisie d'une joie effrénée : on dansa, on chanta, on fleurit les maisons, et du Bellay, pris dans la ronde, prouva que les poètes ont tort de s'intéresser à la politique en composant un poème de circonstance qui est, sans doute, ce qu'il a écrit de plus mauvais.

Au milieu de cette allégresse générale, les Guise et Diane de Poitiers montraient des yeux brillants de haine et un air crispé qui prouvaient de façon éloquente à quel point la trêve gênait leur projets.

Ils se réunirent à Anet pour étudier la situation, et François de Lorraine demanda à la duchesse de Valentinois de faire en sorte que le pacte de Vaucelles fût rompu. Le lendemain, la favorite était chez le roi. La colère la rendit maladroite. Elle critiqua en termes violents la signature de la trêve, traita son amant de lâche et cita trop souvent le nom des Guise...

— Donnez immédiatement l'ordre de reprendre les armes, dit-elle enfin.

Cette fois, Henri II fut agacé. Il répondit à Diane d'un ton sec qu'il n'avait de conseil à recevoir de personne.

La duchesse resta pétrifiée. Jamais le roi ne lui

avait parlé ainsi. Les lèvres tremblantes, elle se raidit :

— Soyez assuré qu'il se passera quelques jours avant que vous revoyiez mon visage, dit-elle.

Et elle partit en claquant la porte.

Le roi, étonné lui-même de ce qu'il venait de faire, resta un moment décontenancé. Enfin, une idée lui vint qui le fit sourire : l'attitude de Diane le rendait libre.

Il se leva aussitôt, remit sa toque de velours, quitta sa chambre et s'en alla d'un pas allègre vers l'appartement d'une dame de la Cour, la gracieuse baronne Nicole de Savigny, qu'il avait remarquée quelques jours auparavant.

La belle était chez elle. Le roi quitta sa toque et lui expliqua ce qui l'amenait.

— Oh! sire, bégaya Nicole, transportée de joie, est-ce possible? Je ne pouvais pas me douter que votre Majesté...

Puis, voyant que le souverain ne semblait pas d'humeur à bavarder, elle se déshabilla. Alors, sans rien dire, Henri II la prit par le bras, la conduisit vers le lit à baldaquin, l'aida à monter et la rejoignit d'un bond, car il était sportif...

Trois heures plus tard, le roi remettait sa toque de velours et descendait dîner, laissant Nicole de Savigny heureuse, haletante et le sein enrichi d'une semence qui allait lui donner un beau garçon (1)...

Cette liaison n'eut pas de suite, car Diane, prévenue par sa police personnelle, vint, dès le lendemain, trouver le roi. D'un mot, d'un sourire, elle sut retrouver toute la tendresse de son amant ; et c'est lui, comme toujours, qui s'excusa...

Dès qu'elle eut retrouvé sa place, la favorite n'eut qu'une pensée : amener le roi à reprendre les armes. Elle manœuvra cette fois avec une telle habileté que Henri II se laissa mener comme un enfant et que, en octobre 1556, la Trêve de Vaucelles était rompue...

Cette faute insensée allait mettre le royaume des

(1) Ce bâtard, appelé Henri de Saint-Rémy, ne fut pas reconnu par le roi. Après sa naissance, Nicole de Savigny devint la maîtresse de l'archevêque de Besançon, Mgr de Montreyel...

lys à deux doigts de sa perte et créer un ensemble de faits désastreux dont Louis XIV, un siècle plus tard, aurait encore à se préoccuper...

Philippe II, successeur de Charles Quint, ulcéré par ce qu'il considérait comme une « félonie du roi Henri II », massa des troupes à la frontière de l'Artois et, brusquement, envahit la France. Le connétable de Montmorency ne s'attendait pas à une attaque aussi rapide. Il dut reculer et fut battu finalement devant Saint-Quentin. La route de Paris était ouverte à l'ennemi...

Aussitôt un vent de panique souffla sur la capitale. Les Parisiens, en longues et misérables files, partirent vers le sud, chargés de hardes, de provisions et d'objets hétéroclites.

La France semblait perdue. Tout le monde pleurait. Tout le monde, sauf Diane qui, torturée par ses ressentiments, oubliait la situation tragique du royaume pour se réjouir de la défaite de son vieil ennemi le connétable de Montmorency, dont les Espagnols avaient réussi à s'emparer...

La Cour, prévoyant un épouvantable désastre, fuyait, affolée, d'un château à un autre. Tout annonçait la fin...

Heureusement, Philippe II commit une faute inespérée. Rendu inquiet par des succès trop faciles, il n'osa pas se diriger sur Paris et perdit un temps précieux que Henri II mit à profit pour organiser une défense.

La capitale était sauvée.

Puis la roue sembla tourner : cinq mois après Saint-Quentin, en plein hiver, le duc de Guise parvint à enlever de vive force la ville de Calais, où les Anglais étaient établis depuis deux siècles...

L'événement, tout à fait inattendu, réconforta les Français. On s'embrassa, on chanta, on dansa et cette victoire fit oublier pendant quelques jours, les dangers qui menaçaient le royaume. Exaltation dont les braves gens, un peu éberlués, sortirent un beau matin pour s'apercevoir, en lisant l'annonce d'un nouveau désastre, que la guerre continuait... Une guerre où il n'y avait ni vainqueur ni vaincu, rien que des hommes épuisés qui se battaient par habitude et sans savoir pourquoi.

Alors le Pape intervint. Et ce n'est ni à Henri II, ni à Philippe II qu'il s'adressa, mais à celle que toute l'Europe tenait pour responsable de ce conflit ridicule. Sur un ton affectueux et presque déférent, il lui demanda d'intervenir pour que cessassent les combats.

Diane de Poitiers dut éclater d'orgueil en recevant cette lettre qui la plaçait au rang d'une souveraine : *C'est un devoir pour Nous*, écrivait Paul IV, *qui sommes à la tête du troupeau des fidèles, que d'exhorter les princes à la paix. Et ce devoir est particulièrement impérieux pour ceux qui peuvent se prévaloir d'autorité sur les princes ou de faveur de leur part. C'est votre rôle aussi, chère fille, que d'appuyer de toutes vos forces, auprès du roi très chrétien, l'action que Nous menons, œuvre pie et nécessaire, de joindre à Nos prières, à Nos exhortations, vos prières et vos exhortations, afin que l'esprit du roi soit d'autant plus enclin à recevoir les conseils de la paix qu'il y aura été mieux engagé par les supplications et les efforts combinés des siens* (1).

Jamais encore un souverain pontife n'avait écrit personnellement à une favorite. Aussi ce geste dePaul IV fut-il diversement commenté à la Cour. Et certaines dévotes s'étonnèrent que le Saint-Père ait adressé de si nobles paroles à une concubine, disant « que c'était reconnaître comme bon et honorable le visqueux état de putain »...

Aussitôt, Diane, flattée, voulut prouver qu'on ne lui attribuait pas à tort le pouvoir absolu sur le roi de France, et elle poussa Henry II à signer la paix.

Des négociations rapidement menées aboutirent alors au désastreux traité de Cateau-Cambrésis. La France gardait Calais et les Trois Évêchés, mais rendait Thionville, Marienbourg et Montmédy, renonçait à toute prétention en Italie, abandonnait le Bugey, le Milanais, le comté de Nice, la Bresse et la Corse.

(1) Archives du Vatican, Arm XLII, vol. 10.

Seule Diane de Poitiers obtenait, à titre exceptionnel, de conserver le marquisat de Crotone, le comté de Catanzaro et quelques autres terres dans le royaume de Naples...

Ainsi cette guerre, qui se terminait si mal pour la France, ne faisait rien perdre à la favorite...

27

MARIE STUART FAIT MOURIR FRANÇOIS II D'ÉPUISEMENT

Ce n'est pas de faire l'amour qui est fatigant.
C'est de ne pas y parvenir...

SACHA GUITRY.

DÉLIVRÉE de ses soucis militaires, Diane reprit sans tarder la lutte contre les protestants, à l'égard de qui elle se montrait toujours impitoyable. Devenue la grande dame du parti catholique par le hasard des intrigues, tout comme Marot était devenu le chantre de la Réforme, elle avait fini par croire qu'elle accomplissait une mission divine, et sa haine était stupéfiante. Un jour, à la suite d'une procession solennelle, elle se rendit avec Henri II à une fenêtre de l'hôtel des Tournelles pour assister au supplice de quatre huguenots. Et, tandis que les malheureux hurlaient de douleur, elle « rioit, nous dit un chroniqueur, et folâtroit auprès du roi »...

Cette attitude lui valut d'ailleurs de recevoir la plus grosse injure de sa vie.

Quelque temps après, ayant fait arrêter un ouvrier tailleur, elle voulut le chapitrer en présence du roi et du cardinal de Guise. Le jeune homme l'interrompit :

— Madame, dit-il posément, contentez-vous d'avoir infecté la France et ne mêlez pas votre ordure aux choses de Dieu...

Ce qui était somme toute, une assez belle réponse.

***

Naturellement, cette noble insolence décupla la haine de Diane. La cruauté dont elle fit preuve alors dans sa lutte contre les protestants devint tellement monstrueuse que tous les braves gens, même catholiques, furent révoltés. Des pamphlets extrêmement violents commencèrent à circuler et on la chansonna en des termes fort peu polis, ainsi qu'on en aura une idée par ce simple couplet :

O pauvres, pauvres protestants,
Que l'on mène au bûcher ardent.

C'est Diane qui vous fait brûler,
Les yeux crevés, tondus, pendus,
Car on allume les bûchers
Avec le feu qu'elle a au c...

La favorite s'irrita de ces chansons et, pour se venger, désigna à la colère du roi quelques conseillers au Parlement de Paris qui ne se cachaient pas pour protester contre les persécutions et les exécutions des réformés.

Henri II, piqué, décida de se rendre, à l'occasion des Mercuriales, à l'assemblée des Chambres pour y juger par lui-même de l'état d'esprit de la Cour.

Le 10 juin, il arriva au Parlement et donna la parole au procureur général Bourdin.

Celui-ci (qui était un ami de Diane) attaqua aussitôt cinq ou six conseillers « mal sentant de la foi entre lesquels était un nommé Anne du Bourg ».

Fort courageusement, du Bourg prit la parole pour prêcher la clémence envers les luthériens et blâmer vigoureusement les massacres auxquels on se livrait au nom de Dieu. Animé par une sainte colère, il conclut en disant, sur un ton de défi, « qu'il serait odieux d'appliquer à des innocents la peine qu'on épargnait aux adultères » (1).

(1) VIEILLEVILLE, *Mémoires.*

Cette allusion transparente à la liaison de Henri II et de Diane de Poitiers fit l'effet d'une bombe. Les membres du Parlement restèrent figés sur leurs bancs, les fesses serrées, attendant la colère du roi. Celui-ci, rouge jusqu'aux oreilles, parvint à se contenir, mais il donna l'ordre au capitaine des gardes d'emmener immédiatement du Bourg à la Bastille.

Peu de temps après, le procès du conseiller commença. A l'issue de la première séance, Henri II, qui n'avait pu, cette fois, cacher sa fureur, s'écria : « qu'il vouloit voir rôtir Anne du Bourg de ses yeux ». Et le malheureux fut condamné à être brûlé en place de Grève...

***

A Cateau-Cambrésis, Henri II n'avait pas seulement signé un traité de paix, il avait aussi préparé deux mariages destinés à renforcer sa sécurité. D'une part, sa fille aînée, Elisabeth de Valois, devait épouser Philippe II, roi d'Espagne ; d'autre part, sa sœur Marguerite, alors âgée de trente-six ans, devait devenir la femme du duc Emmanuel de Savoie.

Cette dernière union ne fut d'ailleurs pas du goût de tout le monde, car Marguerite apportait en dot, à son mari, le Piémont et la Savoie.

— Nous perdons deux belles provinces à cause d'une princesse amoureuse, disaient les braves gens.

Les soldats français qui tenaient garnison au Piémont, furieux de quitter un pays où ils menaient une existence fort agréable, exprimèrent leur mécontentement dans un langage plus vif que celui des braves gens.

Voici, en effet, ce que nous rapporte Brantôme :

« Les uns, tant Gascons qu'autres, disaient : « Hé! » cap de Dieu! faut-il que, pour cette petite pièce de » chair qui est entre les jambes de cette femme, on » rende tant de belles et grandes pièces de terre? » » Les autres : « Que maudit soit le c... qui tant nous » coûte! » Les autres : « Faut-il qu'un vieux et pauvre » c... s'enrichisse et se répare de nos dépouilles! » Les

» autres : « Maugré Dieu! de quoi elle n'est pas née » sans c... » D'autres : « Vraiment oui, on nous la » devait bien tant dire et tant faire Minerve, déesse » de chasteté, pour venir en Piémont changer de nom » et se faire f... à nos dépens. » D'autres : « Elle devait » bien garder l'espace de quarante-cinq ans sa vir- » ginité et son beau pucelage, et le perdre pour la » ruine de la France! » Et d'autres : « Ah! qu'elle » doit avoir le c... grand pour engloutir tant de villes » et châteaux, et je crois que, quand son mari y sera » entré, n'aura pas grand goût ; car il n'y f... que » des pierres et murailles des villes qui sont entrées » dedans. » Bref, si je voulais débagouler une infi- » nité de telles causeries, je n'aurais jamais fait, » car assurez-vous qu'ils en disaient prou et déchif- » fraient bien comme gens désespérés... »

Mais ces critiques et ces doléances n'eurent, bien entendu, aucun effet sur le roi, et les Parisiens se préparèrent à célébrer les deux mariages en dansant aux carrefours et en buvant plus que de coutume, suivant une tradition bien établie.

Des plaisirs plus délicats étaient réservés aux nobles, c'est ainsi que le roi avait fait dépaver une partie de la rue Saint-Antoine, afin que des joutes pussent y être organisées, et tous les amateurs de tournois se réjouissaient.

A la Cour, on citait les noms des seigneurs qui seraient admis à se mesurer avec le roi et l'on s'amusait à parier, sans s'apercevoir qu'une femme tremblait.

Le reine, en effet, avait peur. Un de ces astrologues dont elle aimait s'entourer, Lucas Gauric, lui avait dit en 1542 « que le dauphin parviendrait certainement au pouvoir royal, que son avènement au trône serait marqué par un duel sensationnel et qu'un autre duel mettrait fin à son règne en même temps qu'à sa vie ».

La première partie de la prophétie s'étant réalisée avec le duel de Jarnac, disputé au début du règne, la reine voyait avec effroi les préparatifs du tournoi. Elle se souvenait que Gauric avait ajouté qu'il fallait « éviter tout combat singulier en champ clos, notamment aux environs de la quarante et unième année, parce qu'à cette époque de sa vie le roi était menacé d'une blessure à la tête qui pourrait entraîner rapidement la cécité ou la mort ».

Or Henri II était dans sa quarante et unième année depuis trois mois...

Ce n'était pas tout. Un curieux astrologue nommé Nostradamus, que Catherine avait fait venir à la Cour en 1556, avait publié un ouvrage où se trouvait ce quatrain qui semblait confirmer la prophétie de Gauric :

Le lion jeune, le vieux surmontera
En champ bellique, par singulier duelle,
Dans cage d'or les yeux lui crèvera
Deux classes une, puis mourir, mort cruelle...

C'est donc une reine au visage cireux que l'on vit apparaître le 30 juin au matin, dans la tribune d'honneur.

A dix heures, sous un soleil brûlant, le roi entra en lice, portant les couleurs noire et blanche de Diane de Poitiers. Tout de suite, le jeu commença.

Après avoir salué les Dames, Henri courut brillamment contre le duc de Savoie, puis, avec une adresse remarquable, contre le duc de Guise.

Tout se passait bien. Pourtant, comme il s'épongeait après le deuxième combat, Catherine lui fit dire « de ne plus courir pour l'amour d'elle ».

— Répondez à la reine que c'est précisément pour l'amour d'elle que je veux courir cette lance, dit le roi.

Et il ordonna au jeune comte Gabriel de Montgomery, seigneur de Lorges, de courir contre lui.

Le comte s'en défendit d'abord, en se souvenant que son père avait failli tuer François Ier en lui jetant, par jeu, une bûche enflammée sur la tête ; mais, sur l'insistance du roi, il prit l'arme et se mit en garde.

Alors, devant la reine livide, les prophéties s'accomplirent : les combattants se précipitèrent l'un vers l'autre, et la lance de Montgomery se brisa sur le casque du roi avec une telle violence que la visière s'ouvrit.

Un cri s'éleva de la foule, et la reine s'effondra sans connaissance.

Henri II, le visage en sang, se cramponnait à son cheval. On se précipita : l'extrémité de la lance lui avait crevé l'œil droit et défoncé le crâne.

— Je suis mort, murmura-t-il.

Les gardes le transportèrent rapidement aux Tournelles, et il passa sans la voir devant Diane de Poitiers qui, debout, hébétée, le contempla, sans le savoir, pour la dernière fois...

***

Lorsque Catherine de Médicis entra dans la chambre où le roi reposait sans connaissance, une douzaine de personnes, affolées, piétinaient inutilement autour du lit. Elle alla prendre la main de son mari, sentit que le pouls battait encore, et ses traits se détendirent.

— Est-ce que la duchesse de Valentinois est venue ? demanda-t-elle.

— Pas encore, lui répondit-on.

Elle eut l'air soulagé et dit simplement :

— Eh bien! je lui interdis d'entrer ici.

Puis elle fit appeler Ambroise Paré, chirurgien ordinaire du roi.

Une demi-heure plus tard, l'illustre praticien était là. Il regarda, en connaisseur, le trou qu'avait fait la lance de Montgomery, se fit conter par le menu les circonstances de l'accident et attira la reine près de la fenêtre :

— Avez-vous quelques condamnés à mort, actuellement, dans vos prisons ?

Catherine de Médicis eut l'air étonnée.

— Oui, sans doute.

— Parfait. Qu'on en exécute immédiatement quatre et qu'on les apporte chez moi. Je veux me livrer à quelques expériences avant d'opérer le roi.

La reine aussitôt donna des ordres, et un garde courut à la Bastille, tua quatre prisonniers qui moisissaient dans un cachot, chargea leurs corps sur un chariot et conduisit le tout chez Ambroise Paré.

Le chirurgien, sur le pas de la porte, attendait, entouré de ses élèves.

— Entrez, dit-il, et mettez ces cadavres sur la table.

Lorsque tout fut en place, Ambroise Paré s'arma d'un grand bâton pointu, de la même grosseur que la lance de Montgomery, et, d'un coup sec, voulut l'enfoncer dans l'œil droit du premier cadavre. Mais, dans sa hâte, il visa mal, et le morceau de bois entra dans la bouche.

— Raté! dit-il d'un ton irrité.

On jeta le corps inutilisable dans un coin de la pièce, et Ambroise Paré se précipita, bâton levé, sur le second. Plus heureux cette fois, il lui creva l'œil. Seulement, le bâton avait un peu dévié vers le milieu du crâne au lieu de se porter vers l'oreille, comme l'avait fait l'arme de Montgomery.

Tout était donc, de nouveau, à recommencer

Agacé, le chirurgien passa au troisième cadavre: Mais, rendu nerveux par ses premiers échecs, il agit avec trop de hâte et enfonça le bâton dans la tempe. Le coup arracha l'oreille et le troisième cadavre, comme les deux autres, fut gâché.

Déjà, le garde qui assistait à cette curieuse scène se demandait s'il n'allait pas devoir retourner à la Bastille abattre d'autres prisonniers, quand le chirurgieen envoya son bâton dans l'œil du quatrième « defunct ». Cette fois, il réussit magnifiquement : la blessure était exactement celle du roi. Il prit un air modeste, mais ses élèves l'applaudirent.

Sans se laisser troubler, Ambroise Paré se pencha sur le visage qu'il venait d'éborgner, glissa un doigt à l'intérieur de l'orbite vide, tâta longuement les aspérités de la déchirure (ce qu'il n'aurait osé faire dans la tête du roi), ramena quelques lambeaux de chair, quelques débris d'os et fit la grimace.

— Il y a bien peu d'espoir, dit-il.

Puis, s'étant muni d'un maillet, d'une scie et d'une paire de tenailles, il retourna aux Tournelles pour tenter une opération délicate.

***

Pendant que le plus grand chirurgien du siècle essayait de trépaner le roi de France avec des outils de tonnelier, Diane de Poitiers, à qui on avait rapporté les paroles de la reine, roulait vers Anet en compagnie de François de Guise. Muette, crispée, elle devait penser sans doute que ce voyage un peu précipité ressemblait fort à la fuite de Mme d'Étampes pendant l'agonie de François Ier, douze ans auparavant...

Pourtant, elle espérait encore, faisant confiance à Ambroise Paré qu'elle savait au chevet de son amant...

Hélas! le chirurgien avait finalement renoncé à l'opération. S'étant penché sur la plaie, il avait constaté une « altération en la substance du cerveau qui estoit de couleur flave ou jaunâtre, environ la grandeur d'un pouce, auquel lieu estoit un commencement de putréfaction ».

Écœuré, il rangea ses outils et prescrivit quelques remèdes propres à atténuer la douleur.

— Il n'y a qu'à attendre dit-il.

Alors, Catherine de Médicis oublia un peu son chagrin pour songer à sa haine, et chargea un messager d'aller à Anet réclamer à Diane de Poitiers les joyaux de la couronne.

La favorite reçut avec morgue l'envoyée de la reine.

— Le roi est-il mort? demanda-t-elle.

— Non, Madame, mais il ne saurait passer la nuit.

— Eh bien! je n'ai donc point encore de maître, et je veux que mes ennemis sachent que, même quand ce prince ne sera plus, je ne les craindrai point. Si j'ai le malheur de lui survivre, ce que je n'espère pas, mon cœur sera trop occupé de sa douleur pour que je puisse être sensible aux chagrins et aux dégoûts qu'on voudra me donner (1).

Le messager revint les mains vides, et les jours passèrent.

(1) Dreux du Radier, *op. cit.* tome IV.

Enfin, le 10 juillet, le roi, qui n'avait pas repris connaissance, expira doucement (1).

Le lendemain, une lettre humble parvenait à Catherine de Médicis. Elle était signée Diane de Poitiers.

Pour la première fois de sa vie, l'ex-favorite baissait le front et s'humiliait. Elle, qui, quelques semaines plus tôt, disait « Nous » en parlant de la famille royale, qui mettait son nom à côté de celui du roi sur les lettres officielles, qui commandait aux ministres et aux généraux, n'était plus rien qu'une vieille femme angoissée dont l'avenir se trouvait entre les mains de celle qui la haïssait le plus au monde.

Alors elle demandait pardon à la reine de ses offenses et « offrait ses biens et sa vie... ». Un coffret accompagnait cette lettre. Il contenait les joyaux de la couronne...

***

Catherine de Médicis, sachant quelle force représentait encore la duchesse de Valentinois, amie des Guise, se montra généreuse.

— Je désire seulement que « la Mère Poitiers » ne reparaisse jamais à la Cour, dit-elle.

Et elle lui laissa tous ses biens, sauf le château de Chenonceaux qu'elle lui échangea contre celui de Chaumont.

Haïe du peuple, abandonnée de presque tous ses amis, Diane de Poitiers s'enferma dans son palais d'Anet et vécut dès lors dans un exil doré.

Rassurée sur ce point, Catherine de Médicis s'occupa de faire sacrer son fils François, âgé de quinze ans. La cérémonie eut lieu à Reims, le 18 septembre 1559.

Le nouveau roi de France, qui avait épousé l'année précédente la gracieuse reine d'Écosse Marie Stuart, était chétif, boutonneux et atteint de végétations adénoïdiennes qui l'obligeaient à tenir sans cesse

(1) Ces dix jours d'agonie ont semblé suspects à de nombreux auteurs. Certains historiens modernes s'appuyant sur des études faites par des médecins, prétendent que le roi n'a pu survivre au-delà du 3 ou du 4 juillet ; mais que l'annonce de sa mort fut retardée par Catherine de Médicis pour des raisons politiques.

sa bouche ouverte. En outre, il possédait un abcès suintant derrière l'oreille...

Cet état maladif tourmentait Catherine de Médicis qui accusait en secret Marie Stuart, pourtant guère plus âgée que François II, d'avoir un tempérament trop exigeant pour le débile roitelet.

En réalité, la jeune Écossaise ne parvenait point, malgré des efforts constants, à se faire manquer de respect par son époux. Non que celui-ci fût candide au point d'ignorer ce qu'il convient de faire pour être poli avec sa femme, mais parce que, nous dit un chroniqueur, « il avait les parties génératrices constipées ».

Aussi la pauvre petite reine, bien que mariée depuis un an, était-elle encore jeune fille.

Parfois, le jeune roi, sentant se manifester l'amorce d'une promesse, entraînait bien vite Marie Stuart sur un lit ; mais, au premier obstacle, ses forces se dérobaient et tout retombait dans l'insignifiance.

De tels efforts, naturellement, le laissaient épuisé et Catherine de Médicis s'alarmait.

Son inquiétude allait croître brusquement.

En effet, le jeune roi, que ses défaites rendaient malheureux, se mit à faire des exercices violents dans le but de se fouetter le sang et de gagner cette virilité dont rêvait l'infortunée petite reine.

Et un jour, on ne sait ni où, ni quand, Marie Stuart connut l'apaisement tant désiré. A partir de ce moment, François II, assez satisfait de lui, se crut un homme et s'intéressa aux affaires de l'État. Imprudence qui allait le mettre à deux doigts de sa perte...

***

Ignorant tout de la politique, peu intelligent, crédule, il se lia aveuglément aux Guise qui demeuraient en relations étroites avec la grande sénéchale. Car Diane, dont les protestants s'étaient crus débarrassés après le coup de lance de Montgomery, continuait la lutte du fond de son exil. Et, par l'intermédiaire des Guise, elle parvint à inciter le jeune roi à redoubler de rigueur dans la poursuite des réformés. De nouveaux bûchers s'enflammèrent dans toute la France...

C'est alors qu'excédés les protestants décidèrent d'enlever le jeune souverain afin de le soustraire à l'influence des Guise et de Diane.

Le prince de Condé était le chef secret de ce complot qu'on appela par la suite « la Conjuration d'Amboise » ; mais l'entreprise devait être conduite par un homme de main, nommé La Renaudie, qui avait pour mission de se rendre à Blois, où se trouvait la Cour, et de s'emparer de François II.

L'attaque du château avait été prévue pour le 10 mars 1560, et tout était prêt lorsqu'un avocat protestant, Pierre des Avenelles, qui avait eu vent du complot, alla révéler ce qui se tramait à François de Guise.

Affolé, le duc mena la Cour à Amboise, qui était alors une puissante forteresse, et, loin de se douter qu'il créait une situation digne d'un vaudeville, *demanda au prince de Condé de venir se mettre au service du roi.*

Le chef protestant était un homme prudent. Ne sachant comment allaient tourner les événements, il se rendit à l'invitation de Guise et se déclara prêt à défendre le château contre toute attaque.

— Si des ennemis du roi ont des intentions belliqueuses, qu'ils viennent, dit-il avec un joli mouvement de menton. Nous saurons les recevoir !...

Le 17 mars, La Renaudie, qui avait dû modifier son plan, marcha sur Amboise. Il n'alla pas loin ; un soldat l'abattit dans la forêt... Aussitôt, le duc de Guise fit battre en tous sens les bois environnants et ramassa les conjurés fugitifs. Interrogés et « mis à la question », la plupart d'entre eux avouèrent qu'ils avaient pour chef le prince de Condé.

— Attendons d'avoir des preuves, dit le duc de Guise au jeune roi que ces aveux avaient bouleversé.

Mais François II était impulsif. Il courut dans le salon où pérorait Condé et lui cria :

— Il y a des gens qui me courtisent et me trahissent. Un jour, s'il plaît à Dieu, je leur en ferai repentir.

Et il donna un violent coup de poing sur la table.

Le prince de Condé était prêt à toutes les trahisons ; pour montrer ses bons sentiments, il désigna un groupe de conjurés qui traversaient le jardin, encadrés par des gardes, et dit d'un ton ferme :

— Il faut tous les pendre, sire!

Dès le lendemain, les exécutions commencèrent. Les protestants furent décapités à la hache, pendus par grappes aux merlons du château ou jetés dans la Loire avec des pierres aux chevilles... Toute la Cour, y compris M. de Condé, assista à ces massacres, jusqu'au moment où l'odeur du sang et des cadavres incommoda la délicate Marie Stuart :

— C'est intenable ici, allons ailleurs!

Et l'on partit sur-le-champ s'installer à Chenonceaux, tandis que des sous-ordres finissaient rapidement et sans entrain de tuer les derniers conjurés...

***

Cette terrible répression stupéfia le royaume, mais plut beaucoup au pape. Dans une lettre fort affectueuse, le Saint-Père félicita chaleureusement le cardinal de Lorraine et lui envoya, en témoignage de reconnaissance, un tableau de Michel-Ange représentant la Vierge tenant son Fils dans ses bras.

Ce cadeau fut cause d'une savoureuse mystification qui ne fit d'ailleurs qu'envenimer un peu plus les rapports entre catholiques et protestants.

Rien ne serait arrivé si le courrier, porteur de la toile, n'était tombé malade en route et n'avait chargé de sa mission un marchand lucquois qui se disait de la maison du cardinal de Lorraine. Or ce Lucquois était luthérien. Arrivé à Paris, il fit faire, par un peintre de ses amis, un tableau de même grandeur que celui de Michel-Ange, « mais, nous dit un chroniqueur, d'une piété moins grande ». En effet, le cardinal de Lorraine, la reine Marie Stuart, sa nièce, la reine mère et la duchesse de Guise « estoient peints au vif, nus, ayant les bras au col et les jambes entrelacées, l'un avec l'autre »...

Soigneusement empaqueté, ce nouveau tableau fut porté, avec la lettre du pape, chez le cardinal de Lorraine qui était, pour lors, en train de déjeuner avec le cardinal de Tournon, le duc de Montpensier et le duc de Guise. Après avoir lu à haute voix la lettre du Saint-Père, il fit défaire le paquet.

Alors « apparut la représentation diabolique de ces entrelacements sensuels qui n'avaient rien de commun avec la Vierge envoyée par le chef de la cour romaine ». Les convives, les yeux hors de la tête, considérèrent ce tableau « avec une colère à peine tempérée par l'intérêt du sujet ». Puis, lorsque tout le monde s'en fut bien rassasié, un valet alla le brûler sur l'ordre du cardinal de Lorraine. « Lequel, cuidant que ce fussent les huguenots qui lui eussent joué ce tour, leur a causé beaucoup de maux qui leur sont depuis survenus », nous dit un auteur du temps (1).

***

Le complot d'Amboise avait complètement dégoûté François II de la politique. Il se consacra dès lors, avec une fougue maladive, à la volcanique Marie Stuart.

Hélas! en essayant d'éteindre l'ardeur dont brûlait son épouse, c'est lui qui se consuma. Et, le 5 décembre 1560, il mourut, complètement épuisé, à Orléans, d'un abcès au cerveau (2).

Folle de douleur, la jeune reine s'enferma, conformément à l'étiquette de la Cour de France, pendant quarante jours dans son appartement tendu de noir et éclairé par des cierges. Lorsqu'elle reparut à la lumière, elle espéra vivre au Louvre comme auparavant ; mais la haine de Catherine de Médicis la fit fuir. Elle gagna d'abord la Lorraine, où était son oncle, puis, le 15 août 1561, elle s'embarqua pour l'Écosse, pleurant le royaume de France et pleurant sa jeu-

(1) *Le réveil-matin des Français et de leurs voisins, composé par Eusèbe-Philadelphie-Comospolite, en forme de dialogue*, 1574.

(2) « François II est mort de cette grande chamelle rousse de Marie-Stuart », dit Michelet.

nesse, ayant peut-être au cœur l'obscur pressentiment du destin tragique qui l'attendait (1)...

***

Le nouveau roi, Charles IX, n'ayant que dix ans à la mort de son frère, Catherine de Médicis se déclara régente, et Diane de Poitiers, dans son château d'Anet, se reprit à trembler. Mais la Florentine affectait de n'attacher plus aucune importance à l'ex-favorite. Quand elle en parlait, c'était pour laisser entendre que la pauvre avait sombré dans le gâtisme.

Ce qui était faux, car le temps ne semblait avoir aucune prise sur Diane. En 1565, Brantôme lui rendit visite. Bien qu'elle eût alors soixante-cinq ans, il fut ébloui et la trouva « si belle que même un cœur de rocher s'en fût ému ». « Elle avait, dit-il, une grande blancheur et sans se farder aucunement, mais on dit bien que tous les matins elle usait de quelques bouillons composés d'or potable et autres drogues que je ne sais pas comme les bons médecins et subtils apothicaires. Je crois que si cette dame eût encore vécu cent ans, qu'elle n'eût jamais vieilli, fût-ce de visage, tant il était bien composé, fût-ce de corps caché et couvert, tant il était de bonne trempe et belle habitude. C'est dommage que la terre couvre ces beaux corps. »

Or, six mois plus tard, Diane, dont la santé semblait solide, succombait à une brusque maladie, et la terre dont parle Brantôme recouvrit ce corps dont la trop éclatante beauté était cause de la grande

(1) Marie Stuart était accompagnée dans son voyage d'une longue suite de gentilshommes, parmi lesquels se trouvaient Brantôme et Chastellard qui « nourrissoit pour elle un très tendre sentiment. » Un soir, il poussa la témérité jusqu'à s'introduire dans la chambre de Marie. Elle lui pardonna. Enhardi, l'amoureux revint la nuit suivante. Alors « la reyne pour son honneur et pour ne donner occasion à ses femmes de penser mal, voire à son peuple, s'il le sçavoit, perdit patience, le mit entre les mains de la justice, qui le condamna aussitôt à avoir la tête tranchée ».

Le lendemain, il était décapité. Vingt-six ans plus tard, Marie Stuart tendait à son tour, le cou au bourreau...

pitié dans laquelle se trouvait le royaume de France (1)...

Alors, Catherine de Médicis, qui s'était tue pendant trente ans, osa enfin dire ce qu'elle pensait de sa rivale :

Je faisais bonne chère à Mme de Valentinois, c'était le Roi, écrivit-elle à Bellièvre. *Encore je lui faisais toujours connaître que c'était à mon très grand regret, car jamais femme qui aime son mari n'aima sa putain.*

Elle concluait avec humour :

Car on ne la peut appeler autrement ; encore que ce mot soit vilain à dire à nous autres...

(1) Son arrière-petite-fille, Marie-Adélaïde de Savoie, épousa en 1697 Louis de Bourbon, père de Louis XV. Ce roi, ainsi que Louis XVI, Louis XVIII et Charles X furent donc des descendants de la favorite de Henri II. Et l'actuel comte de Paris a, par conséquent, dans les veines, un peu du sang de la Dame aux Cerfs.

28

CATHERINE DE MÉDICIS CRÉE SON ESCADRON VOLANT DE JOLIES FILLES GALANTES

> C'est souvent par les filles de son cortège qu'elle attaquait et soumettait ses plus rudes ennemis. Et pour ce l'appelait-on « la grande bordelière du royaume »...
>
> Henri ESTIENNE.

Le premier acte de Catherine de Médicis régente fut d'augmenter le nombre de ses demoiselles d'honneur. Elle en avait quatre-vingts, elle en eut deux cents.

Les observateurs superficiels pensèrent peut-être que la reine mère n'était qu'une femme frivole qui ne s'intéressait qu'à des futilités. En réalité, elle venait de se forger une arme secrète extrêmement puissante qui allait lui permettre de mener ministres, ambassadeurs et adversaires « par le bout du chalumeau », ainsi que nous le dit un peu crûment un choniqueur du temps.

Ayant fait don de leurs charmes à l'État, toutes ces demoiselles, « parées comme des déesses, mais accueillantes comme des mortelles (1) », étaient utilisées, en effet, à des fins politiques. Plus jolies, plus effrontées et plus coquettes les unes que les autres, elles avaient pour mission de retirer toute espèce de lucidité aux hommes qui leur étaient désignés par Catherine de Médicis.

(1) BRANTÔME, *Vies des Dames Galantes.*

Ces jeunes et gracieuses personnes que les diplomates étrangers, de passage à Paris, trouvaient dans leur couche, constituaient ce qu'on appelait l'*escadron volant de la reine.* Il leur suffisait souvent d'une nuit d'amour pour désarmer de farouches ennemis de la France... Voici ce que nous en dit Brantôme, qui en connut plusieurs fort intimement : « Ces filles d'honneur étaient toutes bastantes pour mettre le feu par tout le monde ; aussi en ont-elles brûlé en bonne part autant de nous autres, genstilshommes de cour, que d'autres qui ont approché de leurs feux. »

La conduite de certaines de ces demoiselles ne tarda pas à faire scandale, et la reine reçut d'Italie une lettre de semonce : *Vous devriez,* lui écrivait-on, *vous contenter d'un petit train de filles et veiller à ce qu'elles ne passent pas et ne repassent pas par les mains des hommes, et à ce qu'elles soient plus pudiquement vêtues.*

Catherine, naturellement, ne tint aucun compte de ces conseils et continua à lancer son escadron dans de galantes manœuvres qui lui permettaient de connaître les plus secrètes pensées des princes, prélats et seigneurs du royaume, ou d'amener à ses vues des personnages qui pouvaient lui être utiles. Cette persévérance lui procura de précieux atouts, et jamais le lit n'eut autant d'importance qu'à cette époque...

Il y a lieu de préciser toutefois que, si les filles « d'honneur » pouvaient se livrer aux vices les plus éhontés, il était un point sur lequel la reine était intransigeante. Il fallait « qu'elles eussent de la sagesse, de l'habileté et du savoir pour se garder de l'*enflure du ventre...* ».

Celles qui revenaient au palais avec « un petit souvenir » étaient immédiatement chassées...

***

Dès son accession au pouvoir, la régente eut l'occasion d'utiliser l'un des plus beaux éléments de son escadron galant : la belle Mlle de Rouet.

Catherine se trouvait alors en face de trois familles qui la haïssaient, et dont elle devait éviter à tout prix la coalition : les Guise, les Montmorency et les Bourbons, descendants de saint Louis.

Les Guise avaient perdu de leur morgue depuis le départ de Marie Stuart, et le connétable de Montmorency, relégué à Chantilly, vivait en disgrâce.

Restaient les Bourbons, dont le chef, Antoine, roi de Navarre, marié à Jeanne d'Albret, protestait hautement contre l'immixtion de Catherine dans les affaires politiques et prétendait — avec quelques droits, d'ailleurs, — à la régence.

Il fallait faire taire ce bouillant personnage, l'amadouer et, si possible, le transformer en allié. Une femme allait, par la seule vertu de son charme, réaliser ce tour de force (1).

Elle s'appelait Louise de la Béraudière. Mais, fille du seigneur de Sourches et de l'Isle-Rouet, on l'avait surnommée à la Cour : la belle Rouet.

Catherine l'avait choisie à cause de ses yeux chauds, de ses seins fermes et de sa croupe émouvante, trois qualités que le roi de Navarre, grand coureur de jupons, aimait trouver chez une femme.

Chargée de consignes précises, la belle mit une toilette fort décolletée et partit à l'attaque, tous charmes dehors, si j'ose dire. L'adversaire était facile à vaincre, et le premier soir les trouva dans un lit.

La nuit fut bien employée. La belle Rouet connaissait des manœuvres exquises et de savantes agaceries qui enthousiasmèrent tant le roi de Navarre qu'au matin il était ébloui, épuisé et amoureux fou.

Alors, Louise, qui s'était montrée superbe dans son déchaînement, parut soudain « se réveiller à la pudeur ». Se serrant contre Antoine, elle éclata en sanglots :

(1) SAUVAL, *Galanteries des rois de France*, 1752 : « Il falloit, pour se rendre toute-puissante, que la reine attachât à ses intérêts les princes de la Maison de Bourbon ; et, comme elle sçavoit que l'amour étoit le plus puissant ressort pour manier les esprits de ce siècle, elle se servit des charmes de ses filles d'honneur pour faire réussir son dessein. »

— La reine est sévère, gémit-elle. Si elle apprend ce que nous avons fait, je serai chassée de la Cour. Et je crains qu'elle ne reporte sur vous sa colère.

Le roi de Navarre, qui ne voulait point perdre une aussi fougueuse partenaire, promit de tout faire pour que Catherine lui soit redevable.

— Ainsi, vous n'aurez rien à craindre, dit-il.

Et, comme elle tremblait encore, il ajouta :

— Je la verrai tout à l'heure.

La reine mère le reçut avec un air mi-figue mi-raisin qui lui donna à penser qu'elle savait peut-être déjà quelque chose.

Il se montra aimable, conciliant, ne parla point de ses droits et « eût offert son royaume de Navarre pour peu qu'on l'en eût prié », tant il désirait entrer dans les bonnes grâces de Catherine et protéger ainsi sa nouvelle maîtresse.

La Florentine prononça quelques paroles ambiguës et considéra Antoine de ses yeux mi-clos :

— Soyons amis, dit-elle soudain.

Et, comme Antoine souriait :

— Je vous donne la lieutenance générale du royaume, ajouta-t-elle.

Se courbant respectueusement, il accepta, ce qui signifiait qu'il renonçait à réclamer la régence et reconnaissait du même coup la souveraineté de Catherine.

La belle Rouet avait gagné la partie...

***

La liaison d'Antoine de Bourbon fut rapidement connue dans les milieux protestants. Les chefs huguenots, comprenant le jeu de la reine mère, tremblèrent à la pensée que le roi de Navarre risquait d'être enlevé à leur parti. Et Calvin, affolé, écrivit à son confident Bullinger : *Il est tout à Vénus. La matrone (Catherine). qui est expérimentée dans cet art, a extrait de son harem ce qui pouvait attraper l'âme de notre homme dans ses filets.*

Au bout d'une semaine, Catherine demanda à Louise de réaliser la seconde partie du plan qu'elle avait imaginé. « Elle commanda donc à sa demoiselle d'entretenir cet amoureux, nous dit Henri Estienne, et lui complaire en tout ce qu'elle pourroit, afin qu'oubliant les affaires il mécontentât chacun ; comme de fait, elle en vint à bout par ce moyen (1). »

Quelques jours plus tard, Calvin, de plus en plus inquiet, écrivait à Antoine de Navarre lui-même : *On murmure que quelques folles amours vous empêchent ou refroidissent de faire votre devoir en partie et que le diable a des suppôts, qui ne cherchent ni votre bien, ni votre honneur, lesquels par tels allèchements tâchent de vous attirer à leur cordelle ou bien vous adoucir en sorte qu'ils jouissent paisiblement de vous en leurs menées et pratiques. Je vous prie donc, sire, au nom de Dieu, de vous éveiller à bon escient.*

Mais les objurgations du chef protestant n'eurent aucun effet sur l'amant de la belle Rouet. Rien au monde n'aurait pu, d'ailleurs, le faire renoncer à cette fille qui semblait trouver chaque nuit de nouvelles subtilités propres à chatouiller sa moelle épinière.

Alors, la régente ordonna à Louise de réaliser la troisième partie du plan. Et, un soir, ce que Calvin redoutait tant se produisit. La belle Rouet dit à Antoine qu'il fallait qu'elle l'aimât vraiment beaucoup pour accepter d'être sa maîtresse, alors qu'il était protestant et elle catholique.

Elle le regardait dans les yeux avec toutes les apparences de la passion, et il fut touché.

Le lendemain, pour l'amour de Louise, il abjurait le protestantisme et entrait au parti catholique.

La reine mère en fut si heureuse qu'elle montra un grand sourire pendant plusieurs jours et qu'elle ne se fâcha pas lorsque la belle Rouet lui annonça qu'on pouvait s'attendre à lui voir bientôt une « enflure du ventre ».

Car, dans le feu du déduit, Louise, ne pensant qu'à sa mission, avait omis de se protéger par un de ces « bons engins » que Catherine de Médicis donnait à ses filles d'honneurs pour leur éviter les « surprises de Vénus ».

(1) *Discours merveilleux de la vie, actions et déportements de Catherine de Médicis*, 1649.

Aussi eut-elle, en souvenir de cette « campagne », un gros garçon, le bâtard Charles de Bourbon qui devait, à dix-sept ans, devenir évêque de Comminges...

***

Catherine de Médicis allait bientôt s'attaquer à une autre tête de la Réforme : à Condé lui-même... Trois mois après le massacre d'Amboise, le chef protestant avait été arrêté sous l'inculpation de haute trahison, le duc de Guise ayant pu prouver qu'il conspirait avec l'appui des luthériens allemands.

Jugé, condamné, il eût été pendu si François II n'était mort pendant son procès, ce qui avait fait suspendre les débats jusqu'à l'accession au pouvoir de la régente. A ce moment, Catherine de Médicis, sûre de la puissance de ses demoiselles, gracia Condé avec l'espoir de se faire ainsi un allié contre les Guise, qu'elle détestait, en souvenir de Diane...

Alors la guerre de religion sembla marquer un temps d'arrêt. Après les États généraux de Pontoise et le colloque de Poissy, toutes poursuites contre les protestants furent suspendues, et les braves gens purent espérer un moment que les deux partis vivraient en bonne intelligence.

Malheureusement, on croyait tout fini quand rien n'était commencé.

Catholiques et protestants, qui avaient feint de s'entendre sur quelques points de doctrine, continuaient sournoisement leur propagande et employaient pour exciter le populaire des arguments qui n'avaient rien de commun avec ceux dont s'étaient servis les théologiens au colloque de Poissy.

Encore une fois, on utilisait, de part et d'autre, des histoires d'alcôves bien faites pour scandaliser et irriter les esprits faibles.

Les protestants se promenaient à la porte des couvents en chantant des refrains obscènes sur les moines et les nonnes, et les catholiques accusaient les réformés de se livrer à la débauche au cours de leurs réunions. On parlait d'orgie, et Claude Haton donne le ton lorsqu'il nous dit dans ses *Mémoires* : « Est à noter que pour ce temps plusieurs femmes des villes de France estoient ensorcelées en ceste religion luthérienne. Lesquelles dames, pour assister aux dites assemblées se déroboient à leurs maris... principalement de nuict ou au soir. La plupart desquelles, la première fois y allant estoient femmes et filles de bien de leurs corps, qui au retour s'en revenoient putains et paillardes... »

Des accusations plus précises étaient portés publiquement contre des épouses pourtant irréprochables, dont on donnait les noms. « Toutes les huguenotes, disait-on, ne sont que filles à trousser et farouches suceuses de moelles ». Ces surnoms déplurent. Et, pour se venger, certaines de ces dames, rendues folles par la colère, commirent des actes extravagants dans des églises. L'une d'elles, à Orléans, réussit à voler les vases sacrés de l'église Sainte-Euverte, et, s'accroupissant devant tout le monde, urina dedans...

Bref, il ne fallait plus qu'une étincelle pour déclencher la grande tuerie.

Cette étincelle allait jaillir à Vassy le 1er mars 1562, lorsque soixante protestants furent massacrés sur l'ordre du duc de Guise...

Cette fois, la guerre civile commençait.

Tout de suite, Condé prit, du côté protestant, la direction des opérations avec l'appui financier d'Elizabeth d'Angleterre, cependant que François de Guise prenait le commandement des troupes catholiques avec l'appui du roi d'Espagne.

On se battit à Rouen (1), dans les faubourgs de Paris, et finalement à Dreux où quinze à seize mille hommes se trouvèrent en présence. Les deux armées restèrent quelque temps face à face. « Chacun, dit La Nouë, dans un style savoureux, pensoit en soi-même que les hommes qu'il voyoit venir vers soi étoient ses propres compagnons, parents et amis et que, dans une heure, il faudroit se tuer les uns les autres ; ce qui donnoit quelque horreur du fait, néanmoins sans diminuer le courage. »

(1) C'est là qu'Antoine de Bourbon reçut une blessure dont il devait mourir le 17 novembre, dans les bras de la belle Rouet...

Dès le début, la bataille tourna mal pour les réformés, et Condé fut pris.

Les protestants, privés de leur tête, allaient-ils être désemparés par cette défaite ? Non, car le destin est un prodigieux dramaturge : la situation, un instant déséquilibrée, fut en effet rétablie deux mois plus tard, lorsque Poltrot de Méré assassina François de Guise...

Alors Catherine de Médicis offrit la paix au prince de Condé.

Celui-ci, malgré sa position (il était toujours prisonnier), répondit avec une certaine morgue « qu'il devait s'entretenir des conditions d'un traité possible avec les autres chefs protestants », mais qu'il acceptait d'avoir une entrevue avec la régente.

La rencontre eut lieu le 7 mars 1563 au milieu de la Loire, dans l'île aux Bœufs, située à l'ouest d'Orléans. Condé était en compagnie du connétable de Montmorency ; Catherine de Médicis, elle, avait amené la plus belle fille de son escadron volant, Mlle Isabelle de Limeuil.

La Florentine savait bien ce qu'elle faisait.

Le prince de Condé, qui était « assez porté sur la galanterie », fut fasciné par Isabelle et s'intéressa plus à ses yeux bleus qu'aux conditions de paix...

Les pourparlers durèrent plusieurs jours, et à chaque rencontre le chef protestant, voulant se montrer galant, perdait de son intransigeance. Finalement, lorsque Catherine de Médicis jugea qu'il s'était suffisamment échauffé le sang, elle lui présenta le texte d'un traité fort avantageux pour elle :

— La liberté contre ce traité.

La liberté signifiait Isabelle. Condé signa sans discuter.

Le soir, il était libre.

Et le lendemain, Mlle de Limeuil lui montrait, dans un grand lit à baldaquin, que la régente n'était pas une ingrate et qu'elle était, elle, ardente au déduit...

***

Catherine de Médicis laissa Condé et Isabelle se savourer mutuellement pendant quelques jours, puis elle appela sa demoiselle d'honneur et lui donna une nouvelle mission. Il s'agissait de décider le prince à reprendre Le Havre, ville dont les protestants avaient fait cadeau à Elizabeth d'Angleterre en échange de son aide pendant la guerre civile de 1562.

De la reconquête du grand port dépendait la sécurité de la Normandie, et Catherine voulait rassembler toutes les forces du royaume pour mener à bien cette entreprise difficile.

Or, déjà, Coligny et Andelot lui avaient fait savoir qu'ils refusaient de porter les armes contre Elizabeth, leur alliée de la veille.

Restait Condé, qui, seul, pouvait entraîner avec lui les troupes protestantes... Isabelle fut donc chargée d'obtenir son concours par tous les moyens.

Elle commença par l'emmener dans sa chambre où elle lui fit « mille petites agaceries propres à eschauffer le tempérament ».

Le prince n'avait eu, jusqu'alors, que des maîtresses passives ; les initiatives d'Isabelle l'éblouirent et le troublèrent à la fois. Devant ses yeux révulsés, ses halètements et ses cris rauques, la charmante jeune fille comprit qu'elle l'avait bien en main...

Après quelques petites séances de ce genre, ce ne fut pour elle qu'un jeu d'enfant d'amener Condé à vouloir reprendre Le Havre. Il lui eût, d'ailleurs, tout aussi bien, donné la tête de l'amiral Coligny pour qu'elle s'en fît une garniture de cheminée tant il était amoureux...

La décision du chef protestant fut rapidement connue. Elle stupéfia les Anglais, qui ne s'attendaient pas à une telle marque d'ingratitude à leur égard ; et leur ambassadeur, Sir Thomas Smith, écrivit au secrétaire d'État Cecil : « Condé est un autre roi de Navarre, il s'est mis à s'affoler des femmes. Dans peu de temps, il se montrera hostile à Dieu, à nous et à lui-même (1). »

Il ne croyait pas si bien dire. Car, quelques semaines plus tard, l'amant d'Isabelle de Limeuil était, en personne, devant Le Havre, l'épée à la main.

Foudroyés par l'artillerie qu'il dirigeait, les Anglais

(1) *Calendar of State papers*, 1563.

durent solliciter une paix humiliante et s'embarquer piteusement sous l'œil satisfait de la Florentine.

Encore une fois, Catherine de Médicis pouvait être contente de Mlle de Limeuil.

***

L'attitude de Condé n'avait pas surpris que les Anglais. Bien des réformés ne se cachaient pas pour blâmer ce prince qui s'était séparé de Coligny et d'Andelot pour plaire à une jolie femme.

Et, comme il l'avait fait à Antoine de Navarre, Calvin lui écrivit de Genève une lettre d'amers reproches :

Vous ne doutez pas, Monseigneur, que nous n'aimions votre honneur, comme nous désirons votre salut. Or nous serions traîtres en vous dissimulant les bruits qui courent. Quand on nous a dit que vous faites l'amour aux dames, cela est pour beaucoup déroger à votre autorité et réputation. Les bonnes gens en seront offensés, les malins en feront leur risée.

Ces remontrances n'eurent aucun effet. « Si les plaintes des réformés, écrit tristement d'Aubigné, alloient jusques au prince de Condé, les caresses de la reine mère et les amours de Limeuil occupèrent tout son esprit (1). »

Condé ne se remit pas à la tête du parti protestant, et Isabelle l'emporta sur Calvin.

***

Il se produisit alors un événement que n'avait certes pas prévu la reine mère : Mlle de Limeuil devint amoureuse de Condé. Et la belle, qui s'était soigneusement gardée, jusque-là, de l'enflure du ventre, oublia toute prudence entre les bras de son amant et se trouva enceinte...

Redoutant la colère de la Florentine, qui avait rigoureusement interdit aux jeunes femmes de son escadron volant de se laisser mettre dans cet état

(1) A. D'AUBIGNÉ, *Histoire universelle*, 1626.

pendant les « heures de service », elle dissimula son embonpoint le mieux qu'elle put.

Elle y parvint si bien que son accouchement stupéfia tout le monde. Cela se passa au mois de mai 1564 à Dijon, où elle se trouvait avec la reine mère et le jeune Charles IX. « Un jour, nous dit Hector de la Ferrière, que Catherine tenait une audience solennelle, Isabelle se trouva mal subitement. Emportée dans une chambre voisine, elle y donna le jour à un fils (1). »

« Pour une personne si avisée, remarque le brave Mézeray, on ne s'explique pas trop comment elle prit si mal ses mesures. »

Le scandale fut énorme, et la reine mère, fort irritée, piqua une des plus belles colères de sa vie.

Sans aucun égard pour l'état de faiblesse dans lequel se trouvait Mlle de Limeuil, elle la fit arrêter et conduire sur-le-champ au couvent des cordelières d'Auxonne.

Isabelle ne devait retrouver sa liberté qu'un an après.

Pendant sa détention, elle apprit que son cher Condé, qui lui écrivait parfois de tendres lettres, la trompait à longueur de nuit avec de jolies filles... Pourtant elle ne manifesta aucune jalousie, et, dès qu'elle fut libre, elle courut le rejoindre à Valery, où il vivait dans son château que lui avait offert une de ses maîtresses, la maréchale de Saint-André...

Lorsqu'on connaît un peu le caractère de Catherine de Médicis, on se doute bien que ce ne fut pas sans raison qu'elle gracia Isabelle. En effet, en ce début de 1565, les protestants, qui s'agitaient de nouveau dans toute la France, espéraient regagner Condé...

Et la Florentine voulait, une fois encore, utiliser Mlle de Limeuil pour conserver ce prince dans son camp.

Coligny vint à Valery, la tête bourdonnante d'arguments qui devaient amener le prince à reprendre sa place parmi les réformés. Or la première personne qu'il rencontra dans le parc fut Mlle de Limeuil

(1) HECTOR DE LA FERRIÈRE, *Trois Amoureuses au XVIe siècle*, 1885.

dont il ignorait la libération. Choqué, il ne put s'empêcher de faire quelques réflexions désobligeantes que Condé prit fort mal.

— Je suis libre de mettre dans mon lit qui je veux, s'écria-t-il !

Irrité, l'amiral s'en alla en claquant la porte et, quelques jours après, une délégation de chefs protestants vint présenter des remontrances au prince, le sommant de quitter Mlle de Limeuil. Condé fut très sec. Il leur répondit que, « ne pouvant qu'à grand-peine se passer de femmes, il lui était bien difficile de se marier et de trouver une épouse de sa religion et de son rang ». Puis il les congédia brusquement en accusant Coligny d'être venu l'espionner, ce qui ne fit qu'aggraver la situation, on s'en doute.

Les réformés ne se tinrent pas pour battus. Sachant que le prince commençait à se lasser d'Isabelle, ils lui cherchèrent l'épouse dont il rêvait. Leur choix s'arrêta sur Mlle de Longueville, qui était fort belle, ardente aux jeux du lit et, de surcroît, protestante.

Condé la rencontra, en devint amoureux et annonça à Isabelle qu'il allait se remarier (1). La pauvre eut une grande crise de désespoir, pleura, se traîna aux pieds de son amant et, finalement, se retira à Paris chez des amis.

Le mariage de Condé et de Mlle de Longueville eut lieu à la Cour au mois de novembre. Les protestants, cette fois, triomphaient, car le prince volage, attiré chez les catholiques par une maîtresse, leur revenait grâce à une épouse...

***

Condé n'avait aucune force de caractère, on a pu déjà s'en apercevoir en plusieurs occasions. Il en fournit une nouvelle preuve lorsque, à l'instigation de sa femme, il eut la goujaterie de réclamer à Isabelle tous les cadeaux qu'il lui avait faits.

Mais Mlle de Limeuil sut lui répondre comme il le méritait. Elle fit un paquet de tout ce qu'elle avait

(1) Condé avait été marié avec Éléonore de Roye.

reçu, puis, prenant de l'encre et un pinceau, elle dessina une très apparente paire de cornes sur un portrait de Condé et remit le tout au valet du prince :

— Tenez, mon ami, dit-elle, portez cela à votre maître ; je lui envoie tout ainsi qu'il me le donna. Je ne lui ai rien ôté ni ajouté. Dites à cette belle princesse, sa femme, qui l'a tant sollicité à me demander ce qu'il m'a donné, que, si un seigneur de par le monde (elle donna son nom) en eût fait de même à sa mère et lui eût ôté tout ce qu'il lui avait donné par don d'amourette, elle serait aussi pauvre d'affiquets et pierreries que demoiselle de la Cour. Or, qu'elle en fasse des pâtés et des chevilles, je les lui quitte.

Il ne restait plus à Isabelle qu'à faire une fin. Elle épousa l'année suivante un riche banquier italien, Scipion Sardini...

29

MARIE TOUCHET EST A L'ORIGINE DE LA SAINT-BARTHÉLEMY

Quand la femme a partagé une opinion ou se mêle à un mouvement important, il y a là le premier signe d'une révolution.

EMERSON.

UNE scène curieuse se passa le 15 août 1561 au château de Saint-Germain-en-Laye. Marie Stuart était venue faire ses adieux à Catherine de Médicis avant de regagner l'Écosse.

— Vous reverrai-je, ma fille? lui dit la régente d'un ton doucereux.

— Probablement pas, répondit la jeune veuve de François II.

Alors un enfant de onze ans, qui assistait à l'entrevue, éclata en sanglots et courut se réfugier dans sa chambre.

C'était Charles IX qui, malgré son extrême jeunesse, avait conçu un immense amour pour sa belle-sœur.

Et pendant des mois, des années, le petit roi fut hanté par le souvenir de la gracieuse Écossaise, au point que les femmes de la Cour ne semblaient pas l'intéresser et qu'à l'âge où généralement, les jouvenceaux commencent à traîner leur nature dans le lit des dames, il faisait composer par Ronsard de tendres poèmes pour l'absente :

Puis il faudrait que je fusse un rocher
Si vivement je ne sentais toucher
De vos beaux yeux, mon âme toute émue,
Puisque si belle ici je vous ai vue,
Reine et ma sœur, et d'un regard si doux,
Tirer nos cœurs et nos yeux après vous.

Ou encore des vers mélancoliques adressés à l'ombre de son frère :

Ah! frère mien, tu ne dois faire plainte
De quoi ta vie en sa fleur s'est éteinte :
Avoir joui d'une telle beauté,
Sein contre sein, valait ta royauté.

Pour avoir un peu cette impression d'être « sein contre sein », il portait sans cesse sur son cœur un portrait de sa jolie belle-sœur. « Je l'en ai vu, dit Brantôme, tellement amoureux que jamais il ne regardait son portrait qu'il n'y tînt l'œil tellement ravi qu'il ne pouvait s'en rassasier. »

Et, jusqu'à l'âge de seize ans, Charles IX, qui rêvait de Marie Stuart, resta chaste. Il y eut d'ailleurs quelques mérites car, nous dit Sauval, « toutes les dames de la Cour s'empressaient à lui donner de l'amour ».

Son manque de goût pour les demoiselles paraissait si surprenant qu'un jour, Mme de Montpensier se permit de lui faire une remarque ironique.

Piqué, le jeune roi répliqua « que, s'il se mettoit une fois à coqueter, il donneroit tant d'exercice à toutes les dames qu'elles se repentiroient d'avoir éveillé le lion qui dormoit (1) ».

Et immédiatement, il « poussa la fleurette à droite et à gauche » pour montrer ce qu'il était capable de faire et pour museler les huguenots qui l'accusaient de verser dans le vice infâme auquel Sodome doit sa célébrité.

Ce désir qu'il avait de prouver sa virilité le poussa même à commettre certains actes extravagants.

(1) SAUVAL, *Galanteries des rois de France*, 1738.

C'est ainsi qu'un soir, rencontrant au bord de la Loire un groupe de jeunes protestants qui revenaient de la pêche avec leurs fiancées, il voulut faire le faraud et dit aux amis qui l'accompagnaient :

— Nous allons voir si ces parpaillotes sont aussi belles dessous que dessus.

Et tous se précipitèrent aussitôt sur les jeunes filles pour les trousser.

Les fiancés, qui avaient du savoir-vivre, s'interposèrent. Une rixe s'engagea au cours de laquelle les malheureux protestants, qui se trouvaient en minorité, furent roués de coups et finalement jetés à la Loire.

Après quoi, Charles IX et ses amis déshabillèrent entièrement les jolies huguenotes terrorisées, et se précipitèrent sur elles avec une belle — mais répréhensible — ardeur (1).

Naturellement, ces meurtres et ce viol collectif ne furent pas du goût des calvinistes, qui profitèrent de l'occasion pour détester davantage les représentants de la religion catholique...

Puis plusieurs intrigues occupèrent un moment le roi ; jusqu'au jour de l'automne 1566, où il rencontra, à Orléans, au cours d'une partie de chasse, une jeune fille de son âge dont il tomba immédiatement amoureux. Elle s'appelait Marie Touchet. Fille de Jean Touchet, lieutenant particulier au bailliage d'Orléans, elle était fort belle si l'on en croit un chroniqueur qui nous dit « qu'elle avait le visage rond, les yeux vifs et bien fendus, le front plus petit que grand, le nez d'une juste-proportion, la bouche petite et le bas du visage admirable ». Un autre ajoute « qu'elle était jolie, spirituelle et enjouée ». Enfin, un portrait de Clouet nous la montre bien en chair, avec de magnifiques épaules et une de ces gorges qui donnent aux hommes des démangeaisons au creux des mains...

Pensant qu'il s'agissait là, vraiment, d'un morceau de roi, le jeune souverain désira l'avoir le soir même dans son lit.

(1) Cet exploit fut appelé « la journée des grands chaperons » parce que les jeunes filles portaient ce genre de coiffure.

« Il commanda, nous dit Sauval, à La Tour, maître de la garde-robe, de lui parler et de la disposer à le venir trouver en sa chambre. Ce seigneur n'eut pas de peine à réussir dans sa négociation et amena, la nuit suivante, Mlle Touchet au roi, qui en obtint tout ce qu'il souhaitait, quoiqu'elle eût déjà engagé ses inclinations avec Montluc, frère de l'évêque de Valence. »

Cette nuit fut décisive. Marie, qui était d'origine flamande, sut se montrer experte aux jeux de Vénus et, le lendemain, Charles IX, absolument sous le charme, demandait à sa sœur Marguerite de prendre l'Orléanaise en qualité de femme de chambre, afin d'avoir un prétexte pour lui faire suivre la Cour.

Alors on vit le roi se promener avec sa maîtresse sous les ombrages de Chambord, à Blois, à Amboise, à Chécy ; et le bon peuple du Val de Loire composa une petite chanson narquoise que l'on chante encore de nos jours entre Beaugency et Châteauneuf...

C'est Marie d'Orléans,
Touchez là, ma commère, touchez là,
C'est Marie d'Orléans,
Qui a de beaux bras blancs.

En son jardin d'amour,
Touchez là, ma commère, touchez là,
En son jardin d'amour,
Un roi vient tous les jours.

S'en vont jusqu'à Chécy,
Touchez là, ma commère, touchez là,
S'en vont jusqu'à Chécy,
Pour y passer la nuit...

Charles IX était extrêmement amoureux de Marie et passait son temps à le lui dire. Il est d'ailleurs curieux de constater combien ce garçon sombre et brutal (1) montrait de délicatesse avec sa maîtresse.

(1) On sait que Charles IX avait le goût du sang. Il tuait des animaux par plaisir, égorgeait ses chiens, étranglait des oiseaux. Maladif, bilieux, sa cruauté était sans bornes...

Un jour, il vint lui offrir un petit papier sur lequel Marie Touchet lut ces mots : « Je charme tout. »

Et, comme elle ne semblait pas comprendre, il expliqua :

— C'est un anagramme de votre nom que j'ai trouvé tout à l'heure.

***

Mais ces folles nuits et ces marques de tendresse ne suffisaient pas à l'ardente Marie, qui continuait d'entretenir des relations avec son premier amant, Montluc.

De bonnes âmes prévinrent le roi, qui eut beaucoup de peine et chercha à savoir jusqu'où allait son infortune. Un soir, on lui dit que l'infidèle cachait dans sa bourse une lettre fort amoureuse de Montluc. Aussitôt, il imagina un curieux stratagème pour s'emparer de ce billet.

Sortant de sa chambre en feignant une grande gaieté, il annonça qu'il organisait sur l'heure un dîner auquel il conviait quelques jolies dames. Marie était naturellement du nombre.

Puis il commanda à Lachambre, capitaine d'une troupe d'Égyptiens, d'amener avec lui une douzaine de coupeurs de bourses des plus habiles dans leur métier, de faire couper celles de toutes les dames pendant le repas et de les lui apporter fidèlement à son coucher.

« Lorsqu'on eut servi, nous dit Sauval, il fit placer Mlle Touchet auprès de lui, de peur qu'elle ne détournât le billet qu'il vouloit avoir entre ses mains. Les coupeurs de bourses s'acquittèrent de leur commission avec beaucoup d'adresse, et Lachambre ne manqua pas d'apporter au roi tout le butin comme il le lui avait ordonné.

» Ce prince n'eut pas de peine à distinguer la bourse de sa maîtresse des autres et, l'ayant ouverte avec précipitation, y trouva le billet dont on lui avait parlé. Il le montra le lendemain à son infidèle, qui voulut désavouer qu'il s'adressât à elle parce qu'il n'avoit point de suscription. Mais elle ne put méconnaître plusieurs autres choses qui étoient dans sa bourse avec le billet et n'eut point d'autre parti à prendre que d'avouer la faute en pleurant et de demander pardon (1). »

Le billet ne contenait rien de grave, et le roi promit d'oublier à condition que Marie rompît définitivement avec Montluc.

Ravie de s'en tirer à si bon compte, la belle jura de ne jamais revoir cet homme et tint d'ailleurs parole.

***

Après cet incident, Charles fut plus amoureux encore de sa maîtresse. Voulant lui plaire, il désira s'occuper de politique, briller, commander, être vraiment *le roi,* malgré l'hostilité de Catherine de Médicis qui entendait régner seule.

Flattée de voir son amant agir en homme, Marie l'encouragea et, tout de suite, exerça sur lui une influence considérable, surtout dans le domaine religieux. En effet, elle était huguenote et pensait qu'un rapprochement amical entre Charles IX et les chefs de la Réforme aboutirait à une conciliation et à une paix générale.

Sur son conseil, le roi fit donc bonne mine à Coligny, avec qui Catherine était alors en pourparlers.

Mais le vieil amiral était rusé. C'est lui qui parvint à séduire Charles et à le mettre dans son jeu.

Le faible adolescent, voulant plaire à Marie, se laissa berner par Coligny, qui obtint, en échange de sourires et de bonnes paroles, d'extraordinaires faveurs. C'est ainsi qu'au moment où les protestants étaient poursuivis et torturés, il entra au conseil privé du roi, reçut un don de cent cinquante mille livres et même une abbaye d'un revenu de vingt mille livres ...

Sa puissance à la Cour fut bientôt si grande qu'elle inquiéta Catherine de Médicis. La reine mère savait que Marie Touchet était responsable de la faveur

(1) SAUVAL, *op. cit.*

de Coligny. Il fallait donc éloigner sans tarder l'Orléanaise...

Elle décida alors de marier Charles avec Elisabeth, fille de l'empereur d'Autriche.

Quelques semaines plus tard, tandis que Marie pleurait à Amboise, la princesse arrivait en France, accompagnée de son précepteur et d'un grand nombre de seigneurs allemands. Le roi devait l'attendre à Mézières ; mais, impatient de savoir comment était faite sa fiancée, il se déguisa et alla secrètement jusqu'à Sedan, où il se mêla à la foule pour l'acclamer et l'examiner tout à son aise.

Lorsqu'il la vit, il hocha la tête : elle était très belle.

Rassuré sur ce point, il remonta à cheval et retourna à Mézières pour les présentations officielles.

Le mariage eut lieu le lendemain 26 novembre 1570, dans l'église Notre-Dame de Mézières, avec un faste qui plut aux invités et au menu peuple...

***

Elisabeth devint immédiatement amoureuse de son mari. Elle le poussait dans les coins de cheminée pour l'embrasser à bouche-que-veux-tu, sans se soucier des sourires ironiques des deux frères du roi, qu'une tendresse aussi démonstrative amusait prodigieusement.

Quant à Charles, s'il prit un moment quelque agrément à s'esjouir de cette ravissante blonde au corps délié, il n'en oublia pas pour autant les charmes plantureux de Marie Touchet ; et, dès qu'il le put, il courut jusqu'à Orléans, où elle était retournée.

Lorsqu'elle le vit revenir, Marie comprit qu'elle serait toujours la plus forte. Pourtant elle demanda à voir le portrait d'Elisabeth.

Le roi lui montra une miniature qu'il portait sur lui, et les traits de Marie se détendirent :

— L'Allemande ne me fait pas peur, dit-elle.

Elle avait raison d'être optimiste, car Charles ne l'abandonna jamais.

Ainsi, contrairement à ce qu'escomptait la reine

mère, Marie conserva toute son influence sur le roi, et Coligny continua d'être traité comme un prince du sang...

Hautain, prétentieux, méprisant, il donnait des ordres, faisait chasser de la Cour les catholiques qui ne lui plaisaient pas, critiquait les repas, bref se montrait tyrannique et insupportable.

An début de l'été de 1572, il était devenu un véritable maire du palais. Tout le monde lui obéissait et il pouvait se croire l'égal de la reine mère. Sûr de sa puissance, il voulut alors entraîner Charles IX dans une guerre contre l'Espagne.

Cette fois, Catherine de Médicis prit peur. Attaquer le très catholique Philippe II, c'était risquer de voir la majorité des Français se séparer du pouvoir royal, c'était la guerre civile généralisée, et la France affaiblie pour des années.

Elle appela Charles et le menaça de retourner à Florence s'il suivait les conseils de Coligny. Le roi, pensant à Marie, répondit qu'il savait ce qu'il avait à faire.

Ce fut suffisant pour que la reine mère songeât immédiatement à faire assassiner l'amiral...

***

Quelques jours plus tard, le chef protestant revint à la charge, cette fois avec une grande arrogance :

— Faites la guerre aux Espagnols, Sire, ou nous serons contraints de vous la faire ; nous ne pouvons plus tenir notre peuple...

Devant cette menace, Catherine pensa qu'il ne fallait plus perdre de temps. Elle appela un nommé Maurevert et, d'accord avec Henri de Guise et le duc d'Anjou, frère du roi, le chargea de tuer Coligny.

Le 22 août, le tueur, embusqué dans l'encoignure d'une porte, tirait un coup d'arquebuse sur l'amiral et ne réussissait qu'à le blesser.

Cette maladresse allait provoquer une épouvantable tuerie. En effet, Coligny, qui avait réussi à identifier Maurevert, ameuta tous les protestants de Paris. Des délégations vinrent au Louvre demander au roi de faire rechercher l'agresseur de Coligny. Des réunions de réformés fort excités eurent lieu. On accusait les Guise. On se promenait devant leur hôtel en brandissant des épées et en criant : « A mort!... »

Brusquement Catherine de Médicis eut peur, peur qu'on retrouvât Maurevert, peur qu'on arrêtât les Guise qui eussent parlé, peur d'être dénoncée...

Affolée, elle alla trouver le roi (qui ignorait tout de la responsabilité qui pesait sur sa mère) et lui déclara qu'on se trouvait à la veille d'un soulèvement calviniste.

— Il faut agir! dit-elle.

Mais Charles, toujours pleinement acquis à l'amiral, répondit d'un ton sec que la seule chose à faire pour le moment était de prendre des nouvelles du blessé.

Alors Catherine lui avoua qu'elle avait trempé dans l'attentat.

Le roi demeura stupide, l'air hagard, à considérer sa mère ; puis, éclatant en sanglots nerveux, il lui dit de faire ce qu'elle voulait...

— L'amiral est un traître, dit-elle, il complotait contre vous. Dix mille huguenots en armes sont à Paris et je crois qu'il faut avoir le courage, pour sauver votre royaume, de faire exécuter les chefs de ce mouvement....

Charles entra alors dans une de ces violentes colères dont il était coutumier ; il renversa des meubles, blasphéma et se mit à crier :

— Qu'on les tue tous! Qu'on les tue tous!

C'étaient les paroles que Catherine attendaient...

Or on était le 23 août au soir, et le lendemain était le jour de la Saint-Barthélemy...

C'est ainsi que les bons conseils de la jolie huguenote Marie Touchet allaient aboutir de façon paradoxale à un massacre...

***

Pendant que la reine mère arrachait à son fils l'ordre de massacrer les réformés, Henri de Guise se dirigeait avec un groupe de soldats vers la rue de Béthisy où demeurait l'amiral.

Il pouvait être onze heures et demie du soir et Coligny, qui souffrait toujours de sa blessure, était couché et s'entretenait avec des amis.

Soudain, des coups d'arquebuse et des cris éclatèrent dans la nuit. C'était Guise qui, pour pénétrer dans la maison, assassinait les gardes.

— Que se passe-t-il? demanda Coligny à Merlin, ministre protestant.

L'autre, ayant regardé par la fenêtre, annonça en tremblant qu'une troupe encerclait l'hôtel et tuait le personnel.

— Il y a longtemps que je me suis préparé à mourir, dit Coligny. Vous autres, sauvez-vous s'il est possible, car vous ne sauriez garantir ma vie. Je recommande mon âme à la miséricorde de Dieu.

Puis il se fit lever de son lit, se couvrit de sa robe de chambre, dit adieu à ses amis, qui s'enfuirent par la fenêtre, et attendit.

Ce ne fut pas long.

D'un seul coup, la porte vola en éclat et une horde, dirigée par le jeune Jean Yanowitz, dit Besme, entra dans la chambre.

— Est-ce toi qui es Coligny? demanda Besme, l'épée à la main.

— Respecte ces cheveux blancs, jeune homme. C'est moi-même.

— Parfait, dit Besme.

Et il lui plongea son épée dans la poitrine.

Comme l'amiral remuait encore et râlait de façon déplaisante, quelques soldats durent finir l'ouvrage à coups de poignard.

Pendant ce temps, Henri de Guise, qui était resté en bas, s'impatientait.

— Eh là! Besme, est-ce fini? cria-t-il de la cour.

L'assassin parut à la croisée :

— Oui, un instant, on l'achève.

— Voyons donc? demanda le duc, satisfait.

Alors Besme, aidé de ses compagnons, jeta le cadavre par la fenêtre. Henri s'approcha, essuya avec un mouchoir le visage ensanglanté de l'amiral et, ayant reconnu son ennemi, lui donna un grand coup de pied dans la figure en disant :

— C'est bien, le commencement est bon. Courage, soldats.

Quelques instants après, la cloche du palais (1) donnait le signal de la curée...

On tua pendant toute la nuit. Charles IX, excité par l'odeur du sang, tira lui-même d'une fenêtre de sa chambre ; et le petit jour vint éclairer une ville de cauchemar. On voyait des cadavres plein les rues, des têtes séparées de leurs troncs baignant dans des flaques de sang, des membres épars, et la Seine couverte de « corps flottants ».

Vers midi, Catherine de Médicis et quelques dames d'honneur quittèrent le Louvre, où le roi, brusquement effondré, était en proie à une crise de désespoir, et allèrent « s'offrir la lubrique satisfaction d'examiner sur des cadavres nus certaines vitalités masculines (2) ». Puis elles recherchèrent en riant les signes de la prétendue impuissance de l'un d'eux (3) et « firent à ce sujet des plaisanteries dont le mauvais goût fut remarqué »...

***

Après la Saint-Barthélemy, Charles IX demeura longtemps abattu et prostré. Au contraire, Catherine de Médicis ne manifesta aucun remords. Il est vrai quelle n'avait pris qu'une faible part au massacre et ne se « reprochoit, écrit-elle, que la tuerie de six personnes »...

Calme, détendue, elle paraissait même assez satisfaite de la nuit du 24 août. Un fait nous le prouve. D'après d'Aubigné et Brantôme, elle fit, en effet, embaumer la tête de l'amiral de Coligny et l'envoya au pape qui dut être un peu surpris en ouvrant le paquet...

(1) Et non celle de Saint-Germain l'Auxerrois comme on le dit généralement.
(2) SULLY, *Mémoires*.
(3) Il s'agit de Soubise, qui se défendit longtemps et tomba percé de coups, sous les fenêtres de la reine. Sa femme lui avait intenté, quelques mois avant, un procès pour cause d'impuissance.

30

UN CHAGRIN D'AMOUR DÉTOURNE HENRI III DES FEMMES

> Les amours étranges dont sont pleines les élégies des poètes anciens, et qui nous surprenaient tant sont donc vraisemblables et possibles...
>
> THÉOPHILE GAUTIER.

UN mois après la Saint-Barthélémy, comme rien n'avait pu tirer Charles IX de son « ennui ». Catherine de Médicis jugea nécessaire de faire venir Marie Touchet à Paris. L'Orléanaise, qui avait gentiment pardonné le massacre de ses coreligionnaires, s'installa rue Saint-Honoré, dans une petite maison avec jardin où Charles vint passer de calmes après-midi, s'efforçant d'oublier, pour un moment, son cauchemar...

Hélas ! des fantômes sanglants l'attendaient chaque soir au palais... Pour échapper à ces spectres épouvantables, fuyant la Cour, sa mère et sa femme, la reine Elisabeth, qu'il trouvait sotte et fade, il s'en allait parfois chasser longuement dans le bois de Vincennes. Ces jours-là, il ne rentrait pas coucher au Louvre ; il s'arrêtait à la seigneurie de Belleville, où il attendait que Marie vînt le rejoindre.

Et pendant la nuit entière, follement, désespérément, il se droguait de volupté, pour se soustraire à ses hantises l'espace de quelques secondes...

Le résultat fut qu'au mois de Juin 1573 Marie dut s'en aller rapidement au château du Fayet pour y accoucher d'un gros garçon braillard. Le roi, en effet, nous dit Brantôme, avait préféré qu'elle ne fît pas ses couches à Paris « pour ne point donner ce déplaisir à sa femme ». Ce qui était d'un galant homme.

Pendant l'absence de Marie, dévoré par un véritable « feu lubrique », il se lança dans la débauche la plus honteuse et organisa avec son frère le duc d'Anjou (futur Henri III) et Henri de Navarre (futur Henri IV) des soirées fort légères en compagnie de demoiselles portées sur la bagatelle.

Certaines de ces réunions firent scandale et l'on en parla dans toute l'Europe. Il est vrai que les courtisans ne se faisaient pas faute d'en répandre les détails. C'est ainsi que l'on intercepta, vers cette époque, une lettre écrite par un familier de la Cour, dans laquelle il était parlé d'une de ces orgies. « Je sais, disait l'auteur du billet, comment ces trois beaux sires se sont fait servir, en un banquet solennel, par des femmes toutes nues, desquelles, après le banquet, ils abusèrent et prirent leur plaisir. »

***

Le duc d'Anjou, qui, malgré la légende, était, dans sa jeunesse, d'une grande virilité, adorait mêler ainsi, suivant le mot d'un historien, « les délices de Vénus aux douceurs de Lucullus ». Les femmes, d'ailleurs, étaient folles de lui. Tous ses contemporains le présentent, il est vrai, comme le « prince le plus aimable, le mieux fait et le plus beau de son époque ». Grand, large de torse, séduisant, charmeur, il était d'une élégance raffinée qui plaisait aux demoiselles de l'escadron volant.

Peut-être était-il un peu efféminé d'allure, mais on aurait eu tort de le lui reprocher, attendu que seules les filles d'honneur de la reine mère étaient responsables de ce petit défaut. Lorsqu'il n'était encore qu'un enfant, elles s'étaient, en effet, bien souvent amusées à le parer, à le parfumer et à le farder comme une poupée ; et il lui en était resté des habitudes qui nous paraissent aujourd'hui un peu suspectes, mais qui semblaient alors tout à fait normales. C'est ainsi qu'il portait non seulement des pourpoints très ajustés, des bagues et des colliers, mais encore d'admirables pendants d'oreilles...

Il aimait aussi se poudrer, s'inonder « d'eau de senteur », aviver ses lèvres d'un peu de rouge et s'habiller en femme...

Goûts étranges sans doute, mais qui n'empêchaient pas le duc d'Anjou de courir les filles et de se montrer ardent compagnon.

Il faisait habituellement son choix parmi les gracieuses suivantes de sa mère « pour ce qu'elles étoient faciles à convaincre, riches d'expérience et point susceptibles de faire du scandale, attendu que Catherine de Médicis les autorisoit à se laisser beluter par ses fils », nous dit un chroniqueur.

C'est d'ailleurs une de ces demoiselles, Louise de la Béraudière (1), qui l'avait déniaisé à l'âge de quinze ans.

(Car l'escadron volant servait aussi à cela.)

Bref, le duc d'Anjou était, du moins à ce moment, un homme tout à fait normal, et même, suivant le mot de la reine mère qui le connaissait bien, « un bon étalon ».

***

Mais, si Catherine de Médicis approuvait les rencontres individuelles de ses fils avec les jeunes personnes de l'Escadron Volant, elle n'aimait guère ces « réunions à plusieurs qui altéroient la santé de chacun »...

Et, veillant avec un soin jaloux sur le duc d'Anjou qui était son enfant préféré, elle chercha un moyen de l'éloigner de ces dangereuses turpitudes.

Ce moyen, elle le trouva en la personne d'une de ses nouvelles filles d'honneur, Mlle Renée de Rieux, que l'on appelait « la belle de Châteauneuf ». Il s'agissait d'une blonde de vingt ans dont la grâce s'alliait

(1) Cette jeune femme semble avoir eu pour spécialité de dévirginiser les princes royaux, car elle fut également l'initiatrice de Charles IX...

à un caractère assez vif, ainsi que l'anecdote suivante en donnera la preuve. « Antoine Duprat, nous dit Nantouillet, l'ayant insultée, elle ne s'en rapporta qu'à elle-même pour l'en punir. Et un jour qu'elle passoit sur le quai de l'École, à cheval, ayant aperçu Duprat qui marchoit à pied, elle donna des deux, le renversa, lui passa par-dessus le corps et le foula aux pieds de sa monture... »

Catherine de Médicis chargea cette fière amazone de séduire le duc d'Anjou ; ce qui fut assez facile.

Bouleversé dès la première rencontre, le prince fit composer par le poète Desportes une très belle déclaration rimée qui se terminait par :

Beautés, grâces, discours, qui m'allez transformant,
Las! connoissez-vous point comme je vous adore?

La jeune fille reçut ce poème avec délice et y répondit en envoyant au prince un très gracieux sonnet, qu'elle avait d'ailleurs demandé également au poète Desportes...

Quelques jours plus tard, Mlle de Rieux et le duc d'Anjou unissaient leur jeunesse et leur fougue dans une chambre du Louvre...

***

Tout de suite, la jeune femme montra tant de verve, tant de fantaisie, tant d'ardeur, que le prince reconnut qu'il n'avait jamais rencontré une telle partenaire et, « voulant lui rendre pièce pour pièce », fit d'étonnantes merveilles...

Leurs nuits furent désormais consacrées à de furieux corps à corps, dont ils sortaient détendus, apaisés, calmes, purifiés par la volupté et « aussi mols que chiffes ».

Le duc d'Anjou avait grand besoin d'exercices de ce genre, car un amour pur et chaste lui minait le tempérament depuis quelques mois, et l'on sait que rien n'est plus mauvais à la santé que ces sortes de passions...

Il était tombé amoureux, en effet, de la jolie et

spirituelle Marie de Clèves — épouse du prince de Condé — dont l'allure virginale lui inspirait une dévotion qui le rendait lyrique, fiévreux, haletant, hypertendu et superstitieux. Maltraitant sa libido, il s'enivrait de soupirs en pensant à « sa dame » et s'estimait comblé lorsqu'il avait connu le trouble plaisir de chanter, à l'église, le même cantique qu'elle...

L'adoration platonique et déprimante qu'il vouait à Marie était donc heureusement compensée par sa saine attitude avec Renée de Rieux...

Ce pudique amour était né, de façon fort curieuse' lors du mariage du roi de Navarre et de Marguerite de Valois (1). Après une danse follement animée, Marie de Clèves, en nage, avait dû aller retirer sa chemise dans une chambre voisine de la salle de bal. Quelques instants plus tard, Henri, qui avait mené la farandole, était venu dans la pièce pour s'essuyer la figure toute ruisselante de transpiration. Croyant prendre une serviette, il s'était emparé de la chemise de Marie et l'avait promenée sur son visage... Aussitôt, nous dit un chroniqueur, « ses sens s'étaient troublés » et, considérant ce qu'il tenait à la main, il avait conçu un amour sans borne pour la propriétaire de cette lingerie odorante et encore tiède.

Puis il était rentré dans la salle, où les violons faisaient danser les princes en mesure, et une enquête discrète lui avait permis de savoir à qui appartenait la chemise...

Dès le lendemain, une déclaration enflammée était parvenue à Marie de Clèves, et la jeune femme, bouleversée de savoir qu'elle avait séduit le plus beau prince du monde, était tombée, elle aussi, amoureuse...

Fidèle, cependant, à son vilain mari, elle avait résolu de ne plus aller au Louvres pour ne pas risquer de rencontrer Henri.

Alors, celui-ci s'était adressé à la duchesse de Nevers, sœur de Marie :

Je vous en supplie, avait-il écrit, *d'autant que vous m'êtes amie... ; je vous requiers les larmes aux yeux,*

(1) Ce mariage du futur Henri IV, fils d'Antoine de Bourbon, avec la future reine Margot avait eu lieu le 18 août 1572.

à jointes mains. Vous savez ce que c'est que de bien aimer. Jugez si je mérite telles façons de ma dame, notre amie, qui, quoi qu'elle ait, a toute sa puissance quand elle l'emploiera... Je lui jure toute l'amitié du monde. Vous serez mon garant, s'il vous plaît, que je ne suis menteur.

Et Mme de Nevers avait su si bien plaider la cause du soupirant que Marie s'était laissée aller jusqu'à permettre que le duc portât au cou un petit portrait d'elle...

Puis elle avait accepté un rendez-vous, et ils s'étaient pris les mains avec frénésie.

Depuis lors, délirants d'amour, ils se rencontraient régulièrement grâce à la complicité de la duchesse de Nevers, et leur chaste liaison illuminait leur vie.

Naturellement, Renée ne tarda pas à être mise au courant des rendez-vous secrets de son amant. Elle ne fit aucun scandale, mais se vengea en faisant entrer Lignerolle dans son lit. Le duc l'apprit « et, nous dit Sauval, ce favori reçut la punition que méritait son insolence » : il fut assassiné.

Renée, de son côté, demanda pardon et tout rentra dans l'ordre.

***

Satisfait sensuellement par la belle Châteauneuf, et sentimentalement par Marie, le duc d'Anjou aurait pu vivre heureux. Une séparation allait bouleverser son existence. A la fin de septembre 1573, Catherine de Médicis l'ayant fait élire roi de Pologne grâce à d'inimaginables intrigues, il dut partir pour Cracovie.

La mort dans l'âme, il quitta ses deux femmes et suivit les ministres moustachus qui étaient venus le chercher à Paris.

Renée de Rieux trouva vite un autre amant, mais Marie fut inconsolable.

Quant à Henri, privé de l'exutoire que représentait Renée, il sublima encore son amour et fit de sa Dame une idole à laquelle il écrivit des lettres signées de son sang...

Fou de passion, il se désintéressait complètement des affaires polonaises, auxquelles d'ailleurs il ne comprenait rien, pour inonder ses amis de billets où il n'était question que de Marie. En voici un que reçut Beauvais-Nangis :

Je l'aime tant, vous le savez. Vous devrez m'avertir de sa fortune pour la pleurer comme je fais. Je n'en dirai plus rien, car les amours sont ivres...

Oui, les amours étaient ivres, et Henri chancelant, déroutait les Polonais par ses manières d'agir. Interrompant son conseil pour griffonner un mot tendre qu'un courrier était chargé de porter immédiatement à Paris, contemplant avec amour le portrait de Marie pendant qu'un ministre lui parlait, composant des vers au dos des lettres d'ambassadeur, il était considéré par tout le monde comme un étrange souverain, et les familiers de la Cour de Cracovie se chuchotaient de moustaches à oreilles leur amère déception...

Henri était trop fin pour ne pas s'apercevoir du désappointement de ces braves gens ; mais il ne faisait rien pour arranger les choses, préférant s'enfermer dans son cabinet et rêver tout son saoul du jour où il pourrait serrer Marie contre lui et éteindre le feu qui brûlait sa poitrine...

Bientôt, l'idée d'embrasser sa Dame ne lui suffit plus : il décida de l'enlever à Condé (en faisant rompre leur mariage par le pape) et de l'épouser...

***

Pendant qu'Henri rêvait ainsi en Pologne, Charles IX, à Paris, réalisait d'exténuantes performances amoureuses dans le but d'oublier la Saint-Barthélemy dont le souvenir continuait à le hanter et sa santé s'altérait dangeureusement. On dut bientôt le transporter, essoufflé et les pommettes en feu, au château de Vincennes qui tenait lieu alors de maison de repos. Un soir, Marie Touchet vint le voir et coucha avec lui... Cette rencontre devait être fatale au jeune roi tuberculeux. Un chroniqueur n'hésite pas, en effet, à conclure que Charles IX

« accéléra ainsi sa mort par les plaisirs auxquels il se livra à contretemps ou immodérément (1) »...

Quoi qu'il en soit, le roi mourut le 30 mai 1574, à l'âge de vingt-quatre ans, laissant Marie Touchet fort confuse...

***

Le 15 juin 1574, une lettre arriva à Cracovie. Elle était signée de la reine mère :

Au roy, Monsieur mon fils, Roy de Pologne,

Votre frère est mort, ayant reçu Dieu le matin ; la dernière parole qu'il dit, ce fut « Et ma mère ! » Cela n'a pu être sans une extrême douleur pour moi et ne trouve consolation autre que de vous voir bientôt icy, comme votre royaume en a besoin et en bonne santé, car, si je venois à vous perdre, je me ferois enterrer avec vous, toute en vie...

Votre bonne et affectionnée mère s'il y a jamais au monde.

CATHERINE.

Henri pleura de joie : il était roi de France, il allait quitter la Pologne, rentrer à Paris et tenir Marie dans ses bras...

Dominant son envie de gambader, il alla, d'un air triste, annoncer au Conseil la mort de son frère. Quelques ministres exprimèrent alors leurs craintes de le voir partir. Il les rassura :

— Je suis d'abord roi de Pologne, dit-il, je ne vous abandonnerai pas.

Et, pour écarter tout soupçon, il fit mine de s'éprendre d'une dame de la Cour, la princesse Anne Jaguelon...

Mais, quatre jours plus tard, le 18 juin, après avoir donné un grand dîner et fait rouler tous les grands

(1) *Sane rex ipse, inter moras longissimi morbi, semel ad eam divertit ; suspicioque est auctum morbum ex importuno aut immodico coïtu, et acceleratum vitæ finem.* Papyre-Masson.

seigneurs du royaume, ivres morts, sous les tables, il se déguisa, se mit un bandeau sur l'œil et, en compagnie de cinq amis sûrs, s'enfuit du palais en emportant à tout hasard les joyaux de la couronne...

Toute la nuit, ils galopèrent vers la frontière, poursuivis par les Polonais qui n'avaient pas été longs à s'apercevoir de la disparition du roi. Cette course folle se termina au petit jour, lorsque, sur le point d'être rattrapé par ses ministres, Henri, fourbu, pénétra en Autriche...

***

Dès qu'il se sentit en sécurité, Henri III — puisque tel était désormais son nom — poussa un grand soupir et envoya une lettre à Marie de Clèves pour lui annoncer son arrivée prochaine.

Il comptait sans les nécessités diplomatiques. De Vesternitz, de Vienne, de Venise, en effet, lui parvinrent des invitations qu'il ne put repousser, et, un mois plus tard, il était encore l'hôte du doge...

Les fêtes vénitiennes, il est vrai, étaient responsables de l'indolence subite du roi. Lui qui adorait les couleurs, la musique, les beaux tissus, les bals costumés et les feux d'artifice se crut au paradis et voulut goûter à tous les plaisirs.

Tous, sans exception, car — sans oublier, bien entendu, l'Elue, Sa Dame, la Princesse de ses pensées — il fréquenta les courtisanes de Venise et devint l'amant de la plus belle d'entre elles, Veronica Franco, l'amie du Titien.

Cette beauté rousse devait d'ailleurs avoir une influence capitale sur lui puisque, s'il faut en croire certains auteurs, elle l'initia à des pratiques « peu honnêtes et fort vicieuses en ce qu'il s'agit de l'amour à l'italienne, auquel le roi n'avait point encore goûté »...

Pourtant, vers le 15 août, Marie lui manqua soudain. Saisi d'une grande et « douloureuse envie d'aimer sa dame », il dit adieu à Venise et se dirigea vers la France.

Fin septembre, il était à Lyon, où Catherine de

Médicis l'attendait. Le roi aurait voulu prendre tout de suite la route de Paris, courir vers Marie, commencer la procédure de divorce et préparer ses noces ; mais, le Midi protestant s'étant révolté, la reine mère lui conseilla de rester quelque temps à Lyon.

Henri III obéit, fort dépité, et rentra dans sa chambre pour écrire à celle qu'il considérait déjà comme son « épouse », un billet passionné qu'elle ne devait jamais recevoir...

Quelques jours plus tard, en effet, Marie de Clèves, que le prince de Condé avait réussi à rendre enceinte, mourait subitement en donnant le jour à une fille.

Une lettre vint apprendre la nouvelle à Catherine de Médicis qui, pendant toute une journée, se demanda comment elle allait bien pouvoir en informer Henri...

Finalement, elle glissa la lettre parmi les papiers de l'État que le roi devait étudier le lendemain matin ; et c'est là, entre deux rapports d'ambassade, que le malheureux trouva les quelques mots qui allaient changer son destin...

Après les avoir lus, il tomba évanoui sur le parquet.

Catherine veillait à la porte. Elle le fit transporter dans sa chambre où il demeura pendant plusieurs jours, prostré, l'œil fixe, au point qu'on se prit à craindre pour sa raison. Il refusait de s'alimenter et ne sortait de son mutisme que pour éclater en sanglots convulsifs. Ses plaintes ressemblaient alors à des râles, et la reine mère eut peur.

Superstitieuse, elle s'imagina que son fils était victime d'un charme et qu'il allait mourir à son tour.

— Ne porterait-il pas sur lui quelque objet qui aurait appartenu à la princesse? demanda-t-elle à Souvré.

— En effet, répondit le chambellan, je lui ai vu une croix au cou et des pendants d'oreilles qui lui viennent d'elle.

— Eh bien! faites en sorte qu'il ne les porte plus.

On retira ces bijoux à Henri ; mais le pauvre, que la douleur avait à tout jamais « écorné », n'arrêta pas ses larmes, et son deuil s'accompagna de goûts morbides.

« Il demeura huit jours aux cris et aux soupirs, nous dit Pierre Mathieu, et en public il paraissoit tout couvert d'enseignes et de marques de mort. Aux rubans des souliers, il portoit des petites têtes de mort. Il en avoit aux aiguillettes, et, plus curieux d'entretenir et de flatter sa passion que de la vaincre et guérir, il commanda à Souvray de lui faire des parements de cette sorte pour plus de six mille escus (1). »

Puis les mois passèrent et Henri III parut oublier sa peine. On le vit organiser des fêtes, inventer des pas de danse, s'amuser à courir Paris sous des déguisements et s'entourer de jeunes gens bruyants et équivoques. On le crut guéri, alors qu'égaré par la douleur il cherchait avec une espèce de hargne sacrilège à saccager sa vie.

Rien ne lui importait plus. Laissant Catherine de Médecis s'occuper des affaires de l'État, il se mit à découper des images et à coudre des perles sur des morceaux de tissu. Il fit des robes pour sa sœur Marguerite, habilla les demoiselles de l'escadron volant, exécuta de petits travaux de broderie...

Ce que voyant, la reine mère décida de le marier au plus tôt, pensant qu'une femme dans son lit lui rendrait peut-être des goûts un peu plus virils...

Plusieurs princesses furent proposées au roi, qui les refusa en ricanant. Alors Catherine se fâcha et déclara qu'un souverain devait avoir une épouse pour se donner des héritiers.

— Laissez-moi choisir, répondit Henri.

Et il désigna Louise de Vaudémont, fille d'un cadet de Lorraine, qu'il avait connue en allant en Pologne.

Catherine fut un peu déçue. Elle espérait une plus noble épouse pour ce fils qu'elle appelait tendrement « mes yeux ».

Mais elle s'inclina et une délégation partit immédiatement pour Nancy demander au prince de Vaudé-

(1) PIERRE MATHIEU : *Histoire de France.*

mont la main de sa fille. Celui-ci, tout heureux, accepta, bien entendu, et chargea sa femme, Catherine d'Aumale, d'aller prévenir Louise.

La jeune fille était encore au lit. En voyant venir sa belle-mère (Catherine était la seconde femme de Vaudémont), elle fut très étonnée et, nous dit Antoine Malet, « le fut bien davantage quand elle lui vit faire trois révérences avant de l'aborder et de la saluer comme reine de France ; elle crut qu'elle vouloit se moquer et ne cessoit de lui demander excuse d'être si tard au lit et de n'avoir pas été à son lever, quand son père entra enfin dans sa chambre et, assis auprès de son lit, lui annonça que le roi de France la vouloit pour épouse (1) »...

***

Le mariage eut lieu le 15 février 1575 en la cathédrale de Reims, où Henri III avait été sacré deux jours auparavant.

Au cours de cette cérémonie qui le liait pour la vie à la blonde Lorraine, le jeune souverain montra une curiosité amusée. Etait-ce ses noces ? Etait-ce une sauterie ? Etait-ce un spectacle destiné à réjouir ses favoris ? On pouvait se le demander. La veille, d'ailleurs, il avait tenu à coudre lui-même la robe de sa fiancée et, deux heures avant la messe de mariage, c'est lui qui s'était chargé de friser Louise, au petit fer...

Paraissant absolument inconscient de ce qui se passait, il sourit bizarrement pendant tout l'office nuptial, au point « qu'on eût dit l'acteur d'une espèce de farce »... Deux jours plus tard, il se permit d'ailleurs, sur son épouse, une plaisanterie qui scandalisa tout le monde : voulant marier son ex-favorite Renée de Rieux, il l'offrit en mariage à François de Luxembourg, qui avait jadis courtisé Louise de Lorraine, et lui dit :

— Mon cousin, j'ai épousé votre maîtresse ; je veux, en contre échange, que vous épousiez la mienne.

(1) ANTOINE MALET : *L'Œconomie spirituelle et temporelle de la vie des nobles et des grands du monde, dressée sur la vie piété et œconomie de Louyse de Lorraine, royne de France et de Pologne*, 1650.

Un peu interloqué, Luxembourg demanda à réfléchir ; mais Henri III insista tellement que le malheureux, affolé, se sauva, bride abattue, dans son pays...

Tout indiquait que ce mariage n'avait été qu'une mascarade ; d'ailleurs le roi, à qui le souvenir de Marie de Clèves rendait les femmes insupportables, se « désintéressait du sexe » et recherchait ostensiblement son plaisir ailleurs.

C'est alors que les favoris, dont il aimait s'entourer, prirent dans sa vie une si grande place.

***

Beaux, querelleurs, nerveux, spirituels, méchants, superficiels, ils étalaient un luxe scandaleux, se paraient comme des demoiselles et se promenaient dans les rues avec un vaniteux trémoussement de l'arrière-train qui écœurait les braves gens, peu habitués à voir des hommes mettre leur orgueil de ce côté-là...

— Regardez-les, ces *mignons*, s'écriait le menu peuple avec mépris.

Le nom leur resta.

Je sais bien que quelques modernes défenseurs de Henri III ont essayé de nous faire croire qu'il s'agissait là de simples serviteurs particulièrement dévoués au roi ; il me suffira de citer le texte d'un contemporain, Pierre de l'Estoile, pour prouver que ces historiens sont trop candides ou cherchent à nous abuser...

« Ce nom de *mignon*, dit notre chroniqueur, commença en ce temps-là à trotter par la bouche du peuple, auquel ils estoient fort odieux, tant pour leurs façons de faire, qui estoient badines et hautaines, que pour leurs fards et accoutrements efféminés et impudiques, mais surtout pour les dons immenses et libéralités que leur faisoit le roy, que le peuple avoit opinion d'être la cause de leur ruine. Ces beaux mignons portoient leurs cheveux longuets, frisés et refrisés par artifices, remontant par-dessus leurs petits bonnets de velours, comme font les putains du bordeau, et leurs fraises de chemises de toiles d'atour empesées et longues d'un demi-pied, *de façon qu'à voir leur tête au-dessus de leur fraise, il semblait que ce fût le chef de saint Jean dans un plat.* Le reste de leur habillement fait de même ; leurs exercices estoient de jouer, blasphémer, sauter, danser, volter, quereller et paillarder, et suivre le roy partout et en toutes compagnies, ne rien faire, ne rien dire que pour lui plaire ; peu soucieux, en effet, de Dieu et de la vertu, se contentant d'être en bonne grâce de leur maître qu'ils craignoient et honoroient plus que Dieu. Ce qui donna sujet au poème suivant, qui fut semé en ce temps à Paris divulgué partout » :

C'est assez chanté de l'amour
Il faut qu'une nouvelle corde,
D'un luth plus piquant, nous accorde
Les indignités de la Cour :

. . . .

Ces beaux mignons prodiguement
Se vautrent dedans leurs délices.
Et peut-être dedans tels vices,
Qu'on ne peut dire honnêtement.

On ne peut guère être plus clair...

Naturellement, ces éphèbes poudrés, efféminés et jacassants eurent bientôt sur le pauvre roi complètement désaxé une influence considérable.

Tout d'abord, ils poussèrent Henri III à créer un ensemble de rites burlesques, destiné à transformer sa journée en une sorte de comédie-ballet où chacun avait un rôle précis.

Il jouèrent ainsi à « vivre chez un grand monarque », comme les petites filles jouent à la « dame en visite » en respectant certaines conventions puériles.

On décida que le lever du roi, son coucher, ses repas, sa toilette, ses promenades s'accompagneraient d'un cérémonial compliqué, « et l'on emprunta, nous dit Lénient, aux traditions du Bas-Empire, conservées dans les cours des principules italiens, tout un programme de solennités ridicules », dont aucun roi de France n'avait jamais eu l'idée.

Tout ceci n'était que prétexte à pitreries équivoques. Traitant le roi comme une courtisane, les mignons venaient avec des courbettes lui enfiler ses bas, lui passer sa chemise, ajuster son pourpoint, enduire son visage de crème pour la nuit, lui mettre des gants graissés à l'huile d'amandes pour adoucir ses mains, le farder, lui dessiner ses sourcils d'un coup de crayon habile et lui lacer sa culotte...

Ces amusettes d'invertis donnèrent naissance à l'Étiquette...

Lorsque le roi était enfin vêtu, maquillé, poudré, couvert de bijoux et de bagues, les mignons s'exclamaient :

— Oh! Majesté, que vous êtes belle!...

Car pour pouvoir continuer à jouer cet ignoble jeu, Henri III s'était affublé d'un titre qui permettait le féminin...

Et l'on disait : Sa Majesté est ravissante, Sa Majesté est câline, Sa Majesté est tripoteuse...

Cette appellation, employée jadis à la Cour des derniers Césars, fit ricaner les braves gens, et Ronsard exprima leurs sentiments en un sonnet dédié à son ami Binet :

Ne t'étonne pas, Binet, si maintenant tu vois
Notre France, qui fut autrefois couronnée,
De mille lauriers verts, ores abandonnée,
Ne servir que de fable aux peuples et aux rois.

. . . .

On ne parle en la Cour que de Sa Majesté :
ELLE va, ELLE vient, ELLE est, ELLE a été :
N'est-ce faire tomber le royaume en quenouille ?

Mais il fallait que le roi eût également la possibilité de dire à ses mignons :

— Comme vous êtes gentilles, et charmantes...

Alors les éphèbes prirent les titres d'Altesses et d'Excellences...

***

Tous ces petits jeunes gens formaient une confrérie extrêmement fermée dans laquelle il était à peu près impossible d'entrer de sa propre initiative. Les intrigues étaient inefficaces, les parrains inutiles : le roi, seul, choisissait. Lorsqu'il avait le coup de foudre en voyant passer un seigneur, un page, un garde, il appelait deux mignons fortement musclés, qui se précipitaient sur la proie et la lui présentaient de belle façon.... On avait quelquefois recours pour cela à un stratagème ; c'est ce que nous conte Agrippa d'Aubigné, à propos d'un jeune homme de sa connaissance qui devint mignon du roi : « Ce pauvre garçon, dit-il, avoit en horreur cette vilenie, et fut forcé la première fois, le roy lui faisant prendre un livre dans un coffre, duquel le Grand Prieur (1) et Camille (2) lui passèrent le couvercle sur les reins, et cela s'appeloit prendre le lièvre au collet... Tant y a que cet homme fut mis de force au métier... »

Eclectique, le roi ne posait pas ses regards concupiscents que sur des garçons de noble origine. Il lui arrivait de se pâmer devant un ouvrier venu au palais pour faire une réparation. C'est ainsi, par exemple, qu'un tapissier lui fit, un jour, une impression considérable. « Le voyant en haut de ses deux échelles pour racoûtrer des chandeliers de la salle, nous dit d'Aubigné, le roy devint si amoureux qu'il se mit à pleurer... (3). »

***

Les grands ont toujours des admirateurs imbéciles qui s'efforcent de leur ressembler « par les mauvais côtés ». Aussi y eut-il bientôt à Paris une multitude de jeunes snobs poudrés et fardés qui, singeant Henri III, se voulurent coquets, précieux, évaporés.

A la Cour, les choses allèrent plus loin. Désirant plaire au roi, les hommes délaissèrent les femmes et se livrèrent ostensiblement à la sodomie... La plupart y eurent d'ailleurs du mérite, car, étant normalement constitués, ils éprouvaient une grande répugnance pour ces plaisirs hétérodoxes. Ils surmontaient néan-

(1) et (2) Surnoms de deux mignons : Antoine de Silly, comte de Rochepot, et le chevalier Salvati.

(3) Agrippa d'Aubigné, *Confession catholique du sieur de Sancy.*

moins leurs dégoûts, pensant ainsi être bien notés...

Pendant ce temps, les femmes, privées de soins, étaient obligées de se consoler entre elles, ainsi que nous le rapporte Sauval : « De même que les hommes avaient trouvé, dit-il, le moyen de se passer de femmes, les femmes trouvèrent le moyen de se passer d'hommes : Et Paris regorgeait de femmes lesbiennes »...

Toutes les dames n'osaient point toutefois goûter les joies de la « fricarelle ». Les timides se contentaient d'user d'expédients, en rêvant au jour où les hommes redeviendraient normaux. Alors, des « instruments façonnés en forme de v..., mais qu'on a voulu appeler des *Godemychys* », nous dit Brantôme connurent une telle vogue que leurs fabricants amassèrent des fortunes...

Bref, un désordre effarant régnait sur toute la France et, selon le mot d'un auteur, « le royaume, piloté par un fou, ressemblait à un bateau ivre ».

31

JACQUES CLEMENT ASSASSINE HENRI III POUR L'AMOUR DE Mlle DE MONTPENSIER

Les femmes, sous leur douceur apparente,
ne rêvent que plaies et bosses.
Lucien RIMOIX.

LE vice infâme dans lequel Henri III avait tout à coup versé désespérait Catherine de Médicis. Plusieurs fois par jour, elle entrait dans la chambre de son fils pour le rappeler à la réalité et tâcher de l'intéresser à la situation tragique dans laquelle se trouvait pour lors son royaume. On était en 1576, et le duc d'Alençon, frère du roi, venait de s'allier avec les protestants. Trente mille hommes pouvaient, du jour au lendemain, marcher sur Paris, et Catherine s'affolait.

— Il faut agir, criait-elle.

Henri, couché sur des coussins avec un bel ami, ou entouré de ses petits chiens, répondait alors, sans même avoir la pudeur d'user d'une périphrase, qu'il fallait faire assassiner son frère.

Puis il reprenait son bilboquet.

Or, un matin, les troupes protestantes se dirigèrent vers la capitale... Perdant tout sang-froid, le roi, à demi pâmé, signa immédiatement l'édit de Beaulieu qui accordait aux réformés des avantages importants...

Cet édit mécontenta, bien entendu, les catholiques qui accusèrent le roi de trahir les intérêts de la religion et du trône. Une vaste association, dirigée par Henri de Guise, se forma alors pour « restaurer le saint sacrifice de Dieu et l'obéissance à Sa Majesté ». Ce fut la Ligue.

Henri III crut habile de reconnaître l'association et de s'en proclamer le chef... Ce coup de tête, cette bravade de Corydon agacé, l'obligea à sortir de son boudoir, à reprendre contre les huguenots une guerre acharnée et à se rendre de temps en temps sur les champs de bataille en litière...

Enfin, au printemps de 1580, une trêve fut signée, et la France connut quatre années de paix. Le roi en profita pour organiser d'extraordinaires bals costumés. On le vit en sauvageonne, en ribaude, et même en Amazone, le sein nu...

Passionné pour ces mascarades, il passait des nuits à confectionner des robes et à inventer des pas de danse. C'est lui qui imagina, par exemple, le fameux « branle des chevaux » où il fallait hennir tendrement en regardant sa cavalière et lancer de petites ruades...

***

Catherine de Médicis, qui songeait à l'avenir, était extrêmement agacée par ces pitreries.

— On s'amuse, disait-elle, on saute, on se déguise, on s'entoure de jolis garçons et l'on n'a pas d'héritier...

Cette question préoccupait de temps en temps Henri III, mais le fantôme de Marie de Clèves, qui continuait à l'obséder, l'empêchait de se montrer aussi tendre qu'il aurait fallu avec la reine...

Désespérée, Catherine de Médicis eut alors une idée : elle alla trouver Louise de Lorraine et lui demanda d'être infidèle au roi pour le bien de la France...

Mais la prude épouse de Henri III refusa avec énergie ; elle ne voulait avoir d'enfant que de son mari...

Alors elle n'en eut point.

Or, en 1584, le duc d'Alençon, « hoir présomptif » de la Couronne, mourut brusquement, et Henri de

Bourbon, roi de Navarre, chef des protestants, devint héritier légitime du trône de France...

Les catholiques, fort ennuyés, réagirent immédiatement et déclarèrent que le roi de Navarre devait laisser la place à Henri de Guise, dont la famille descendait des Carolingiens (1).

Il en résulta une nouvelle guerre civile qui allait mettre la France à deux doigts de sa perte. Cette fois, en effet, il ne s'agissait plus de religion, mais d'un problème dynastique qui pouvait rompre l'unité du pays...

On commença à se battre en Champagne et tout de suite Henri de Guise remporta deux victoires sur les huguenots. A son retour à Paris, il fut reçu avec un tel enthousiasme que les Ligueurs envisagèrent de déposer Henri III et de faire monter sur le trône sans attendre ce duc si populaire.

Pris de panique, le roi attira le chef catholique à Blois, le 23 décembre au matin et, le fit assassiner... (2).

Alors, les Ligueurs, révoltés, déclarèrent Henri « parjure, meurtrier, sacrilège, fauteur d'hérésie, démoniaque, magicien, dissipateur du Trésor public, ennemi de la patrie » et demandèrent son remplacement immédiat par le cardinal de Lorraine. Un vent de révolte souffla sur Paris. On afficha des tracts sur « Sa Majesté Hermaphrodite » ; on brûla l'effigie de la reine mère et, un jour, les Parisiens défilèrent devant le Louvre aux cris de :

— A bas les Valois !

— A mort les Valois !

Un courrier alla informer la Cour, installée à Blois, de ce qui se passait dans la capitale.

La nouvelle fit l'effet d'une bombe.

Pâles, hagards, Henri et Catherine, derniers représentants de cette race qui sombrait dans la pourriture, comprirent alors que tout un peuple, écœuré par leurs crimes et leurs vices, s'apprêtait à les chasser.

(1) Il est bon, je crois, de rappeler que jamais les Guise n'auraient osé émettre de telles prétentions si Diane de Poitiers n'avait fait de leur maison l'une des plus grandes puissances de France.

(2) Le duc de Guise aurait pu se sauver. Il avait été avisé des intentions du roi, et ses amis lui conseillaient de fuir. Mais il refusa de quitter Blois car il devait passer la nuit du 22 au 23 avec sa maîtresse...

Pour la première fois depuis mille ans, le trône de France tremblait...

***

Catherine de Médicis ne devait pas se remettre de cette émotion.

Le 3 janvier 1589, elle s'alita avec la fièvre, et ses dames de compagnies commencèrent à s'inquiéter. Les voyant pleurer, elle les rassura :

— Ne soyez pas tristes, dit-elle en souriant. Je ne vais pas mourir encore cette fois. Souvenez-vous de la prédiction de Gauric qui ne s'est jamais trompé : *je dois mourir près de Saint-Germain*... Et nous sommes à Blois, où il n'existe aucune église dédiée à ce saint...

Cette prédiction hantait la reine mère. Depuis des mois, elle refusait d'habiter Saint-Germain-en-Laye, et même le Louvre qui se trouvait à côté de Saint-Germain-l'Auxerrois...

— Tant que je resterai ici, ajouta-t-elle, je serai tranquille.

Le 4 janvier, un nouveau médecin vint l'ausculter, la trouva fatiguée et lui déclara qu'il resterait à son chevet jusqu'au lendemain.

— Merci, dit Catherine.

Puis elle le regarda :

— Mais je ne vous connais pas ; comment vous appelez-vous ?

— Je me nomme Saint-Germain, madame.

Elle mourut trois heures plus tard...

***

Les Ligueurs composèrent aussitôt d'ignobles chansons sur la reine mère. J'en citerai une — parmi les plus anodines ! — à titre d'exemple :

Par une vengeance divine
Les chiens mangèrent Jézabel
La charogne de Catherine
Sera différente en ce point
Que les chiens n'en voudront point.

Quant au clergé, qui ne voulait pas se mettre mal avec la Ligue, il eut une bien curieuse attitude. Voici, en effet, l'étrange oraison funèbre qu'un prêtre vint dire en chaire le 8 janvier à Paris :

— La reine mère vient de mourir, laquelle a fait beaucoup de bien et de mal, et je crois qu'il y a encore plus de mal que de bien. Aujourd'hui se présente une difficulté, savoir : si l'Église catholique doit prier pour elle qui a vécu si mal... Sur quoi je vous dirai que si vous voulez lui donner à l'aventure, par charité, un *Pater* et un *Ave*, ils lui serviront de ce qu'ils pourront ; je laisse à votre liberté (1)...

Puis on oublia Catherine, et toute la fureur du euple se porta sur les mignons (2).

Il est vrai que ceux-ci avaient maintenant une elle influence sur le roi que les Ligueurs accusaient Henri III d'être « à leurs ordres »...

Au début du printemps, la France, qu'un mouvement de révolte secouait de Marseille à Calais, se trouva divisée en trois parties : l'une, aux mains des Protestants, l'autre, aux mains des Ligueurs et la troisième (qui se composait uniquement de Tours, Blois et Beaugency) aux mains du roi...

Alors Henri III comprit qu'il devait s'allier avec l'un de ses adversaires s'il voulait continuer à porter la couronne...

Avec les Ligueurs ? Il ne pouvait en être question, puisqu'ils demandaient sa déposition immédiate. Il se tourna donc vers les protestants, qui avaient au moins la délicatesse d'attendre sa mort pour vouloir porter Henri de Navarre sur le trône...

Et, le 3 mai, les deux Henri se réconcilièrent au Plessis-lès-Tours...

— Par quoi commençons-nous ? demanda le roi.

— Par reprendre Paris sans lequel on ne peut rien, répondit Bourbon.

Un mois et demi plus tard, après avoir rencontré

(1) Cité par Pierre de l'Estoile.

(2) Cf. PIERRE DE L'ESTOILE : « Adorée et révérée de son vivant comme la Junon de la Cour, elle n'eut pas plutôt rendu l'âme, qu'on n'en fit pas plus de compte que d'une chèvre morte. »

bien des embûches, ils venaient mettre le siège devant la capitale. Leur poste de commandement était installé sur les hauteurs de Saint-Cloud dans la confortable maison de Gondi, d'où l'on voyait tout Paris, et Henri III s'amusait, pendant des heures, à suivre, avec une joie d'enfant, la marche des carosses dans les rues ou le fourmillement des piétons.

— Ce serait grand dommage soupirait-il, de ruiner et perdre une si bonne et belle ville.

Henri de Bourbon étant de son avis, ni l'un ni ni l'autre n'osait ordonner une attaque...

Ils en étaient là de leurs hésitations lorsqu'on vint les informer, un soir, « qu'il y avoit dans la ville quelques remuements, pour ce que les habitants estoient apeurés et demandoient qu'on ouvrît les portes plutost que d'estre tués et occis »...

Ils décidèrent alors d'attendre que Paris se rendît, ce qui ne pouvait être long.

Mais les jours passèrent sans apporter de nouveau, car les Ligueurs, qui avaient à leur tête une véritable *Passionaria*, Mlle de Montpensier, sœur du duc de Guise, refusaient de céder au peuple affolé.

Le 27 juillet, Henri III, qui commençait à s'impatienter, envoya un gentilhomme de sa suite à Mlle de Montpensier « pour lui dire qu'il était bien averti que c'était elle qui soutenait et entretenait le peuple de Paris en sa rébellion ; mais que s'il y pouvait jamais entrer, comme il espérait de faire, et bientôt, qu'il la ferait brûler toute vive ». A quoi, sans autrement s'étonner, fit réponse « que le feu était pour les sodomites comme lui et non pas pour elle, et, au surplus, qu'il se pouvait assurer qu'elle ferait tout ce qu'elle pourrait pour l'en garder d'y entrer » (1).

Elle allait faire plus encore...

***

Il y avait alors à Paris, dans un couvent de la rue Saint-Jacques, un jeune moine un peu demeuré, violent et sensuel qui s'appelait Jacques Clément.

(1) PIERRE DE L'ESTOILE, *Journal du règne de Henri III.*

Mlle de Montpensier connaissait son existence, car il se livrait fréquemment, sur les femmes du quartier des Écoles, à des actes regrettables pour un religieux, mais dont tout Paris s'amusait.

Elle alla le voir dans une robe extrêmement décolletée qui ne laissait rien ignorer de son admirable gorge. Le pauvre fut ébloui et se congestionna.

Alors, charmante, caressante, enjôleuse, chatte, elle lui parla du roi comme d'un tyran qu'il fallait abattre et lui fit comprendre que, s'il voulait s'en charger, elle saurait se montrer gentille...

A titre d'avance, elle lui donna d'ailleurs un baiser fougueux.

— Allez beau moine !, dit-elle, vous êtes désigné par Dieu pour accomplir cette glorieuse mission...

Le lendemain, Jacques Clément se présentait à la porte de la maison de Gondi. Il venait, disait-il, remettre une lettre importante à Henri III. Le roi le reçut, prit le message et commença à le lire.

Respectueux, le moinillon se tenait à genoux ; soudain, il se releva et enfonça un grand couteau dans le ventre du Valois.

— Oh ! le méchant moine, s'écria celui-ci. Il m'a tué...

Jacques Clément regardait avec une sorte d'extase le roi qui se tordait de douleur sur le sol. Sans doute pensait-il, dans sa candeur, à la savoureuse récompense qui l'attendait... Son beau rêve devait être court... Attirés par les plaintes du moribond, des gardes entrèrent bientôt dans la chambre et transpercèrent à coups d'épée l'amoureux de Mlle de Montpensier...

Henri III mourut deux jours plus tard, après avoir désigné expressément Henri de Navarre comme son légitime successeur...

***

Le dernier Valois disparaissait après avoir conduit, par ses vices, la France au bord de l'abîme...

Sous son règne, les favorites avaient été remplacées par de répugnants favoris ; il était temps que les Bourbons vinssent rendre aux femmes toute leur importance et toutes leurs prérogatives...

BIBLIOGRAPHIE

ALVAROTTO (Jules) : *Correspondance,* 1565.
AUBIGNÉ (Agrippa d') : *Histoire Universelle,* 1626.
— *Confession catholique du sieur de Sancy.*
AUTHON (Jean d') : *Histoire de Louis XII sous l'an* 1502.
BELCARIUS. *Commentarii rerum gallicarum.*
BELLAY (Martin du) : *Mémoires,* 1522.
BÉVY (Dom Charles) : *Histoire des inaugurations des rois,* 1776.
BOURGUEVILLE : *Recherches et Antiquités sur le duché de Normandie.*
BRANTÔME : *Vie des Dames Galantes.*
CALVIN : *Correspondance.*
CELLINI (Benvenuto) : *Mémoires.*
CHATEAUBRIANT (Françoise de) : *Correspondance,* Mss. r. 6622 B. N.
CHERRIER (C. de) : *Histoire de Charles VIII,* 1868.
CONTARINI (Zaccari) : *Correspondance secrète.*
DIONIS : *Traité sur les accouchements,* 1696.
DREUX DU RADIER : *Mémoires historiques, critiques et anecdotes des Reines et Régentes de France,* 1775.

Dulaure (J.-A.) : *Singularités historiques*, 1825.
Estienne (Henri) : *Dialogues entre les courtisans de ce temps.*
— *Discours merveilleux de la vie, actions et déportements de Catherine de Médicis*, 1649.
Estoile (Pierre de l') : *Journal du règne de Henri III.*
Ferrière (Hector de la) : *Trois amoureuses au XVIe siècle*, 1885.
Ferronii (Arnoldi) : *De rebus gestis Gallorum*, 1549.
Fleuranges : *Chroniques.*
François Ier : *Correspondance.*
Gattinara (Mercurio de) : *Correspondance*, 1540.
Haton (Claude) : *Mémoires.*
Lacroix (Paul) : *Louis XII et Anne de Bretagne*, 1882.
La Montagne (Jean de) : *Source et origine des c... sauvages et la manière de les apprivoiser*, Lyon, 1525.
Le Maire des Belges (Jean) : *Couronnes Margueritiques.*
Lénient : *Satire sous la Renaissance.*
Lerne (Emmanuel de) : *Reines légitimes et reines d'aventure*, 1857.
Le Roux de Lincy : *Chants historiques français du XIIIe au XVIIIe siècle*, 1842.
Mallet (Antoine) : *L'œconomie spirituelle et temporelle de la vie des nobles et des grands du monde, dressée sur la vie, piété et œconomie de Louyse de Lorraine, reine de France et de Pologne*, 1650.
Marot (Clément) : *Œuvres.*
Mathieu (Pierre) : *Histoire de France.*
Maurice (Dom) : *Histoire de Bretagne.*
Médicis (Catherine de) : *Correspondance.*
Michelet : *Histoire de France.*
Molinet : *Chroniques Flamandes.*
Philippon de la Madelaine : *Histoire des ducs et du duché d'Orléans.*
Pinkerton : *History of Scotland*, 1797.
Poitiers (Diane de) : *Correspondance.*
Prudhomme (L.) : *Les crimes des reines de France*, 1791.
Régnier de la Planche : *De l'estat de la France sous François Ier.*
Saint-Mauris : *Correspondance.*

SAINTE MARTHE (Charles de) : *Oraison funèbre de Françoise d'Alençon.*
SANUTO (Marino) : *Vita dei duchi di Venezia.*
SAVOIE (Louise de) : *Journal.*
SAUVAL : *Galanteries des Rois de France*, 1738.
SEYSSEL (Claude de) : *Chroniques.*
SULLY : *Mémoires.*
TAVANNES : *Mémoires.*
THOMAS (F.) : *Louise de Savoie et la Cour de François Ier*, 1892.
VARILLAS (Antoine) : *Histoire de François Ier*, 1685.
VESPUCCI (Agostine) : *Correspondance.*
VIEILLEVILLE : *Mémoires.*
ANONYMES :
Journal d'un Bourgeois de Paris sous le règne de François Ier.
Le réveil-matin des François et de leurs voisins, composé par Eusèbe, Philadelphie-Cosmopolite, en forme de dialogue, 1574.
Archives de l'Histoire de France, publiées par Cimber et Danjou, 1680.
Archives du Vatican.
Archivio di Stato. Dispacci dalla Francia, Modène, Bta 25.
Calendar of State papers, 1563.
Mss. Du Puy, 762, B. N.
Regule, constitutiones, reservationes, cancellaries. Domini nostri Leonis papae decimi, noviter edite et publicate. Rome, 1514.

TABLE DES MATIÈRES

Achevé d'imprimer en avril 1983
sur les presses de l'imprimerie Bussière
à Saint-Amand (Cher)

— N° d'édit. 115. — N° d'imp. 726. —
Dépôt légal : 3e trimestre 1965.
Imprimé en France

DÉJÀ PARUS

1768	L'ange et le démon	**CALDWELL Taylor**
1769	Cœurs à nu	**CALDWELL Taylor**
1770	Maria Chapdelaine	**HÉMON Louis**
1771	Ausweis pour la nuit	**KONSALIK Heinz G.**
1772	Le pasteur	**HILL Pamela**
1773	Le portrait de Dorian Gray	**WILDE Oscar**
1776	Le Vaudou	**KERBOULL Jean**
1779	Madame Stoner et la mer	**BUCK Pearl**
1780	Il était une mauvaise foi	**AMADOU Jean**
1781	Dossiers croustillants de la brigade des mœurs	**BURNAT André**
1782	Le mendiant et le voleur (t. 1)	**SHAW Irwin**
1783	Le mendiant et le voleur (t. 2)	**SHAW Irwin**
1784	La grâce de Dieu	**NOLI Jean**
1785	One, two, two	**JAMET Fabienne**
1786	Les blanches dames	**HOLT Victoria**
1787	Elle est redevenue verte ma vallée	**LLEWELLYN Richard**
1788	Les grands dossiers du IIIe Reich	**ROBICHON Jacques**
1789	Des femmes disparaissent	**EDEN Dorothy**
1793	Le temps des amours	**PAGNOL Marcel**
1794	La prière aux étoiles	**PAGNOL Marcel**
1796	Tristan et Iseut	**XXX**
1798	Violette Nozière	**FITERE Jean-Marie**
1799	Les gouffres du cosmos	**KOHLER Pierre**
1814	Histoires abominables	**présenté par HITCHCOCK Alfred**
1815	Histoires à lire toutes portes closes	**présenté par HITCHCOCK Alfred**
1816	Histoires à lire toutes lumières allumées	**présenté par HITCHCOCK Alfred**
1817	Histoires à ne pas fermer l'œil de la nuit	**présenté par HITCHCOCK Alfred**
1818	Histoires à déconseiller aux grands nerveux	**présenté par HITCHCOCK Alfred**
1819	Histoires préférées du maître ès crimes	**présenté par HITCHCOCK Alfred**
1820	Histoires qui font mouche	**présenté par HITCHCOCK Alfred**
1821	Histoires sidérantes	**présenté par HITCHCOCK Alfred**
1822	Histoires à claquer des dents	**présenté par HITCHCOCK Alfred**

Presses Pocket

DÉJÀ PARUS

1824	Le tilleul du soir	**ANGLADE Jean**
1826	Je me damnerai pour toi	**ANNE-MARIEL**
1827	Ile	**HUXLEY Aldous**
1828	L'homme cet inconnu	**CARREL Alexis**
1829	Les autres et les miens 1. La gloire des manants	**HÉLIAS Pierre-Jakez**
1830	2. Contes à vivre debout	**HÉLIAS Pierre-Jakez**
1831	Salem	**KING Stephen**
1832	La horde noire	**KIRST H. H.**
1833	Histoire du service secret nazi	**BRISSAUD André**
1835	Un mariage d'argent	**FISCHER Marie-Louise**
1836	Il fait Dieu	**DECOIN Didier**
1837	La mémoire de Pierre Dac	**DAC Pierre**
1838	Venez d'urgence docteur Frank	**HOLDEN Harald**
1839	La science face aux extra-terrestres	**BOURRET J.-C.**
1840	Deux filles en liberté	**KONSALIK Heinz G.**
1841	Le pilote	**DAVIS Robert P.**
1842	L'arche dans la tempête	**GOUDGE Elizabeth**
1844	A la recherche des sectes	**SANDRI Dominique**
1845	L'espionne	**GHEORGHIU Constant-Virgil**
1846	Lexique des histoires drôles	**JEAN-CHARLES**
1848	L'amour est enfant de bohème	**FISCHER Marie-Louise**
1850	Dossiers excitants de la brigade des mœurs	**BURNAT André**
1851	Le nain jaune	**JARDIN Pascal**
1852	Dagore, les dossiers secrets de la cagoule	**BERNADAC Christian**
1853	Elles	**PIAT Colette**
1854	Plus secret que la nuit	**CLAUSSE Suzanne**
1855	L'amour du crépuscule	**COLLIGNON Ilse**
1856	L'os à moelle	**DAC Pierre**
1858	Le tournant de la vie	**LAURENTS Arthur**
1859	La condottiera	**GHEORGHIU Constant-Virgil**
1860	Le tunnel (t. 1)	**LACAZE André**
1861	Le tunnel (t. 2)	**LACAZE André**
1862	La forêt perdue	**GENEVOIX Maurice**
1863	La grande peur venue du ciel	**KONSALIK Heinz G.**
1864	Faveurs royales	**BRIANT Ginette**
1865	Le serment passionné	**CLAUSSE Suzanne**

DÉJÀ PARUS

Presses Pocket

1867	La planète des singes	**BOULLE Pierre**
1868	Jouvence	**HUXLEY Aldous**
1869	La seconde victoire	**WEST Morris**
1871	L'amour n'est qu'un slogan	**FISCHER Marie-Louise**
1872	Le tour du doigt	**ANGLADE Jean**
1873	Les mensonges	**MALLET-JORIS Françoise**
1874	Tout m'est bonheur	**COMTESSE DE PARIS**
1875	Le grand exterminateur	**GHEORGHIU Constant-Virgil**
1876	La revanche de l'amour	**EDEN Dorothy**
1877	Au rendez-vous des illusions	**SUMMERTON Margaret**
1878	Sacrés gendarmes	**JEAN-CHARLES**
1879	La plaine des tombeaux	**CHABRIER Agnès**
1880	Sara Dane	**GASKIN Catherine**
1881	Dossiers secrets de l'histoire	**DECAUX Alain**
1882	Nouveaux dossiers secrets de l'histoire	**DECAUX Alain**
1884	Liés par le sang	**SHELDON Sidney**
1885	Un été pas comme les autres	**KONSALIK Heinz G.**
1886	Un été pour Sébastien	**AUBRY Cécile**
1887	La fontaine aux chimères	**HOWARD Mary**
1888	Le message chinois	**GASKIN Catherine**
1889	Les portes de l'aventure	**HOUGRON Jean**
1890	La valse à l'envers	**PASQUELOT Maurice**
1891	Les confessions de l'ange noir	**SAN-ANTONIO**
1892	Le monde étrange des momies	**DEROBERT P. R.**
1893	Claudia Orlini	**FISCHER Marie-Louise**
1894	La vipère aux yeux d'or	**ANNE-MARIEL**
1895	Tara	**CASTILLO Michel del**
1893	Dossiers très spéciaux de la brigade des mœurs	**BURNAT André**
1897	La course au flan	**JYL Laurence**
1898	Le jour le plus c...	**DAC Pierre**
1899	Les aigles aveugles	**MACLEAN Alistair**
1900	Le tendre ennemi	**CONTINO Magda**
1901	Drôles de Cocos	**GUILLOIS Mina et André**
1902	Dossiers mystérieux de la brigade mondaine	**VINCENT Maurice**
1903	Le mystère Otto Rahn	**BERNADAC Christian**
1905	Le maître de la parole	**LAYE Camara**
1906	Alarme	**KONSALIK Heinz G.**

Presses Pocket

DÉJÀ PARUS

1907	Ginny	**GASKIN Catherine**
1908	Ce rêve que tu pleures	**CLAUSSE Suzanne**
1909	Un été anglais	**CHANDLER Raymond**
1910	Le pavillon des cancéreux	**SOLJENITSYNE Alexandre**
1911	Alain Decaux raconte (t. 1)	**DECAUX Alain**
1912	Alain Decaux raconte (t. 2)	**DECAUX Alain**
1913	Alain Decaux raconte (t. 3)	**DECAUX Alain**
1915	Le sous-marin allemand de la Royal Navy	**REEMAN Douglas**
1916	L'attaque vient de la mer	**Reeman Douglas**
1917	DESTINATION Mourmansk	**REEMAN Douglas**
1918	La composition d'histoire	**DANINOS Pierre**
1920	Poèmes saturniens - Fêtes galantes	**VERLAINE Paul**
1921	Mystiques et magiciens du Tibet	**DAVID-NEEL Alexandra**
1922	La mutinerie du cuirassé Potemkine	**HOUGH Richard**
1923	Envolée la trentaine	**FISCHER Marie-Louise**
1924	L'intrigante	**MAGALI**
1925	Les possédés du cœur	**MALOROSO Antoine**
1926	Phama, prix Goncourt	**JEAN-CHARLES**
1927	Contrepoint	**HUXLEY Aldous**
1928	Toute la vérité	**WEST Morris**
1929	L'affaire des généraux	**KIRST H. H.**
1930	L'inconnue de Mallow-Hall	**EDEN Dorothy**
1931	Avenue des Iles d'Or	**CONTINO Magda**
1932	Eve Ruggieri raconte	**RUGGIERI Eve**
1933	Il était une fois Marcel Pagnol	**CASTANS Raymond**
1934	La vie en chantant	**DELANOË Pierre**
1935	Gens de Dublin	**JOYCE James**
1936	Histoire du service secret nazi : Les agents de Lucifer	**BRISSAUD André**
1937	Secrétaire du patron	**FISCHER Marie-Louise**
1938	Le manoir aux grives	**OGILVIE Elisabeth**
1939	Et la femme qui ment...	**GRAY Daniel**
1940	Un heureux mariage	**KONSALIK Heinz G.**
1941	La fugitive	**FISCHER Marie-Louise**
1942	Les îles de la miséricorde	**QUEFFÉLEC Henri**
1943	La vallée de cœurs perdus	**CONTINO Magda**
1944	Les nuits secrètes de Sissi	**ANNE-MARIEL**
1945	Si « Queue d'âne » m'était conté	**SAN-ANTONIO**

Presses Pocket

DÉJÀ PARUS

1946	Aux sources de la rivière Kwaï	**BOULLE Pierre**
1947	Le chien des Baskerville	**CONAN DOYLE**
1948	La vallée de la peur	**CONAN DOYLE**
1949	Les aventures de Sherlock Holmes	**CONAN DOYLE**
1950	Amande	**Evans Henri**
1951	Le destin tragique du Dr Berg	**FISCHER Marie-Louise**
1952	L'os à moelle : Carnets mondains et autres loufoqueries	**DAC Pierre**
1953	La dame aux émeraudes	**HOLT Victoria**
1954	La passagère de l'aube	**CLAUSSE Suzanne**
1955	Jusqu'à mon dernier souffle	**SOESTER Nadia de**
1956	Le bal des maudits (t. 1)	**SHAW Irwin**
1957	Le bal des maudits (t. 2)	**SHAW Irwin**
1958	Civilisations extra-terrestres	**ASIMOV Isaac**
1959	Ovni : L'armée parle	**BOURRET Jean-Claude**
1960	Les ventres jaunes	**ANGLADE Jean**
1961	Dieu ne reçoit que le dimanche	**GHEORGHIU Constant-Virgil**
1962	Terlamen des brumes	**GRAY Daniel**
1963	Traquenard en la mineur	**ANNE-MARIEL**
1964	Deux et la folie	**YELNICK Claude et Barbara**
1965	Conseil de guerre	**HASSEL Sven**
1967	La chamade	**SAGAN Françoise**
1968	Tout le reste est folie	**GASKIN Françoise**
1969	Le destin frappe à Berlin	**ANTHONY Evelyn**
1970	Dossiers extraordinaires de la brigade mondaine	**VINCENT Maurice**
1971	22 les flics	**JEAN-CHARLES**
1972	Les plumes des paons	**PIAT Jean**
1973	Jeunes femmes	**FISCHER Marie-Louise**
1974	Les filles de Madame Claude	**FLORENTIN Anne et ANTÉBI Elizabeth**
1975	Un lourd secret	**CONTINO Magda**
1976	Sous la voûte étoilée	**DANELLA Utta**
1977	Moby Dick	**MELVILLE Herman**
1978	Le cœur triomphant	**KONSALIK Heinz G.**
1979	L'été des amours heureuses	**DANELLA Utta**
1980	L'ombre du passé	**DANELLA Utta**
1981	Maritza	**SLAUGHTER Frank G.**

DÉJÀ PARUS

1982	Dossiers émoustillants de la brigade des mœurs	**BURNAT André**
1983	Maman je t'aime	**STEWARD Frédéric**
1984	La grande Bastide	**AUBRY Cécile**
1985	Haute tension à Palmetto	**CALDWELL Erskine**
1986	Les enterrés vivants	**PÉRON-AUTRET Dr**
1987	Le défi de la médecine par les plantes	**BOURRET Jean-Claude**
1988	Les pédicures de l'âme	**DAC Pierre**
1989	Secrets de famille	**EDEN Dorothy**
1990	Si loin pour mourir	**PASQUELOT Maurice**
1992	La clinique des cœurs perdus	**KONSALIK Heinz G.**
1994	L'ennemi de la mort	**LE ROY Eugène**
1995	Essais, maximes et conférences	**DAC Pierre**
1996	J'ai choisi la terre	**MICHELET Claude**
2000	L'appel (1940-1942)	**Charles de GAULLE**
2001	L'unité (1942-1944)	**Charles de GAULLE**
2002	Le salut (1944-1946)	**Charles de GAULLE**
2003	Le renouveau (1958-1962) L'effort (1962-...)	**Charles de GAULLE**
2004	Le destin des Mallen	**COOKSON Catherine**
2005	Cissie	**COOKSON Catherine**
2006	Le fil invisible	**COOKSON Catherine**
2009	Le retournement	**VOLKOFF Vladimir**
2016	Les derniers jours du monde	**KOHLER Pierre**
2017	Les évadés	**BILALIAN Daniel**
2018	Le bon Léviathan	**BOULLE Pierre**
2019	La femme aux deux visages	**SLAUGHTER Frank G.**
2020	Chères sibériennes	**GRAY Daniel**
2021	Romances sans paroles jadis et naguère, parallèlement	**VERLAINE Paul**
2022	Ils ne sont pas nés délinquants	**Dr ROUMAJON**
2023	Réflexions sur la conduite de la vie	**CARREL Alexis**
2024	Poésies, une saison en enfer, illuminations, œuvres diverses	**RIMBAUD Arthur**
2025	Comment épouser son patron	**FISCHER Marie-Louise**
2026	L'amour amer	**ULLA**
2027	La puissance du néant	**DAVID-NEEL Alexandra**
2028	Contacts Ovni-Cergy-Pontoise	**GUIEU Jimmy**

Presses Pocket

DÉJÀ PARUS

2029	Sdece - Service 7	**BERNERT Philippe**
2030	Les fleurs du mal	**BAUDELAIRE Charles**
2032	Une vie de femme	**DANELLA Utta**
2033	Les masques de l'amour	**KONSALIK Heinz G.**
2034	Destin de reine	**HOLT Victoria**
2035	L'empire céleste	**MALLET-JORIS Françoise**
2037	La belle meunière	**PAGNOL Marcel**
2039	Toutes à tuer	**HIGHSMITH Patricia**
2040	L'homme à l'œillet blanc	**FISCHER Marie-Louise**
2041	Anthologie de l'humour belge	**XXX**
2042	Cathleen	**EDEN Dorothy**
2043	La femme du voisin	**TALESE Gay**
2044	Pensées	**PERRET Pierre**
2045	Une beauté russe	**NABOKOV Vladimir**
2046	Un tueur	**SAN-ANTONIO**
2047	Le rouge-gorge	**BERNADAC Christian**
2048	Le camp de la goutte d'eau	**BILALIAN Daniel**
2049	Les Sardou de père en fils	**SARDOU Jackie**
2050	Jusqu'au bout de l'amour	**KONSALIK Heinz G.**
2051	L'amour baroque	**FALLET René**
2052	Le lama aux cinq sagesses	**DAVID-NÉEL Alexandra**
2053	Un poignard dans ce jardin	**KATCHA Vahé**
2054	L'ombre de l'aigle	**DANELLA Utta**
2055	Le rempart des Béguines	**MALLET-JORIS Françoise**
2056	La dernière tentation	**KAZANTZAKI Nikos**
2057	Drôle de justice	**JEAN-CHARLES**
2058	S comme Sophie	**GRAY Daniel**
2059	Les ambitions déçues	**MORAVIA Alberto**
2060	Des grives aux loups	**MICHELET Claude**
2061	La ménopause effacée	**Dr DENARD-TOULET**
2062	L'étincelle de vie	**REMARQUE E. Maria**
2063	Le passé ne meurt jamais	**FISCHER Marie-Louise**
2064	Paris-sur-Fric	**LE TAILLANTER Roger**
2065	Le sacrilège malais	**BOULLE Pierre**
2066	Ils étaient dix	**KONSALIK Heinz G.**
2067	Les sacrifiés du Danube	**GHEORGIU Virgil**
2068	Le syndicat du crime	**MARCILLY Jean - CHARLIER Jean-Michel**
2069	Le diable au corps	**RADIGUET Raymond**

Presses Pocket

DÉJÀ PARUS

2070	Zebra, station polaire	**McLEAN Alistair**
2071	Écrire, parler : les 100 difficultés du français	**SCTRICK Robert**
2072	L'opale mystérieuse	**CLAUSSE Suzanne**
2073	Les pensées	**DAC Pierre**
2074	Le joueur de dames	**PASQUELOT Maurice**
2075	Les dossiers Europe du sexe de la brigade des mœurs	**LUCAS Pierre**
2076	Georges Brassens « La marguerite et le chrysanthème »	**BERRUER Pierre**
2077	Nostradamus historien et prophète	**de FONTBRUNE Jean-Charles**
2078	Le voile de l'amour	**FISCHER Marie-Louise**
2081	Une rose au paradis	**BARJAVEL René**
2082	La volupté et la haine	**GAILLARD Robert**
2083	La luxure du matin	**GAILLARD Robert**
2084	Désir et liberté	**GAILLARD Robert**
2085	La chair et la cendre	**GAILLARD Robert**